Hansjörg Sutter

Bildungsprozesse des Subjekts

Studien zur Sozialwissenschaft

Band 194

Hansjörg Sutter

Bildungsprozesse des Subjekts

Eine Rekonstruktion
von Ulrich Oevermanns
Theorie- und Forschungsprogramm

Westdeutscher Verlag

D 16

ISBN 978-3-531-13082-8   ISBN 978-3-322-91670-9 (eBook)
DOI 10.1007/978-3-322-91670-9

Inhaltsverzeichnis

Einleitung

In den siebziger Jahren hat Ulrich Oevermann für einen Paradigmenwechsel in der Sozialisationsforschung plädiert und eigene Beiträge zu einer Theorie der Bildungsprozesse des Subjekts wie zur Begründung hermeneutisch-rekonstruktiver Verfahrensweisen vorgelegt. Diese können beanspruchen, die Dialektik von Besonderem und Allgemeinem, Historizität und Universalität nicht nur auf der Ebene theoretischen Denkens, sondern auch in der methodologischen Fundierung dialektischer Strukturanalysen grundlegend zu berücksichtigen.

Die sozialisationstheoretische Erklärung von Prozessen der Individuierung durch Vergesellschaftung zwingt in besonderer Weise, sich der konstitutionslogischen Verwiesenheit von Besonderem und Allgemeinem, Historizität und Universalität zu stellen. In seiner Kritik an der konventionellen Sozialisationsforschung vertritt Oevermann die Position einer soziologischen Sozialisationstheorie, die sich neben kognitiver und psychoanalytischer Entwicklungspsychologie als Komplement einer umfassenden Theorie der Bildungsprozesse versteht. Vorliegenden Erklärungsansätzen wird eine genuin soziologische Interpretation ontogenetischer Entwicklungsprozesse gegenübergestellt, die den Fallstricken eines Psychologismus ebenso wie denen eines Soziologismus entgeht. Weder sind die für Sozialisations- und Entwicklungsprozesse ursächlichen Mechanismen allein in das sich bildende Subjekt hineinzuverlegen, noch sollen psychische Prozesse und Strukturen als bloße Derivate sozialer Strukturen erscheinen.

Die Grundannahmen dieses Theorieprogramms verweisen hierbei auf eine wechselseitige Integration der Piagetschen Entwicklungspsychologie, der Freudschen Psychoanalyse und Meads soziologischer Erklärung von Prozessen der Individuierung – eine Theoriestrategie, die zunehmend die sozialisationstheoretische Theoriediskussion, wenn auch mit unterschiedlichen Akzentsetzungen, prägt (vgl. Geulen 1980; 1991).[1] In Abgrenzung sowohl von reifungstheoretischen und nativi-

---

1   Innerhalb des Paradigmas des genetischen Strukturalismus sind neben Oevermanns Arbeiten insbesondere die Theorieprogramme von Döbert/Habermas/

stischen Erklärungsansätzen auf der einen und der behavioristischen
Lerntheorie auf der anderen Seite geht die entwicklungspsychologische und sozialisationstheoretische Theoriebildung zunehmend von
der aktiven Konstruktionstätigkeit des sich bildenden Subjekts aus.
Die entwicklungsstimulierende Funktion des jeweiligen Systems sozialisatorischer Interaktion wird damit nicht in Abrede gestellt.

So zeigen sich die paradigmatischen Gegensätze in der sozialisationstheoretischen Theoriebildung und empirischen Forschung weniger in
der programmatischen Bestimmung des Verhältnisses von Individuum
und Gesellschaft als in der begrifflichen Konzeptualisierung des Gegenstandsbereiches und der daraus abgeleiteten forschungslogischen
Vorgehensweise in den empirischen Untersuchungen. Oevermann
markiert hierbei die Abgrenzung zwischen strukturaler und nicht-
strukturaler Perspektive als entscheidende Differenz für die Ebene
theoretischen Denkens. Für die Methodologie der Sozialwissenschaften und deren Forschungspraxis gilt als paradigmatische Grenzziehung
nicht die Unterscheidung zwischen quantitativer und qualitativer Sozialforschung, sondern die Abgrenzung zwischen rekonstruktionslogi-
scher und subsumtionslogischer Vorgehensweise.

Was noch im Mittelpunkt der wissenschaftstheoretischen Auseinan-
dersetzungen in den sechziger und siebziger Jahren stand: die Begründung und wissenschaftliche Legitimation sinnverstehender Sozialwissenschaften (vgl. Habermas 1982), steht mit dieser Kennzeichnung
paradigmatischer Differenzen nicht mehr im Vordergrund der Kontroverse. Daß die Sozialwissenschaften nicht umhin kommen, die hermeneutische Forschungsdimension für ihren Gegenstandsbereich anzuer-
kennen, scheint inzwischen unstrittig. 'Sinn' als Grundbegriff sozialwissenschaftlicher Theoriebildung und der Rekurs auf die 'Regelgeleitetheit sozialen Handelns' zur Begründung des Gegenstandsbereiches wird entsprechend nicht mehr prinzipiell in Frage gestellt. Kontrovers bleibt gleichwohl die Bestimmung des Sinnbegriffs, die daraus
resultierende Regelkonzeption und die Begründung einer hermeneutischen Erfahrungswissenschaft.

Nunner-Winkler (1977a) Edelstein (1984; 1993) und Edelstein/Keller (1982a)
zu nennen.

Oevermanns strukturtheoretische Konzeptualisierung des sozialwissenschaftlichen Gegenstandsbereiches rekurriert hierbei in erster Linie auf den von G.H. Mead eingeführten Bedeutungsbegriff, der im Rekurs auf sprachtheoretische Konzepte in den Theorien N. Chomskys und J.R. Searles reformuliert wird. Die von Mead beschriebene Grundstruktur des sozialen Aktes, die jeglicher Bedeutungsgenerierung konstitutionslogisch zugrundeliegt, liefert Oevermann das sozialisationstheoretische Modell zur Rekonstruktion der sozialen Konstitution ontogenetischer Entwicklungsprozesse und das methodologische Modell für hermeneutische Sinnrekonstruktionen.

Ausgehend von der entwicklungspsychologischen Einsicht in die Konstruktionstätigkeit des sich bildenden Subjekts entfaltet Oevermann seine soziologische Erklärungsstrategie in seinen Beiträgen zu einer 'Theorie der sozialen Konstitution des Subjekts in der Struktur der sozialisatorischen Interaktion'. Im Bezugsrahmen einer immanenten Kritik entwicklungspsychologischer und psychoanalytischer Entwicklungstheorien wird das Desiderat eines soziologisch-strukturtheoretischen Paradigmas ausgewiesen, das in Abgrenzung zu vorherrschenden Theorietraditionen ein gemeinsames Fundament für die Analyse der sozialen und individuellen Aspekte von Handeln bietet.

Der theoretischen Begründung eines entsprechenden *historisch-konkreten* Strukturbegriffs im Paradigma des genetischen Strukturalismus korrespondiert auf seiten materialer Analysen eine *einzelfallrekonstruktive* Vorgehensweise. Deren methodologische Begründung leisten die Schriften zu einer strukturalen 'objektiven Hermeneutik'. Gegenüber der konventionellen Sozialforschung wird darin nicht nur die These offensiv vertreten, daß theoretische Verallgemeinerungen der Ergebnisse von Einzelfallstudien möglich sind. Darüber hinaus wird für die objektiv-hermeneutische Sinnrekonstruktion in Anspruch genommen, daß sie in den Sozialwissenschaften als grundlegende Operation des Messens bzw. der Erzeugung theorierelevanter Daten zu gelten habe.

Damit sind die beiden Themen benannt, die neben der Begründung des Ansatzes einer soziologischen Sozialisationstheorie im Paradigma des genetischen Strukturalismus im Zentrum dieser Arbeit stehen werden: Oevermanns strukturtheoretisches Paradigma und die methodologische Begründung einer hermeneutischen Erfahrungswissenschaft im

Anschluß an Meads Bedeutungstheorie und die Architektonik von Kompetenztheorien, wie sie erstmals in Chomkys Sprachtheorie expliziert wurde. Gerade die Kombination von strukturtheoretischem Paradigma und hermeneutischer Sinnrekonstruktion als Grundoperation sozialwissenschaftlicher Theoriebildung sind nicht unumstritten.[2] Dies motiviert den vorliegenden Versuch, diesen Zusammenhang anhand einer Rekonstruktion der sozialisationstheoretischen Schriften Oevermanns auszuweisen. Oevermanns Theorie- und Forschungsprogramm erweist sich in dieser Perspektive als konsequente Umsetzung der an G.H. Mead anschließenden, interaktionstheoretischen Grundlegung der Humanwissenschaften. Im Paradigma des genetischen Strukturalismus stellt es des weiteren – neben Habermas' Theorie des kommunikativen Handelns – einen eigenständigen Versuch einer sprachtheoretischen Grundlegung der Soziologie als hermeneutischer Erfahrungswissenschaft dar.

In **Teil I** werden die Vorarbeiten zu einer Theorie der Bildungsprozesse des Subjekts behandelt, in denen Oevermann den geforderten Paradigmenwechsel theoretisch begründet. In ihnen entfaltet Oevermann seine soziologisch-strukturtheoretische Konzeptualisierung am

---

2   So wird Oevermanns Theorieprogramm auch von Vertretern einer sinnverstehenden Sozialwissenschaft mit schwerwiegenden Vorwürfen konfrontiert: 'Metaphysik der Strukturen' (Reichertz 1986; Lüders/Reichertz 1986), 'idealistische Spekulationen' (Liebau 1988), 'Eliminierung aller gesellschaftskritischen Intentionen' (Bonß 1983) und 'Defizit gesellschaftskritischer Begrifflichkeit und Rechtshegelianismus' (Brumlik 1986b) sowie schließlich: 'Hermeneutik des Verdachts' (Bude 1994). Neben der Würdigung, die die genannten Autoren gleichwohl Oevermanns Theorien entgegenbringen, ist auch auf gegenläufige Kritiken hinzuweisen: so sieht Wagner (1984) in der 'objektiv-hermeneutisch-dialektischen Strukturanalyse die wohl konsequenteste Weiterführung der dialektischen Denktradition Adornoscher Provenienz', Garz (1984) und Bohnsack (1991) würdigen Oevermanns methodologische Begründung einzelfallrekonstruktiver Analysen als Beitrag zur Begründung des Theorieprogramms rekonstruktiver Sozialisationsforschung bzw. Sozialforschung, Fischer/Kohli (1987) Oevermanns Strukturbegriff in seiner Bedeutung für die Biographieforschung und Aufenanger (1992) den Stellenwert von Oevermanns Theorieprogramm für die Begründung der soziogenetischen Perspektive in der Entwicklungspädagogik. Auf die kritischen Einwände wird im Kontext der jeweiligen Ausführungen noch einzugehen sein.

Beispiel des sozialisationstheoretischen Gegenstandsbereiches. Im Anschluß an die Ansätze von N. Chomsky, J. Piaget, S. Freud und G.H. Mead werden drei Erklärungsebenen einer Theorie der Bildungsprozesse des Subjekts analytisch unterschieden und das Strukturmodell eines autonom handlungsfähigen, mit sich identischen Subjekts als metatheoretischer Bezugspunkt einer Theorie individueller Bildungsprozesse ausgewiesen.

Als Desiderat erweist sich in diesem Zusammenhang eine soziologische Sozialisationstheorie, die die soziale Konstitution der ontogenetischen Entwicklungsprozesse zu erklären vermag. Oevermanns objekttheoretische Beiträge hierzu weisen seine Theorie- und Forschungsstrategie insbesondere für den Bereich innerfamilialer Sozialisationsprozesse aus. Für das Verständnis von Oevermanns Theorie- und Forschungsprogramm erweist es sich dabei als notwendig, auch jene Schriften systematisch zu berücksichtigen, die vor der sogenannten 'hermeneutischen Kehre' (Oevermann u.a. 1976b und Oevermann u.a. 1979b) verfaßt bzw. publiziert wurden.

Die Bedeutung von Oevermanns Theorie- und Forschungsprogramm ist dabei in zweierlei zu sehen:
- Mit der kompetenztheoretischen Fundierung (im Anschluß an Chomskys und Searles Sprachtheorien und Piagets kognitiver Entwicklungspsychologie) eröffnet sich erstens die Möglichkeit, eine nicht-relativistische soziologische Sozialisationstheorie zu begründen, in der universalistische und differentielle Erklärungsansätze systematisch aufeinander bezogen werden.
- Gegenüber den universalistischen Entwicklungstheorien im Paradigma des genetischen Strukturalismus lassen sich auf der Grundlage von Oevermanns Strukturbegriff zweitens die psychischen und sozialen Konstitutionsbedingungen von Individuierungsprozessen einer Analyse zuführen und individuelle wie sozio-historische Bildungsprozesse material rekonstruieren. Problemkreise also, deren Konzeptualisierung und empirische Erforschung im Bezugsrahmen der primär kognitivistisch-entwicklungspsychologisch orientierten Forschung zur Soziogenese der Handlungsfähigkeit nach wie vor Probleme bereiten.[3]

---

3   Von besonderem Interesse ist hierbei Oevermanns wechselseitige Integration der Theorien von J. Piaget, S. Freud und G.H. Mead, die ihrerseits durch Furths (1990) Integration der Theorien von J. Piaget und S. Freud in entwicklungspsy-

Oevermanns Theorie der sozialen Konstitution ontogenetischer Entwicklungsprozesse liegt auf der konstitutionstheoretischen Erklärungsebene eine systematische Verknüpfung der pragmatistischen
(Mead, Peirce) und strukturalistischen Perspektive (Chomsky, Piaget,
Lévi-Strauss) zugrunde. Er gelangt darüber zu einem Begriff objektiver sozialer Strukturen, der zwei Richtungen der Reduktion vermeidet:
die Reduktion auf mentale Repräsentanzen oder Bewußtseinsstrukturen einerseits und die auf quasi-vorsoziale, darin verdinglichte Strukturen, die den handelnden Subjekten letztlich äußerlich blieben, andererseits. Erst ein solchermaßen gekennzeichnetes strukturtheoretisches
Paradigma schafft die begrifflichen Voraussetzungen dafür, psychische Prozesse und Strukturen weder ausschließlich als Derivate sozialer Strukturen zu explizieren noch als Ergebnis inhärent psychobiologisch strukturierter Entwicklungsprozesse, denen gegenüber soziale
Faktoren als kontingente Randbedingungen erscheinen.

Methodologisch folgt aus diesen Bestimmungen, daß die Rekonstruktion der Strukturiertheit einer interessierenden Handlungs- bzw. Lebenspraxis nur in Begriffen objektiver Bedeutungsstrukturen bzw.
latenter Sinnstrukturen erfolgen kann. Diese werden durch sprachtheoretisch explizierbare Regeln der Bedeutungsgenerierung konstituiert
und bedürfen eines Rekonstruktionsverfahrens, das sich handlungspraktisch grundlegend von herkömmlichen Verfahren der Sinninterpretation unterscheidet. **Teil II** systematisiert sowohl die methodologischen als auch die methodischen, das heißt forschungspraktisch
leitenden Argumente der objektiven Hermeneutik.

Die Theorie der Geltungsbegründung objektiv-hermeneutischer Interpretationen wird unter Bezugnahme auf Habermas' Diskussion der

---

chologischer Hinsicht weiter präzisiert werden kann. Vgl. hierzu auch Edelsteins
(1993) Ansatz der Erweiterung von Piagets Theorie der Ontogenese des epistemischen Subjekts hin zu einer Theorie der Genese des psychologischen Subjekts
unter systematischer Berücksichtigung soziologischer Erklärungsansätze.

Einen repräsentativen Forschungsüberblick zu der vornehmlich an Piaget orientierten Forschung zur Soziogenese der Handlungsfähigkeit bieten die Sammel-
bände: Eckensberger/Silbereisen 1980; Edelstein/Keller 1982b; Lind/Hart-
mann/Wakenhut 1983; Edelstein/Habermas 1984; Kurtines/Gewirtz 1984; Bertram 1986; Edelstein/Nunner-Winkler 1986; Oser/Althof/Garz 1986; Oser/Fat-
ke/Höffe 1986; Kurtines/Gewirtz 1987; 1991; Edelstein/Hoppe-Graff 1993 und
Edelstein/Nunner-Winkler/Noam 1993.

Position eines hermeneutischen Rekonstruktionismus und seiner Kritik an der traditionellen Hermeneutik diskutiert. Zwei Erklärungsprobleme stehen dabei im Vordergrund:

- erstens die Begründung des Anspruches explanativer Theoriebildung für die rekonstruktionslogische Vorgehensweise objektiv-hermeneutischer Interpretationen;

- zweitens der Nachweis, wie die Verfahrensprinzipien der 'objektiven Hermeneutik' gewährleisten, daß die unhintergehbare Inanspruchnahme eines 'Vorverständnisses' der zu interpretierenden Sachverhalte methodisch kontrolliert und intersubjektiv nachprüfbar zur Anwendung kommt.

In diesem Zusammenhang werden die forschungslogischen Konsequenzen der Architektonik von Kompetenztheorien für sozialwissenschaftliche Analysen im einzelnen ausgewiesen und in die Grundprinzipien der sequenzanalytischen Rekonstruktion sozialer Phänomene eingeführt.

Die vorliegende Arbeit wurde im Sommer 1995 von der Fakultät für Sozial- und Verhaltenswissenschaften der Universität Heidelberg als Dissertation angenommen. Mein besonderer Dank gilt Micha Brumlik für konstruktive Kritik und vielfältige Förderung meiner Arbeit. Auch Jochen Kaltschmid danke ich für kritische Begleitung und weiterführende Hinweise.

Zahlreiche Einsichten und Anregungen verdanke ich ferner der Zusammenarbeit mit Stefan Aufenanger, Detlef Garz, Stan Albers und Stephan-Georg Idel im DFG-Forschungsprojekt 'Rekonstruktion und Vergleich von Gerechtigkeitsstrukturen in Schulen' und mit Meike Baader und Stefan Weyers im DFG-Forschungsprojekt 'Rekonstruktion sozial-kognitiver und sozio-moralischer Lernprozesse im Rahmen eines demokratisch geregelten Vollzugs'.

Besonders danken möchte ich schließlich auch Ulrich Oevermann für die Diskussion seiner sozialisationstheoretischen Grundannahmen und die Möglichkeit, sein privates Archiv zu nutzen.

Teil I
Die Theorie der sozialen Konstitution des Subjekts in der Struktur der sozialisatorischen Interaktion

1. Die theorieprogrammatische Perspektive

Oevermann intendiert in seinen metatheoretisch orientierten Vorarbeiten zu einer Theorie der Bildungsprozesse nicht deren positiv-affirmative Ausformulierung. Wie er in dem publizierten Beitrag 'Programmatische Überlegungen zu einer Theorie der Bildungsprozesse und zur Strategie der Sozialisationsforschung' (1976a) explizit anführt, geht es ihm statt dessen primär darum, die allgemeinen sozialisationstheoretischen Grundfragen auszuweisen und eine integrative Theoriestrategie zu deren Klärung zu begründen. Dies zielt auf ein grundlagentheoretisch orientiertes Forschungsprogramm, in dem neben der Integration psychologischer und soziologischer Erklärungsansätze zur ontogenetischen Entwicklung auch die systematischen Verknüpfungen einer Theorie der Bildungsprozesse mit evolutions- und gesellschaftstheoretischen Ansätzen ausgearbeitet sind und forschungsstrategisch berücksichtigt werden (vgl. 1976a, 34f.37f.48f).[4]

In der sozialisationstheoretischen und entwicklungspsychologischen Forschung bis Mitte der siebziger Jahre werden in der Regel zwei Untersuchungsstrategien voneinander unabhängig verfolgt. Die eine versucht nur die Genese individueller Differenzen zu erklären und droht in der Thematisierung von Oberflächenphänomenen stecken zu bleiben. Die andere blendet Prozesse der individuellen Differenzierung aus und analysiert vorrangig universelle Prozesse der ontogenetischen

---

[4] Der besseren Lesbarkeit wegen erfolgen Verweise auf Schriften Oevermanns hier und im weiteren Verlauf der Arbeit nur mit Nennung der Jahreszahl ihrer Abfassung bzw. Veröffentlichung. Dies gilt auch für jene Texte, die neben Oevermann weitere Mitautorinnen und -autoren nennen. Vgl. hierzu das Literaturverzeichnis.

Entwicklung. Damit bleibt jedoch das zentrale Problem der Individuierung und deren psychodynamische wie soziale Konstitution außen vor.

Dieser Trennung zwischen differentiellen und universalistischen Erklärungsansätzen korrespondiert häufig eine Eingrenzung soziologischer Theoriebeiträge auf die Erklärung differentieller Entwicklungsverläufe. Oevermanns Vorarbeiten zu einer Theorie der Bildungsprozesse des Subjekts zielen sowohl auf die Überwindung dieser Trennung zwischen differentiellen und universalistischen Erklärungsansätzen als auch auf die Ausweitung des Erklärungsanspruches einer soziologischen Sozialisationstheorie.

Das von ihm begründete soziologisch-strukturtheoretische Paradigma und die korrespondierende rekonstruktionslogische Vorgehensweise objektiv-hermeneutischer Analysen ermöglichen dabei die konstitutionstheoretische und methodische Fundierung der geforderten Integration. Dieser Zusammenhang soll im folgenden zunächst anhand eines thesenartigen Überblicks ausgewiesen werden.

In seinem Manuskript 'Die Architektonik von Kompetenztheorien und ihre Bedeutung für eine Theorie der Bildungsprozesse' (1973b), das als Unterlage für forschungsstrategische Diskussionen im Max-Planck-Institut für Bildungsforschung erstellt wurde und die metatheoretisch orientierten Vorarbeiten[5] einleitet, charakterisiert Oevermann drei Funktionen von sogenannten 'Basistheorien' (bzw. 'theorieprogrammatischen Foci')[6] in, wie er selbst ausführt, vorläufiger Weise:[7]

---

5   Hierzu zähle ich 1973b; 1973c; 1974a; 1975 und 1976a. Die zentralen Argumentationen dieser weitgehend unveröffentlichten Manuskripte finden sich in 1976a; 1976b; 1976c und 1979a.

6   In Bezugnahme auf die forschungsstrategischen Diskussionen des Instituts unterscheidet Oevermann zunächst zwei für die Bildungsforschung relevante Basistheorien: neben der hier interessierenden Theorie der Bildungsprozesse die Theorie der gesamtgesellschaftlichen Entwicklung auf der Makroebene des sozialwissenschaftlichen Objektbereichs. Als weitere für die Bildungsforschung grundlagentheoretisch interessierende Basistheorien führt er die Theorie der sozialen Kommunikation und die Theorie der kulturellen Deutungsmuster an (1973b, 7).
    In den 1976 publizierten 'Programmatischen Überlegungen ...' schließlich, werden drei für die Bildungsforschung zentrale 'theorieprogrammatische Foci' unter-

(1) die kategoriale Konstitution des Erfahrungsgegenstandes im jeweiligen Objektbereich;

(2) die Begründung der Grundlagen des Messens von empirischen Relationen in diesem Objektbereich;

(3) die Rückübersetzung von Ergebnissen und Erkenntnissen spezialisierter Einzelwissenschaften in das Alltagswissen bzw. in den Erfahrungshorizont des Handlungssubjekts.

Am Leitfaden dieser drei Funktionen sogenannter Basistheorien läßt sich der systematische Zusammenhang zwischen Oevermanns sozialisationstheoretischer und methodologischer Argumentationsstrategie rekonstruieren und – wenn auch nur in vorläufiger Weise – zu seiner Professionalisierungstheorie in Beziehung setzen.[8]

(1) Im Sinne der ersten Funktion einer Basistheorie ist im Bezugsrahmen einer Theorie der Bildungsprozesse des Subjekts zunächst der Gegenstand der Sozialisationsforschung kategorial zu konstituieren. Oevermanns Kritik an der konventionellen Sozialisationsforschung zielt in diesem Zusammenhang auf zweierlei: zum einen darauf, daß die *Explikation der Struktur des sozialisierten Subjekts* als metatheoretischer Bezugspunkt einer Theorie individueller Bildungsprozesse vernachlässigt wurde, zum anderen, daß *die systematischen Verknüpfungspunkte zwischen einer Theorie individueller Bildungsprozesse und evolutionstheoretischen sowie gesellschaftstheoretischen Ansätzen* dergestalt auszuarbeiten wären, daß sie forschungsstrategisch berücksichtigt werden können.

---

schieden: neben der, in dem Beitrag selbst vorrangig thematischen, 'Theorie der Bildungsprozesse des Subjekts', die 'Theorien der historisch-kulturellen Determination und Transmission von Sinnzusammenhängen und Symbolsystemen, speziell von Wissenssystemen, Deutungsmustern und Weltbildern' und schließlich 'Makrotheorien der Strukturen und Funktionen der gesellschaftlichen Organisation von Bildungsprozessen' (vgl. 1976a, 51).

7   Zu den drei Funktionen einer Basistheorie vgl. 1973b, 1-18.38ff; 1973c, 21-26; 1976a, 34; 1979a, 146ff. Zum Status der theorieprogrammatischen Überlegungen für den Gegenstandsbereich der Sozialisationsforschung vgl. zusammenfassend 1976a, 34f.37f.47f.

8   Dem thesenartigen Charakter dieses Überblicks entsprechend wird auf Literaturhinweise weitgehend verzichtet. Siehe hierzu die Literaturangaben in den anschließenden Kapiteln der Arbeit.

(1.1) *Die Explikation der Startbedingungen und der biologisch-an-*
thropologischen Randbedingungen der Ontogenese durch die anthropologische und ethologische Grundlagenforschung liefert den evolutionstheoretischen Hintergrund einer Theorie der Bildungsprozesse,
die Analyse der gesellschaftlich-historischen Entwicklungsprozesse,
die erst die Realisierung des Handlungspotentials der Gattung konsti-
tuieren, deren gesellschaftstheoretischen Hintergrund. Auf der Grundlage entsprechender Theorien lassen sich somit die allgemeinen Spielräume und Restriktionen der individuellen Bildungsprozesse bestimmen.

(1.2) Im Mittelpunkt einer Theorie der Bildungsprozesse des Subjekts
steht die *Explikation der Struktur eines sozialisierten Subjekts.* Oevermann leistet diese vorläufig im *Strukturmodell eines autonom hand-*
lungsfähigen, mit sich identischen Subjekts und weist aus, daß dessen
Explikation nicht nur einen deskriptiv-analytischen, sondern zugleich
einen normativen Status hat. Rekonstruiert werden darin die strukturellen Bedingungen 'gelingender' Sozialisations- und Individuierungsprozesse.

(1.3) Dabei gelten die Analyse von universalen Ausstattungen und
Strukturen des Subjekts und seiner gesellschaftlich-historisch spezifischen Ausprägung als zwei voneinander nicht abtrennbare Problemkreise einer Theorie individueller Bildungsprozesse. Dies impliziert
auch die Überwindung der Trennung von 'Sozialisation' (verstanden
als Ausbildung praktischer Handlungsfähigkeit durch die Übernahme
gesellschaftlicher Normen und Verhaltensmuster) und 'Individuierung'
(verstanden als Entwicklung einer besonderen, 'individuellen' Persönlichkeitsstruktur, die zur Wahrung von Autonomie und Identität befähigt).

(1.4) Das interdependente Verhältnis zwischen einer Theorie der Bildungsprozesse des Subjekts und gesellschaftstheoretischen Ansätzen
zeigt sich darin, daß das Strukturmodell eines autonom handlungsfähigen, mit sich identischen Subjekts der Gesellschaftstheorie eine theoretisch eigenständige Konzeption des Handlungspotentials der Gattung
zur Verfügung stellt. Die gesellschaftlichen und sozialstrukturellen
Verhältnisse lassen sich so unter dem Gesichtspunkt der von ihnen
gesetzten restriktiven Bedingungen für die Entfaltung der – im Rah-

men einer Theorie der Bildungsprozesse unabhängig explizierten – Entwicklungsmöglichkeiten des Subjekts analysieren.

(1.5) Die angemessene Explikation des Strukturmodells eines sozialisierten Subjekts erfordert es, daß auch die konstitutiven Bedingungen von dessen Ontogenese rekonstruiert werden. Unter Berücksichtigung der insbesondere von Piaget ausgewiesenen Konstruktionsleistungen des sich bildenden Subjekts zeigt Oevermann, daß die ontogenetischen Entwicklungsprozesse sozial konstituiert sind. Dies begründet seine Kritik an der konventionellen soziologischen Sozialisationsforschung, insofern sich auch diese letztlich darauf beschränkt, soziale Faktoren als kontingente Randbedingungen für die Wirkungsweise psychischer Entwicklungsmechanismen, nicht jedoch als konstitutive Strukturen in Betracht zu ziehen.

(1.6) Im Mittelpunkt einer soziologischen, nicht-reduktionistischen Sozialisationstheorie steht daher zunächst die Explikation der sozialen Konstitution ontogenetischer Entwicklungsprozesse. *Die phasenweise Aufschlüsselung der spezifischen Struktur der sozialisatorischen Interaktion* ist hierzu *als notwendiges und konstitutives Komplement der psychologisch begriffenen Ontogenese* auszuweisen. In dieser Perspektive läßt sich auch die universelle Sequentialisierung von Entwicklungsabläufen nicht ausschließlich entwicklungspsychologisch, sondern nur mittels der ergänzenden Bezugnahme auf die universellen Struktureigenschaften der sozialisatorischen Interaktion erklären. Die Ontogenese des Subjekts wird demnach also nicht nur hinsichtlich differentieller Entwicklungsverläufe sozial beeinflußt. Dies ist weithin unbestritten. Darüber hinaus verweisen auch die universellen Gesetzmäßigkeiten der Ontogenese notwendig auf eine wechselseitige Integration entwicklungspsychologischer und soziologischer Erklärungsansätze.

(1.7) Ihrem Anspruch nach läßt sich die Erklärungsstrategie eines soziologischen Komplements zu entwicklungspsychologischen Ansätzen für alle zentralen Gegenstandsbereiche psychologischer Entwicklungstheorien ausweisen:
-    den Aufbau formal-logischer kognitiver Strukturen der logischen, moralischen und sprachlich-pragmatischen Urteilskraft,

- die Erkenntnis des physikalischen Objektbereichs im Funktionskreis instrumentellen Handelns und die Erkenntnis und Reflexion der sozialen Objektwelt im Funktionskreis kommunikativen Handelns
- und die Erkenntnis bzw. Sinninterpretation der eigenen Antriebsbasis als konstitutive Voraussetzung von Individuierungsprozessen und der Entwicklung eines Ichs.

(1.8) Unter Berücksichtigung der allgemeinen These, daß die Analyse von universalen Ausstattungen und Strukturen des Subjekts und seiner gesellschaftlich-historisch spezifischen Ausprägung als zwei voneinander nicht abtrennbare Problemkreise einer Theorie individueller Bildungsprozesse anzusehen sind (s.o. These 1.3), wird die spezifische Aufgabenstellung einer soziologischen Sozialisationstheorie in Abgrenzung von konventionellen Verfahrensweisen empirischer Sozialforschung begründet: "Sie hätte als Strukturtheorie auch in methodischer Hinsicht die Auflösung von Sozialisationsprozessen in eine Vielzahl von Variablen, die als Kontinua von Intensitätsausprägungen gefaßt sind, zu überwinden und an deren Stelle die allgemeinen Strukturen sozialisatorischer Interaktion und die lebensweltspezifische Typik ihrer fallweisen Geschichte zu rekonstruieren" (1979a, 146).

(2) Dabei zeigt sich, daß ein entsprechendes *strukturtheoretisches Paradigma* im Bezugsrahmen der soziologischen Theorietraditionen nicht zur Verfügung steht und das Anliegen, den Gegenstand der (soziologischen) Sozialisationsforschung zu konstituieren, seinerseits auf *ungelöste Grundprobleme der Konstitution einer soziologischen Erfahrungswissenschaft* verweist.

(2.1) Eine Theorie der sozialen Konstitution ontogenetischer Entwicklungsprozesse erfordert – bei Berücksichtigung von Piagets Einsicht in die Konstruktionstätigkeit des sich bildenden Subjekts – einen *Begriff objektiver sozialer Strukturen, der zwei Richtungen der üblichen Reduktion zu vermeiden hat: Der Begriff sozialer Strukturen ist weder zu reduzieren auf mentale Repräsentanzen oder Bewußtseinsstrukturen noch umgekehrt auf quasi-vorsoziale, darin verdinglichte Strukturen, die den handelnden Subjekten letztlich äußerlich blieben.*

Die Reduktion des Begriffs sozialer Strukturen auf mentale Repräsentanzen oder Bewußtseinsstrukturen liegt jenen Theorien zugrunde, die die konstitutiven Bedingungen ontogentischer Entwicklungsprozesse ausschließlich entwicklungspsychologisch erklären. Die Reduktion auf einen verdinglichten Begriff sozialer Struktur liegt bei jenen soziologischen Ansätzen vor, die zwar eine sozialstrukturelle Vermittlung von Individuierungsprozessen annehmen, zwei Erklärungsleistungen *kategorial* jedoch nicht leisten können: die theoretische und empirische Rekonstruktion (a) der Transformation objektiver gesellschaftlicher Bedingungen in für den Bildungsprozeß relevante kulturelle Bedeutungssysteme, und (b) der Transformation der gesellschafts-historisch ausgebildeten Struktur von Sozialbeziehungen in die Rollen- bzw. Beziehungsstrukturen jener sozialisatorisch relevanten Interaktionssysteme, die für die Sozialisationserfahrungen des Kindes hinsichtlich der psychodynamischen wie der kognitiven und sozialkognitiven Entwicklung unmittelbar bedeutsam sind (Familie, Peers und Bildungsinstitutionen).

(2.2) Unter Berücksichtigung der sozialisationstheoretischen Annahme, daß Sprache der zentrale Vermittlungsmechanismus zwischen Sozialstruktur und Persönlichkeitsstruktur ist, werden methodologisch die 'objektiven Bedeutungsstrukturen' bzw. 'latenten Sinnstrukturen' dokumentierter bzw. erinnerbarer 'Protokolle' sozialer Wirklichkeit (= 'Texte') als Prototypen objektiver sozialer Strukturen angesehen.[9]

(2.3) Oevermann expliziert den (sozialisationstheoretisch) geforderten Begriff objektiver sozialer Strukturen im Anschluß an G.H. Meads Bedeutungsbegriff. Dieser wird mittels der sprachtheoretischen Konstruktionen des Regelbegriffs und der regelerzeugten sozialen Gebilde präzisiert. Von hieraus eröffnet sich nun die Möglichkeit, Meads (1973) Kritik des konventionellen Behaviorismus auf der Grundlage einer sprachtheoretisch fundierten Soziologie auch methodologisch einzulösen.

---

9   In der Perspektive des sich bildenden Subjekts sind dies erinnerbare Erfahrungen und Bilder von Handlungsszenen, die – im Modus von deren Versprachlichung – nachträglich deutbar und rekonstruierbar sind.

(2.4) Oevermanns soziologisch-strukturtheoretisches Paradigma basiert somit auf zwei Grundannahmen: der Sinnstrukturiertheit sozialer Wirklichkeit und der Regelgeleitetheit sozialen Handelns. Für seine strukturtheoretische Konzeptualisierung ist dabei zweierlei charakteristisch:

(a) daß er die Regelgeleitetheit sozialen Handelns in einem hierarchischen Modell von Fundierungsschichten faßt, innerhalb dessen sich Regeln und Normen sozialen Handelns analytisch nach der Kritisierbarkeit ihres materialen Gehalts und der Reichweite ihrer sozialen Geltung unterscheiden lassen;

(b) daß er die Sinnstrukturiertheit sozialer Abläufe als interaktiv emergente Struktur konzeptualisiert.

Eine interaktiv emergierende, sozio-historische Konkretion eines sozialen Ablaufs wird in dieser Perspektive durch zwei Parameter strukturiert:

- zum einen die Menge aller Regeln, die bei Gegebenheit einer beliebigen Sequenzstelle eines sozialen Ablaufs darüber bestimmen, welche Handlungen oder Äußerungen regelgeleitet vorausgehen konnten und welche regelgeleitet folgen können;

- zum anderen die Determinanten der Selektionsentscheidungen der jeweils handelnden Instanz als Ausdruck von deren Individuierungs- und Bildungsgeschichte sowie der sozialen Zwänge in der konkreten Handlungssituation.

(2.5) Während die allgemein, nicht notwendig universell geltenden Regeln, die regelgerechte Handlungsmöglichkeiten generieren, auf den Bezugsrahmen einer allgemeinen Theorie des Handelns verweisen, stehen die Determinanten der Selektionsentscheidungen im Mittelpunkt der empirischen Rekonstruktion sozio-historischer Handlungspraxen bzw. gesellschaftlich vermittelter Individuierungsprozesse. Die Strukturiertheit eines historisch-konkreten sozialen Ablaufs wird damit immer als Ergebnis eines Individuierungs- oder Bildungsprozesses verstanden. Die in der Theoriediskussion üblichen Trennungen zwischen 'Struktur' und 'Prozeß' und zwischen 'sozialer Struktur' und 'Individuiertheit' werden damit in Oevermanns Fassung strukturtheoretischen Denkens überwunden.

(2.6) Aus Oevermanns sprachtheoretischer Konzeptualisierung des (soziologischen) Strukturbegriffs folgt notwendig, daß universale Strukturierungsgesetzlichkeiten empirisch immer nur in der Konkretion historischer Formationen erscheinen. Methodologisch folgt hieraus, daß ohne die empirische Rekonstruktion der interaktiven Emergenz historischer Formationen auch die Rekonstruktion der universalen Regeln und Strukturierungsgesetzlichkeiten nicht gelingen kann.[10]

(2.7) Sozialisationstheoretisch korrespondieren diesen konstitutionstheoretischen Überlegungen drei zentrale Annahmen:
(a) Materialer Gegenstand der Konstruktionstätigkeit des sich bildenden Subjekts sind jene sinnstrukturierten Handlungsabläufe, an denen es als Aktor partizipiert. Die potentiell entwicklungsbedeutsame Sinnstrukturiertheit eines sozialen Ablaufs wird dabei als dessen 'latente Sinnstruktur' konzeptualisiert. Die Begriffswahl 'latent' rekurriert dabei auf den Umstand, daß der – nach Maßgabe sprachtheoretisch rekonstruierbarer Regeln nachweisbaren – 'objektiven' Sinnstrukturiertheit sozialer Abläufe auf seiten der beteiligten Akteure nicht auch zwingend entsprechende mentale Repräsentationen korrespondieren müssen.
(b) Die Sinnstrukturiertheit praktischer Handlungsabläufe läßt sich konstitutionstheoretisch weder auf das sich bildende Subjekt zurückführen noch auf entsprechende Handlungsintentionen konkret beteiligter sozialisierter Bezugspersonen. Sie emergiert in der von Mead beschriebenen triadischen Struktur des sozialen Aktes und wird konstituiert durch bedeutungsgenerierende Regeln unterschiedlicher Geltungsreichweite.
(c) Die in der hermeneutisch-rekonstruktiven Analyse sozialisatorischer Interaktionen im Mittelpunkt stehende 'latente Sinnstruktur' der dokumentierten Handlungsabläufe fällt auch nicht ineins mit deren situativen und potentiell sozialisatorischen Wirkungen auf die beteiligten Akteure.[11]

---

10 Diese Grundannahme der häufig mißverstandenen strukturtheoretischen Konzeption Oevermanns reformuliert im übrigen seine in den Thesen 1.3 und 1.8 angeführten sozialisationstheoretischen Annahmen nur auf begrifflich abstrakterem Niveau.

11 Die Annahme einer Koinzidenz zwischen latenter Sinnstruktur konkreter sozialisatorischer Interaktionen mit deren sozialisatorischen Wirkung unterstellt bei-

(2.8) Im Sinne von These 1.8 zielt Oevermanns Konzept der latenten Sinnstrukturen sozialer Interaktionen *sozialisationstheoretisch* auf die hermeneutisch-rekonstruktive Beschreibung der potentiellen Entwicklungsbedeutsamkeit historisch und sozialstrukturell möglicher Praxis- und Kooperationsformen – unter Berücksichtigung der jeweils korrespondierenden Interaktionsumwelten, insofern sich diese notwendig in der sprachlichen Koordination sozialen Handelns abbilden. Dies interessiert unter Gesichtspunkten differentieller wie universalistischer Erklärungsansätze der Entwicklungspsychologie ebenso wie unter Gesichtspunkten der 'Mehr-Ebenen-Ansätze', wie sie im Gefolge der Kritik an traditionellen Modellen schichtenspezifischer Sozialisationsforschung in der soziologischen Theoriediskussion ausdifferenziert wurden.[12]

(2.9) Das Konzept der objektiven Bedeutungsstrukturen bzw. der latenten Sinnstrukturen wird im Bezugsrahmen der Methodologie der objektiven Hermeneutik sprachtheoretisch ebenso begründet wie die Verfahren der objektiv-hermeneutischen Sinnrekonstruktion, deren primärer Gegenstand die latenten Sinnstrukturen sozialer Abläufe sind. In diesem Sinne erweist sich die *Begründung einer strukturalhermeneutischen, rekonstruktionslogischen Analyse von Interaktionsprotokollen als notwendiges methodologisches Komplement zu dem sozialisationstheoretisch geforderten strukturtheoretischen Paradigma.*

---

spielsweise Geulen (1991, 43f) der Oevermannschen Sozialisationstheorie, wenn er in seiner Kritik schreibt: "Problematisch ist ... die empirisch nicht belegte Unterstellung, daß das Kind in seiner Entwicklung genau die vom 'objektiven Hermeneutiker' herausinterpretierte Sinnstruktur abbilden soll, also weder hinter dieser zurückbleiben noch über sie hinausgehen könne ..." (ebd., 43). Daß die Unterstellung der Annahme einer Koinzidenz nicht zutrifft, zeigen die methodologischen und sozialisationstheoretischen Überlegungen in Oevermann u.a. 1976b und 1979b.

12 Für das Verständnis der Werkgenese ist dabei zu beachten, daß Oevermanns 'frühe Schriften' im Anschluß an seine Dissertation ('Sprache und soziale Herkunft') bereits die zentralen Argumente der Kritik an psychologistischen wie soziologistischen Erklärungsmodellen und Forschungsstrategien der 'schichtenspezifischen Sozialisationsforschung' entfalten (s.u. Kapitel 3.4.1). Zu der hier vorgenommenen Verhältnisbestimmung zwischen Oevermanns 'frühen Schriften' und der traditionellen schichtenspezifischen Sozialisationsforschung vgl. auch Geulen (1991, 39ff) und Steinkamp (1980 und 1991).

Oevermanns Beiträge zu einer Methodologie der objektiven Hermeneutik entfalten für den sozialwissenschaftlichen Gegenstandsbereich somit die zweite Funktion von Basistheorien: die Begründung der Grundlagen des Messens von empirischen Relationen in diesem Objektbereich. Die rekonstruktive Analyse der objektiven Bedeutungsstruktur einer Äußerung oder Einzelhandlung bzw. der latenten Sinnstruktur eines sozialen Ablaufs oder Phänomens, die sich material in Protokollen der sozialen Wirklichkeit ('Interaktionstexte') objektivieren, wird dabei – und dies weist nun aus methodologischen Gründen über den sozialisationstheoretischen Objektbereich hinaus – als Grundoperation sozialwissenschaftlichen 'Messens' bzw. der Erzeugung theorierelevanter Daten ausgewiesen.

(3) Ist die metatheoretische Konstitution des Objektbereichs und die metatheoretische Begründung des Messens von empirischen Relationen im sozialwissenschaftlichen Gegenstandsbereich letztlich im handelnden Umgang der Menschen mit dem Objektbereich fundiert, läßt sich als dritte Funktion von 'Basistheorien' schließlich schlußfolgern, daß sie – so Oevermann in seinem Manuskript aus dem Jahre 1973 – auch als das sprachliche Medium der (möglicherweise einstellungsverändernden) Rückübersetzung von Ergebnissen und Erkenntnissen spezialisierter Einzelwissenschaften in das Alltagswissen bzw. in den Erfahrungshorizont des Handlungssubjekts anzusehen sind. Diese dritte Funktion von Basistheorien wird von Oevermann in seinem Manuskript (1973b) nicht weiter erläutert. Das Problem der Vermittlung wissenschaftlicher Wissensbestände präzisiert Oevermann jedoch in seinen späteren professionalisierungstheoretischen Beiträgen, insbesondere für das (sozial-)wissenschaftliche und psychoanalytische Handeln.

Die vorangegangenen Thesen beziehen sich auf die Grundannahmen innerhalb Oevermanns Theorie- und Forschungsprogramm. Sie rekurrieren dabei auf die Gesamtheit seiner Schriften aus allen Phasen der Werkentwicklung. In den folgenden Kapiteln dieser Arbeit werden die Thesen selbst wie die hier vertretene Lesart des werkgeschichtlichen

Zusammenhangs bezüglich der sozialisations- und sprachtheoretischen
Grundannahmen im einzelnen ausgewiesen.[13]

---

13   In Teilen entgegengesetzte 'Werkinterpretationen' als die hier vertretene ent-
     wickeln Reichertz 1986 und Liebau 1987; 1988; und mit Bezug auf die metho-
     dologischen Schriften Oevermanns: Terhart 1981; 1983; Bude 1982; Bonß 1983,
     219-222 und Radtke 1985. Zu der hier vertretenen Rekonstruktion von Oever-
     manns sozialisationstheoretischen und methodologischen Schriften vgl. auch
     Matthes-Nagel 1982; Garz/Kraimer/Aufenanger 1983; Garz 1984, Kapitel 1-2;
     Wagner 1984 und Sutter 1988; 1990; 1994.

2. Die Konzeptualisierung des sozialisationstheoretischen Erfahrungsgegenstandes

Ausgehend von den 'klassischen' Ansätzen von N. Chomsky, J. Piaget, S. Freud und G.H. Mead, die er in der Einstellung immanenter Kritik rekonstruiert, gelangt Oevermann zu der Formulierung einer Theorieprogrammatik, deren Architektonik grundlegend durch das Kompetenz-Performanz-Paradigma gekennzeichnet ist.[14] Oevermanns Rezeption dieser 'klassischen' Theorieansätze ist vor dem Hintergrund seiner provozierenden These über die soziologische Theoriebildung zu lesen, derzufolge "ein strukturtheoretisches Paradigma für eine Sozialisationsforschung, in der die Soziologie nicht nur die sozialen Randbedingungen von Sozialisationsprozessen beschreibt und identifiziert, sondern diese Prozesse selbst erklärt, nicht zur Verfügung (steht)" (1979a, 147; vgl. 1976b, 371f).[15]

---

14 Dies erfolgt insbesondere in den Vorarbeiten zu einer Theorie der Bildungsprozesse (1973b; 1973c; 1974a; 1975 und 1976a), deren sozialisationstheoretischen wie methodologischen Implikationen in den Beiträgen 1976b; 1979b und 1981a auch anhand empirischen Materials ausgewiesen werden.
   Das Kompetenz-Performanz-Paradigma liegt bereits Oevermanns Rekonstruktion von Bernsteins Theorie linguistischer Codes explizit zugrunde und liefert für deren Integration mit rollentheoretischen Annahmen die theoriearchitektonische Grundlage der anvisierten pragmatischen Kommunikationstheorie. Vgl. hierzu insbesondere die Rekonstruktion von Bernsteins Theorie in der – in den sechziger Jahren abgeschlossenen – Dissertation (1972a, Kapitel 3) sowie 1968a (Kapitel 9.5); 1968b und 1972b (S. 68-75) als Weiterführungen dieses Ansatzes. Die 'performanztheoretische' Theoriestrategie der frühen Schriften wird zusammenfassend dargestellt in: 1973a; 1973b, 42-51 und 1974b; s.u. Kapitel 3.4.1.
   Vor diesem Hintergrund erweist sich Liebaus Feststellung, die früheren Schriften als performanztheoretische Forschungen zu reinterpretieren, "wäre ... insofern sehr fragwürdig, als diese Arbeiten ... samt und sonders *vor* der Entwicklung bzw. Übernahme des kompetenztheoretischen Paradigmas verfaßt worden sind" (Liebau 1987, 113 Anm. 67; vgl. ebd., 41f), als falsch.

15 Hierzu führt Oevermann aus: "Die *Rollentheorie des Funktionalismus* ist ... nicht nur nicht geeignet, sondern systematisch irreführend, wenn die spezifischen strukturellen Merkmale von Sozialisationsprozessen analytisch angemessen aufgeschlüsselt werden sollen. Die gegenwärtige *Rollentheorie des symbolischen Interaktionismus* ist ungeeignet, weil sie den von *George Herbert Mead* auf ei-

Im Rahmen seiner metatheoretisch orientierten Arbeiten zu einer Theorie der Bildungsprozesse interessiert Oevermann die Diskussion von Noam Chomskys Theorie linguistischer Kompetenz (und John R. Searles Sprechakttheorie) insbesondere unter dem Gesichtspunkt ihrer Theoriearchitekonik und den daraus resultierenden Implikationen für die sozialwissenschaftliche Datenanalyse und Theoriebildung. Der kognitiven Entwicklungspsychologie von Jean Piaget entnimmt Oevermann die Konzeption der Struktur des erkennenden Bewußtseins und das entwicklungstheoretische Modell von dessen Ontogenese, der pragmatistischen Sozialphilosophie von George Herbert Mead die Konzeption des intersubjektiv kommunikationsfähigen Subjekts und die Grundannahme von dessen sozialer Konstitution. Sigmund Freuds Psychoanalyse rekonstruiert Oevermann schließlich unter dem Gesichtspunkt der Konzeption einer reflexiv mit sich identischen Person und der Erklärung der sozialen Konstitution des Ichs durch Sinninterpretation der eigenen Antriebsbasis und Geschichte.

Die Rekonstruktion der klassischen Theorieansätze zielt zunächst darauf, die Konstruktionsvoraussetzungen einer Theorie der Bildungsprozesse des Subjekts auszuweisen, um daran anschließend zeigen zu können, daß sich die genannten Erklärungsansätze in einer Theorie der sozialen Konstitution des Subjekts in der Struktur der sozialisatorischen Interaktion systematisch aufeinander beziehen und integrieren lassen. In diesem Kapitel werde ich zunächst die theoriearchitektonischen Konsequenzen des Kompetenz-Performanz-Paradigmas für den

---

ner zugleich sozialphilosophischen und evolutionstheoretischen Ebene vorformulierten Beitrag zu einer Theorie der sozialen Konstitution des Subjekts in den objektiven Strukturen intersubjektiv verständlicher Kommunikation vernachlässigt hat. Die *Vorschläge einer an Marx sich orientierenden Soziologie* leiden darunter, daß sie adäquate Bestimmungen der für eine soziologische Sozialisationstheorie zentralen Begriffe von Intersubjektivität und von objektiven Sinnstrukturen nicht anbieten können. Die *neuere Systemtheorie* – sofern sie überhaupt das Problem der Sozialisation als Entwicklung analytisch zu fassen vermag – verlegt die für eine Sozialisationstheorie zentrale, weil Sozialisation im Kern kennzeichnende Frage nach der Konstitution von *objektivem* Sinn von vornherein außerhalb einer gesellschaftstheoretischen Betrachtung (hier schließt sich Oevermann an Habermas' Argumentation gegen Luhmanns Sinnbegriff (Habermas 1971b) an; H.S.), und die *Traditionen des französischen Strukturalismus* sträuben sich gegen eine für die Sozialisationstheorie unerläßliche genetische Betrachtung, die die Konstruktionstätigkeit eines sich bildenden Subjekts voraussetzen muß" (1979a, 147f).

sozialisationstheoretischen Gegenstandsbereich behandeln. Ich be-
ginne mit der paradigmatischen Bedeutung von Chomskys Theorie
linguistischer Kompetenz (Kapitel 2.1), um dann die Voraussetzungen
für eine Übertragung des Kompetenz-Performanz-Paradigmas auf den
gesamten sozialisationstheoretischen Gegenstandsbereich zu klären
(Kapitel 2.2). Hieran anschließend werde ich in die analytische Unterscheidung von drei Erklärungsebenen einer Theorie der Bildungpro-
zesse des Subjekts einführen, die hieraus resultiert (Kapitel 2.3), um
abschließend den metatheoretischen Bezugspunkt individueller Bildungsprozesse und damit auch der Analyse von Sozialisationsprozessen auszuweisen (Kapitel 2.4).

2.1 Die paradigmatische Bedeutung von Chomskys Theorie linguistischer Kompetenz

Die Bedeutung von Chomskys Theorie linguistischer Kompetenz für
eine Theorie der Bildungsprozesse des Subjekts erklärt sich aus drei
Gründen:

Das Kompetenz-Performanz-Paradigma eröffnet erstens *theoriearchitektonisch* die Möglichkeit, die beiden untrennbaren Problemkreise
einer Theorie der Bildungsprozesse in ihrem unaufhebbaren Zusammenhang zu konzeptualisieren: die Analyse universaler Ausstattungen
und Strukturen des Subjekts (als Gattungssubjekt) auf der einen und
die seiner gesellschaftlich-historisch spezifischen Ausprägungen (als
in eine gesellschaftlich-historische Praxis sozialisiertes, individuiertes
Subjekt) auf der anderen Seite.[16]

Die konstitutive Bedeutung der Sprache für die Koordination gesellschaftlicher Handlungen und, darüber vermittelt, für die soziale Konstitution des Subjekts im Sinne der Theorie G.H. Meads erklärt zweitens die *objekttheoretische* Relevanz einer Theorie linguistischer

---

16 Hinsichtlich der paradigmatischen Bedeutung der Chomskyschen Theorie für die
Humanwissenschaften im allgemeinen und die Logik der Sozialwissenschaften
im besonderen vgl. auch die Theorierekonstruktionen von Habermas (1967;
1970) und Apel (1972). Auf Unterschiede in der Interpretation der Chomskyschen Theorie kann an dieser Stelle nur verwiesen werden.

Kompetenz: unabhängig davon, daß diese (a) die Strukturen menschlicher Kommunikation und die korrespondierenden, ontogenetisch ausgebildeten Bewußtseinsstrukturen auf seiten des sich bildenden Subjekts nur ausschnittsweise, nämlich für den Objektbereich syntaktischer Regelstrukturen, zu erklären vermag, und (b) das Problem des Wechselwirkungszusammenhangs von sprachlicher und kognitiver Entwicklung kontrovers bleibt (s.u. Kapitel 3).

Der von Chomsky explizierte sprachtheoretische Regelbegriff liefert schließlich drittens die zentralen Argumente für die methodologische Grundlegung der Soziologie als hermeneutischer Erfahrungswissenschaft.[17]

Anhand von Chomskys Theorie linguistischer Kompetenz zeigt Oevermann (1973b; 1974a), inwiefern Kompetenztheorien die drei Funktionen von Basistheorien (s.o. Kapitel 1) erfüllen. Da die entsprechenden Ausführungen für das Verständnis der theorieprogrammatischen Perspektive Oevermanns unmittelbar bedeutsam sind und seine diesbezüglichen Überlegungen in den publizierten Schriften[18] stark komprimiert – und in der Rezeption zu Teilen fehlinterpretiert – wurden, möchte ich die entsprechende Passage zunächst ausführlich dokumentieren. Daran anschließend werden die zentralen Konstruktionsvoraussetzungen von Chomskys Theorie linguistischer Kompetenz zusammenfassend ausgewiesen.

"Festzuhalten ist ..., daß die Chomskysche Kompetenztheorie zunächst nur Geltung beanspruchen kann für den Gegenstand, für den sie explizit formuliert worden ist: die Fähigkeit nämlich, die von der linguistischen Theorie herausgearbeitete Struktur der grammatischen Regeln, die der 'kreativen Funktion' der Sprache zugrunde liegen, im Sprachgebrauch und im Grammatikalitätsurteil praktisch zu beherrschen. Ohne Zweifel ist damit ein wichtiger Aspekt der Struktur der 'autonom handlungsfähigen, mit sich identischen Person' bezeichnet. Die Beherrschung der 'kreativen Funktion' der Sprache sichert dem Subjekt ein Stück Autonomie. ...

---

17   Siehe Teil II. Im folgenden beschränke ich mich auf die zentralen Gesichtspunkte in Oevermanns Rekonstruktion von Chomskys Theorie linguistischer Kompetenz. Vgl. hierzu neben N. Chomskys Schriften (Chomsky 1970; 1973a; 1973b; 1977; 1981a und 1981b) insbesondere Oevermann 1973b, 18-37; 1974a, 33-36; 1979a, 148-156 und Miller/Weissenborn 1991; ferner Aufenanger 1992, 47-58.

18   Vgl. 1979a, 148-156; 1979b, 387-391; 1983b, 116.133-138 und 1986, 22-44.

Im Rahmen dieser Einschränkung des Objektbereichs einer Theorie der Bildungsprozesse erfüllt die Kompetenztheorie die eingangs erwähnten drei Funktionen einer Basistheorie in der folgenden Weise:

1. Mit der Struktur des Systems grammatischer Regeln als der Angabe eines spezifischen Aspekts von Bewußtseinsstrukturen wird ein Bezugspunkt für die Analyse des Sprachgebrauchs und des Prozesses des Spracherwerbs expliziert, mit dem ein – wenn auch eingeschränkter – Gegenstand der Sozialisationsforschung konstituiert ist. Wir wissen jetzt, daß wir nicht eine nicht weiter aufgegliederte Fähigkeit, Sprache zu gebrauchen, sondern den Erwerb spezifischer Strukturen zu untersuchen haben. An der Kompetenztheorie Chomskys können wir paradigmatisch ablesen, daß der wesentliche theoretische Schritt in Richtung auf die Konstitution des Forschungsgegenstandes einer Theorie der Bildungsprozesse in der Explikation der Struktur des Bewußtseins besteht, das dem Handeln 'normaler' Erwachsener unterliegt.

2. Diese Explikation als Bezugspunkt der sozialisationstheoretischen Analyse bestimmt gleichzeitig die Operationen des Messens, die Art und Weise, wie empirische Relationssysteme als für die Theorie relevante Daten herzustellen sind. Sehr allgemein gesprochen, besteht die Operation des Messens hier darin, das Subjekt der Untersuchung mit Aufgaben zu konfrontieren, für deren Lösung der Rückgriff oder die praktische Befolgung der in der Untersuchung in Frage stehenden Regel oder Bewußtseinsstruktur notwendige Voraussetzung ist. Das kann dann in der Evokation eines Urteils über die Grammatikalität von Sätzen, allgemeiner gesprochen: über die Regelhaftigkeit von Ereignissen bestehen, oder es kann forschungspraktisch in der Beobachtung des Vorkommens von Ereignissen des Sprechens (Handelns) durchgeführt werden, denen die in Rede stehenden Regeln notwendig zugrunde liegen. Im Gegensatz zu den üblichen Formen des Messens in den Sozialwissenschaften wird hier die Präzision der Meßoperation nicht in einer möglichst differenzierten Quantifizierbarkeit angestrebt, die eine Anwendung reichhaltiger mathematischer numerischer Relationssysteme erlaubt, sondern in einer durch qualitative Analyse und Interpretation der Aufgabe, des 'items', des Testereignisses zu leistenden Gewähr, daß die Struktur des Testereignisses der theoretisch explizierten Regel- oder Bewußtseinsstruktur isomorph ist.

3. Die Ergebnisse einer sich an der Kompetenztheorie orientierenden Spracherwerbsforschung müßten sich in das außerwissenschaftliche Alltagswissen leicht rückübersetzen lassen. Beispielsweise ließe sich den Lehrern und Eltern von Kindern leicht zeigen, daß die im sprachlichen Unterricht zu lernenden Regeln der Grammatik faktisch von den Kindern schon lange vorher praktisch beherrscht werden, indem man aus den Sprachproben der Kinder Sätze heraussucht, die als Erzeugnisse dieser Regeln gelten können. Daran läßt sich dann die Frage anschließen, inwiefern das Lernziel des Grammatikunterrichts, 'richtiges' Sprechen durch Lernen der Grammatikregeln zu erreichen, nicht von vornherein sinnlos ist und inwiefern statt dessen die Explikation der grammatischen Struktur der Muttersprache sich nicht eher am Lernziel der Einsicht in die Struktur des eigenen Wissens, des eigenen Handlungspotentials orientieren müßte" (1973b, 38ff).

Nach diesem Vorgriff auf die paradigmatische Bedeutung von Chomskys Theorie linguistischer Kompetenz sollen nun die dieser Theorie zugrundeliegenden Erklärungsprobleme benannt und die von Chomsky gewählte Theoriestrategie zu deren Lösung in ihren Grundzügen und Konsequenzen vorgestellt werden.

Chomskys Perspektivenwechsel und Abgrenzung von der traditionellen Grammatik und von seinerzeit im Vordergrund stehenden Varianten strukturalistischer Linguistik liegen zwei Erklärungsprobleme zugrunde: erstens die Erklärung der kreativen bzw. schöpferischen Funktion von Sprache, derzufolge ein (sprachkompetenter) Sprecher im Prinzip Sätze formulieren kann, die er zuvor niemals vernommen hat; zweitens der Umstand, daß auch komplexe Versionen vorliegender Grammatiken letztlich nicht jene Fälle strukturhomolog formulierter Sätze erklären können, die nach Maßgabe unstrittiger Grammatikalitäts- und Akzeptabilitätsurteile gleichwohl nicht zum Korpus der zu erklärenden Sprache gehören.

Diese beiden Erklärungsprobleme rückt Chomsky ins Zentrum seines Interesses, die Grundprinzipien der Sprachfähigkeit zu rekonstruieren. In seinem Ansatz einer Generativen Grammatik begründet er drei für die Theorieentwicklung grundlegende Annahmen.

(1) die *Annahme eines 'generativen Regelsystems'*, dessen endliche Zahl an Formationsregeln die Konstruktion einer unendlichen Zahl grammatisch wohlgeformter Sätze ermöglicht und festlegt, welche Ausdrücke, Sätze einer Sprache sind;

(2) die *Annahme eines 'impliziten Wissens'* ('tacit knowledge'), das erst die sprachangemessene Verwendungsweise jener Regeln erklärt, die im Mittelpunkt traditioneller Grammatiken stehen. Denn diese Grammatiken können – so Chomsky vor dem Hintergrund entsprechender empirischer Erklärungsprobleme – keine Prinzipien dafür angeben, weshalb strukturhomolog scheinende Sätze gleichwohl nicht zwingend Sätze der zu erklärenden Sprache sein müssen;

(3) die *Annahme einer 'universellen Grammatik'*, die die Klasse der möglichen Grammatiken von Einzelsprachen charakterisiert und – im Sinne eines theoretisch abstrahierbaren 'Spracherwerbsapparates' – die ontogenetische Entwicklung des Regelsystems einer Einzelsprache erklärt.

Nachdem Chomskys Theoriestrategie zunächst nur auf die Rekonstruktion eines adäquaten Formalismus zur Beschreibung syntaktisch wohlgeformter Sätze beschränkt war, rückte mit der zweiten Annahme die Fähigkeit eines (sprachkompetenten) Sprechers, Grammatikalitäts- und Akzeptabilitätsurteile über verwendete sprachliche Ausdrücke fällen zu können, in den Mittelpunkt des Interesses.[19] Eine theoretisch wie empirisch angemessene Erklärung der Grammatik einer Einzelsprache ist in dieser Perspektive unhintergehbar auf die Erklärung jener mentalen Strukturen angewiesen, die die Sprachfähigkeit eines Sprechers konstituieren. Die Linguistik gilt in dieser Perspektive als Zweig der kognitiven Psychologie (vgl. Chomsky 1970; 1977).[20]

"Wenn wir jemals verstehen wollen, wie Sprache gebraucht oder erlernt wird, so müssen wir, um eine selbständige und unabhängige Untersuchung durchführen zu können, ein kognitives System voraussetzen ..., das sich in frühester Kindheit entwickelt und das, in Wechselwirkung mit vielen anderen Faktoren, diejenigen Verhaltensweisen determiniert, die wir beobachten; um einen terminus technicus einzuführen: wir müssen das System der *Sprachkompetenz* isolieren und untersuchen, das dem Verhalten zugrundeliegt, jedoch in keinerlei direkter oder einfacher Weise im Verhalten realisiert wird" (Chomsky 1970, 15).

Gegenstand von Chomskys linguistischer Theorie ist somit nicht die empirisch-konkrete Sprachverwendung (Sprachperformanz), d.h. der aktuelle Gebrauch der Sprache in konkreten Situationen, sondern die Sprachkompetenz: jene generativen Regelsysteme, die die Sprachkenntnis eines idealisierten Sprecher-Hörers konstituieren.[21] Ziel linguistischer Theoriebildung ist es, dieses

"System von Regeln zu charakterisieren, das wir zu beherrschen gelernt haben und das uns befähigt, neue Sätze zu verstehen und einen neuen Satz in einer geeigneten Situation zu produzieren .... Die Suche nach explanativen Theorien muß mit dem Versuch beginnen, diese Regelsysteme zu determinieren und die Prinzipien aufzudecken, die sie beherrschen.

Derjenige, der die Kenntnis einer Sprache erworben hat, hat ein System von Regeln internalisiert, das Laut und Bedeutung auf eine besondere Art und Weise in Beziehung setzt. Der Linguist, der die Grammatik einer Sprache konstruiert, schlägt damit tatsächlich eine Hypothese über dieses internalisierte System vor. Die Hypothese des

---

19   Zur Theorieentwicklung vgl. Chomsky 1981a, Teil II.

20   Zur Würdigung und Kritik der strukturellen Linguistik, von der sich Chomsky mit diesem Perspektivenwechsel abgrenzt, vgl. u.a. Chomsky 1970, 43f.

21   Vgl. hierzu und zum folgenden die methodologischen Vorüberlegungen in: Chomsky 1973b.

Linguisten wird, wenn sie mit ausreichender Explizitheit und Präzision vorgetragen wird, hinsichtlich der Form von Äußerungen und ihrer Interpretationen durch den Sprecher gewisse empirische Konsequenzen haben. Es ist evident, daß Sprachkenntnis – das internalisierte System von Regeln – nur einer von vielen Faktoren ist, die determinieren, wie eine Äußerung in einer bestimmten Situation gebraucht oder verstanden wird. Der Linguist, der festzulegen versucht, was die Sprachkenntnis konstituiert – also eine korrekte Grammatik zu konstruieren versucht –, untersucht einen, aber nicht den einzigen fundamentalen Faktor, der der Performanz inhärent ist. Diese Idealisierung ist zu beachten, wenn man das Problem der Bestätigung von Grammatiken auf der Grundlage von empirischen Befunden betrachtet" (Chomsky 1970, 48f).

In diesem Sinne verwendet Chomsky den Begriff 'Grammatik' bewußt mehrdeutig. Einerseits bezeichnet er im herkömmlichen Sinne die linguistische Theorie, zum anderen jedoch auch die in einem sprachkompetenten Sprecher mental repräsentierte 'Theorie seiner Sprache'. Im Sinne des zweiten Bedeutungsgehalts kann Chomsky ausführen, daß ein Kind, wenn es eine Sprache erlernt, eine generative Grammatik entwickelt und intern repräsentiert. Die von Chomsky anvisierte Grammatiktheorie – und dies ist für Oevermann einer der entscheidenden Punkte – ist damit *nicht nur ein Formalismus zur Beschreibung und Erklärung von Sätzen* als Datenbasis einer linguistischen Theorie. Sie ist zugleich auch ein *rekonstruktives Modell des Regelbewußtseins sprachkompetenter Sprecher-Hörer.*

Die paradigmatische Bedeutsamkeit von Chomskys Theorieprogramm erweist sich insbesondere in der darin vollzogenen Kritik und Abkehr von behavioristischen Grundsätzen, ohne damit zugleich auch den Anspruch auf explanative Theoriebildung preiszugeben. Chomsky unterscheidet diesbezüglich zwischen Kriterien deskriptiver Adäquatheit und explanativer Adäquatheit. Theoriearchitektonisch korrespondieren dieser Unterscheidung zwei Erklärungsebenen der Theoriekonstruktion:

Auf der ersten Ebene zielt die Theorieentwicklung auf die Rekonstruktion der Grammatiken von Einzelsprachen, wobei unter Grammatik einer Einzelsprache das jeweilige System von Regeln und Prinzipien verstanden wird, welches eine infinite Klasse von wohlgeformten Sätzen dieser Sprache mit ihren formalen und semantischen Eigenschaften generiert. Auf dieser Erklärungsebene zielt die theoretische Rekonstruktion der 'Generativen Grammatik' auf das Geltungskriterium deskriptiver Adäquatheit:

"Eine Grammatik kann als eine Theorie einer Sprache angesehen werden; sie ist *deskriptiv adäquat (descriptively adequate)* in dem Maße, wie sie die Kompetenz des idealisierten Sprechers *(native speaker)* korrekt beschreibt. Die strukturellen Beschreibungen, die den Sätzen durch die Grammatik zugeordnet werden, die Unterscheidungen, die sie zwischen wohlgeformt und abweichend macht usw., all dies muß, um deskriptive Adäquatheit zu erreichen, der linguistischen Intuition des Sprechers in einer wesentlichen und signifikanten Klasse einschlägiger Fälle entsprechen" (Chomsky 1973b, 39f; vgl. ebd., 39-43 und 1970, 49-51).

Auf der zweiten Ebene zielt die Theorieentwicklung auf die Konstruktion einer universalgrammatischen Theorie. Diese hat jene universellen Formationsprinzipien zu explizieren, die den verschiedenen einzelsprachlichen Grammatiken gemeinsam sind: im Sinne jener notwendigen und hinreichenden Bedingungen, denen ein System genügen muß, um als eine mögliche menschliche Sprache gelten zu können.

Das damit gestellte Erklärungsproblem verweist auf die Konstruktion einer Spracherwerbstheorie. Denn die geforderte Erklärungsleistung korrespondiert der 'Entwicklungsaufgabe' eines Kindes, das eine Einzelsprache zu erlernen hat. Der Linguist wie das Kind, das eine Sprache erlernt, muß angesichts vorliegender Daten der Sprachverwendung, das zugrundeliegende generative Regelsystem rekonstruieren. Aufgabe einer Spracherwerbstheorie ist es, jene Prinzipien zu bestimmen, die die Konstruktion einer Grammatik regulieren.

Eine linguistische Theorie entspricht nun in dem Maße dem Kriterium der explanativen Adäquatheit (explanatory adequacy),

"wie es ihr gelingt, eine deskriptiv adäquate Grammatik auf der Basis der primären sprachlichen Daten auszuwählen. Das heißt, daß sie in eben diesem Ausmaß eine Erklärung für die Intuition des Sprechers bietet, und zwar auf der Basis einer empirischen Hypothese über die angeborene Prädisposition des Kindes, eine bestimmte Art von Theorie zu entwickeln, um das ihm offerierte Material zu verarbeiten. Jede solche Hypothese kann falsifiziert werden (sehr leicht sogar angesichts konkreter Fakten), indem man zeigt, daß sie nicht in der Lage ist, eine deskriptiv adäquate Grammatik hinsichtlich der primären sprachlichen Daten aus einer anderen Sprache zu liefern – denn offensichtlich ist ein Kind nicht für die Erlernung *einer* Sprache besser prädisponiert als für die Erlernung einer anderen" (Chomsky 1973b, 41f; vgl. ebd., 43).

Chomsky diskutiert das Problem des Spracherlernens vorrangig unter dem Gesichtspunkt der *metatheoretischen Konstruktion einer 'universellen Grammatik'.* Er weist dabei ausdrücklich darauf hin, daß die universelle Grammatik nicht selbst als eine Grammatik vorzustellen ist: Sie ist vielmehr eine "Theorie von Grammatiken, eine Art Metatheorie oder Schematismus für Grammatik" (Chomsky 1981a, 203) und zielt auf die gattungsspezifischen Grundlagen des Spracherwerbs (vgl. Chomsky 1977).[22]

Die Strategie der entwicklungstheoretischen Erklärung universeller Bewußtseinsstrukturen wird in Kapitel 3 eigens zu thematisieren sein. Unter dem Gesichtspunkt der Oevermann besonders interessierenden Architektonik von Chomskys Theorie linguistischer Kompetenz sind an dieser Stelle – das bisher Ausgeführte resümierend – folgende Unterscheidungen und Konstruktionsprinzipien der Theoriebildung festzuhalten:

Chomsky unterscheidet drei Erklärungsebenen:

(1) die performanztheoretische Erklärungsebene, die in seiner Theorie nicht eigens thematisiert wird, als die Ebene der empirisch-konkreten Sprachverwendung: Im Sinne seiner Kompetenz-Performanz-Unterscheidung ist der aktuelle Gebrauch der Sprache in konkreten Situationen von *sprachtheoretisch* irrelevanten Bedingungen wie begrenztes Gedächtnis, Zerstreutheit und Verwirrung, Verschiebung in der Aufmerksamkeit und im Interesse und zufällige oder typische Fehler gekennzeichnet (vgl. Chomsky 1973b, 13f).

Chomsky interessiert statt dessen die Sprachkompetenz, die theoretisch idealisierte Ebene der impliziten Kenntnis des Sprecher-Hörers von seiner Sprache. Bezogen auf den eingeschränkten Objektbereich grammatischen Regelwissens unterscheidet Chomsky diesbezüglich zwei weitere – kompetenztheoretische – Erklärungsebenen:

(2) die Entwicklung von Grammatiken konkreter Einzelsprachen: die auf dieser Ebene zu explizierenden generativen Regelstrukturen erzeugen die grammatisch wohlgeformten Sätze der jeweiligen Einzelsprache;

---

22 Auf die entsprechende Argumentation Chomskys rekurriert Oevermann in seiner konstitutionstheoretischen Begründung einer hermeneutischen Erfahrungswissenschaft und in seiner Begründung eines hierarchischen Modells von Fundierungsschichten praktischer Handlungsfähigkeit, innerhalb dessen Typen von Regeln analytisch nach der Reichweite ihrer Geltung und der Kritisierbarkeit ihres Gehaltes zu unterscheiden sind. Vgl. Oevermann 1986, 23ff.32ff; 1973b, 20-32 und 1979a, 157.

(3) die Konstruktion einer 'universellen Grammatik': die auf dieser Ebene zu explizierenden Formationsprinzipien gelten für alle einzelsprachlichen Grammatiken und erklären diese im Bezugsrahmen einer Spracherwerbstheorie.

Dieser analytischen Differenzierung von drei Erklärungsebenen korrespondieren zwei Konstruktionsprinzipien der Theoriebildung, die nach Oevermann den genetischen Strukturalismus allgemein kennzeichnen und für den sozialwissenschaftlichen Gegenstandsbereich verallgemeinert werden können: erstens – in Abgrenzung von behavioristischen Erklärungsansätzen – die *formale* Bestimmung der Struktur des Merkmalsraums als Voraussetzung der Analyse von Entwicklungs- und Lernprozessen und die hierzu notwendige analytische Differenzierung zwischen der Ebene der Kompetenz, die der Struktur praktischen (Sprech-)Handelns als theoretisch idealisierbare Möglichkeit und Fähigkeit zugrundeliegt, und der Ebene der Performanz, als empirisch-konkretem Ausdruck beobachtbaren praktischen (Sprech-)Handelns; und zweitens das Prinzip der *genetischen* Erklärung formaler Strukturen als Kriterium für Theorien explanativer Adäquatheit. Ein Prinzip, das nicht – wie bei Chomsky in den oben zitierten Passagen – im Sinne eines nativistischen bzw. reifungstheoretischen Erklärungsansatzes interpretiert werden muß (s.u. Kapitel 3).

Welche Konsequenzen die Anwendung dieser beiden Konstruktionsprinzipien für die sozialisationstheoretische Theoriebildung zeitigen, ist Thema der folgenden Kapitel.

2.2 Die Übertragung des Kompetenz-Performanz-Paradigmas auf den sozialisationstheoretischen Gegenstandsbereich

Die Kompetenz-Performanz-Unterscheidung wurde, wie im vorangegangenen Kapitel ausgeführt, erstmals von Chomsky für den Objektbereich des grammatischen Regelwissens eines sozialisierten Subjekts ausgewiesen. Erwiese sich das Kompetenz-Performanz-Paradigma auch im Hinblick auf andere Entwicklungsdimensionen des Subjekts als tragfähig, "(würden) Kompetenztheorien dann die Ebene der universalen Ausstattungen und Bewußtseinsstrukturen und die (quasi-universellen) Prozesse ihrer Entfaltung abdek-ken; Performanztheorien würden sich auf die Ebene der Bedingung der hand-lungspraktischen Realisierung dieser Kompetenzen in der konkreten Lebensgeschichte und damit auf die Ebene der individuellen Differenzen beziehen" (1976a, 38; vgl. ebd., 38f und 1973b, 40-56).

Die forschungslogischen Implikationen der Architektonik von Kompe-tenztheorien werden von Oevermann in zwei Schritten auf den soziali-sationstheoretischen Gegenstandsbereich übertragen.

Der erste Schritt, die Extrapolation auf die Gesamtheit der Bewußt-seinsstrukturen des 'epistemischen Subjekts', wirft keine prinzipiellen Probleme auf. Hierzu zählen allgemeine Strukturen der logischen, mo-ralischen und sprachlich-pragmatischen Urteilskraft. Wie den lingui-stischen Kompetenzen in Chomskys Theorie sind jene Strukturen dem Typus von generativen Regelstrukturen universeller Geltungsreich-weite zuzuordnen, deren Universalität mit der Nicht-Kritisierbarkeit ihres materialen Gehalts zusammenfällt (vgl. 1974a, 38f und 1986, 23-29).

Der zweite Schritt zielt auf die Lockerung und Relativierung der Be-dingung der Universalität von generativen Regelstrukturen: Für die Extrapolation der *forschungslogischen* Implikationen des Kompetenz-Performanz-Paradigmas auf Regeln und Normen unterschiedlicher Geltungsreichweite spricht, daß diese alle das Modell regelgeleiteten Handelns erfüllen.[23]

Der zweite Schritt erfordert jedoch zwingend die Einführung verschie-dener Bezugsebenen der gattungsgeschichtlichen oder historischen Geltungsreichweite von Regeln, die im Rahmen einer Evolutionstheo-rie und einer Rekonstruktion der Geschichte durchzuführen ist. In Bezug auf die analytisch dann streng zu unterscheidenden Bezugsebe-nen eines hierarchischen Modells von generativen Regeln und Struk-turierungsprinzipien sozialen Handelns kann die Abgrenzung von

---

23   Regelgeleitetheit von (Sprech-)Handlungen heißt, daß die Klasse der Erfüllungs-bzw. der Kontextbedingungen, denen zufolge (Sprech-)Handlungen als regelge-leitet angesehen werden können, auch wenn sie unendlich groß sein mag, durch explizierbare Regeln klar von der Klasse der nicht-erfüllenden Bedingungen unterscheidbar ist. Zu der hier zugrundeliegenden Konzeption regelgeleiteten Handelns vgl. Habermas 1971b, auf den Oevermann (1973c, 6f und 1986, 22, Anm. 4) zur näheren Erläuterung selbst verweist.

Ebenen der Kompetenz und Performanz forschungslogisch jeweils von neuem in Anschlag gebracht werden.[24]

"Selbstverständlich ist bei dieser Relativierung (der Bedingung der Universalität von Regeln und Bewußtseinsstrukturen, die den Kompetenzbegriff in der Theorie Chomskys kennzeichnet; H.S.) zu berücksichtigen, daß historisch spezifische Regeln und Normen ihrerseits mit Bezug auf die kulturellen und biologischen Universalien gattungsspezifischer Interaktions- und Bewußtseinsstrukturen als Folgen von historischen

---

24 Die entsprechenden Ausführungen in dem Beitrag 'Ansätze zu einer soziologischen Sozialisationstheorie und ihre Konsequenzen für die allgemeine soziologische Analyse' (1979a) sind nicht dahingehend zu interpretieren, daß Oevermann damit seine frühere Interpretation des Kompetenzbegriffs, die seiner objekttheoretisch orientierten Unterscheidung von Kompetenz- und Performanztheorien zugrundeliegt (s.o.), preisgibt. Korrespondierend zu den entsprechenden Passagen in 'Die Architektonik von Kompetenztheorien und ihre Bedeutung für eine Theorie der Bildungsprozesse' (1973b) schreibt Oevermann z.B. in einer 1986 publizierten Replik: "Der Begriff der Kompetenz (wird) im strengen Sinne als Verfügung über einen formal charakterisierbaren Regelapparat gebraucht. Demgegenüber sind analogische Verwendungen des Kompetenzbegriffs in Bildungen wie 'Handlungskompetenz' oder 'kommunikative Kompetenz' höchst problematisch, insbesondere dann, wenn sie die Befähigung zum praktischen Handeln bezeichnen sollen, dessen Struktureigenschaften auf einer ganz anderen kategorialen Ebene liegen als sie in der CHOMSKYschen Architektonik von Kompetenztheorien eingeführt worden ist. Sie läßt sich wahrscheinlich problemlos auf die PIAGETsche Entwicklungspsychologie und auf die SEARLEsche Sprechakttheorie anwenden, weil darin jeweils ebenfalls formale Strukturierungsgesetzlichkeiten des 'epistemischen Subjekts', nicht aber die Struktur von Lebenspraxis thematisch sind" (1986, 37, Anm. 16).
In werkgeschichtlicher Perspektive belegt die Auswahl der folgenden Stellen die Kontinuität der analytischen Unterscheidung von Typen generativer Regelstrukturen nach deren Geltungsreichweite und materialen Kritisierbarkeit:
für die Phase der 'frühen Schriften': 1972b, 72ff (engl. Fassung: 1969) und 1973a, 65-68;
für die Phase der theorieprogrammatisch orientierten 'Vorarbeiten zu einer Theorie der Bildungsprozesse', die parallel zu Entwicklung und ersten Analysen nach den Verfahren der 'objektiven Hermeneutik' entstanden: 1973b, 44f; vgl. ebd., 18-56; 1973c, 8f und 1976a, 38f.42-46; ferner 1976b, 373;
für die Phase der explizit an der theorieprogrammatischen Perspektive eines genetischen Strukturalismus orientierten Schriften: 1979a, 152f; 1979b, 387; 1982, 3f (=1990, 245f); 1986, 23-27.29.32ff; 1991a, 283ff und Leber/Oevermann 1994, 386f.
Insbesondere die Repliken Oevermanns aus verschiedenen Phasen seiner Theorieentwicklung reflektieren den Umstand, daß diese für ihn grundlegende Unterscheidung in der Rezeption seiner Schriften, insbesondere den diversen Kritiken, nicht angemessen berücksichtigt wird (vgl. 1973a; 1974b und 1986).

Performanzen singulärer und kollektiver Subjekte gelten müssen, während das für die Universalien nicht zutrifft. Dieser Unterschied läßt sich in der folgenden Verallgemeinerung ausdrücken: *Biologisch und kulturell universelle Regeln und Strukturen können zwar expliziert, aber durch Reflexion nicht verändert werden.* Die Rolle der Kritik der soziologischen Theorie beschränkt sich in diesen Fällen auf die Kritik der wissenschaftlichen Explikation und auf die Kritik von historisch-gesellschaftlichen Bedingungen unter dem Gesichtspunkt ihres Stellenwertes für die praktische Realisierung von Möglichkeiten der Kompetenz. *Historisch-gesellschaftlich gebundene Normen und Regelsysteme* sowie Wissenssysteme lassen sich dagegen durch Reflexion verändern und sind daher Gegenstand soziologischer Kritik in einem weiteren Sinne. Nicht nur die wissenschaftliche Geltung ihrer Explikation, wie sie sich auf der Folie expliziter universeller Strukturen mit größerer Reichweite vornehmen läßt, ist in diesem Falle Gegenstand der Kritik, sondern darüber hinaus die Geltung der explizierten Inhalte selbst. In diesem Zusammenhang ergibt sich von einem veränderten Standpunkt die Rechtfertigung dafür, daß eine soziologische Strukturtheorie zugleich Kritik gesellschaftlicher Strukturen ist" (1979a, 153; vgl. 1986, 32).

Oevermanns objekttheoretische Beiträge zu sozialen Strategien des Symbolgebrauchs (1972a, Kapitel 3; 1973a), zur Analyse der Struktur sozialer Deutungsmuster (1973c; 1976e; 1981c) und historisch ausgebildeter Identitätsformationen (1983c; 1985b; 1988) sowie zur Revision der soziologischen Professionalisierungstheorie (1978; 1981/82) können als Beispiele für Objekttheorien angesehen werden, die nicht – wie Kompetenztheorien im Sinne Chomskys – auf die theoretische Explikation eines universellen Formalismus abzielen, sondern auf die Erklärung sozio-historisch gebundener Normen und Regelsysteme sowie Wissenssysteme.

2.3 Die Analyseebenen einer kompetenztheoretisch fundierten Sozialisationstheorie

Den forschungslogischen Implikationen einer kompetenztheoretisch fundierten Theoriearchitektonik folgend, sind im Gegenstandsbereich der Sozialisationsforschung mindestens drei Erklärungsebenen und die diesen zuordenbaren Fragestellungen analytisch zu differenzieren. Oevermann unterscheidet: die Analyseebene des epistemischen Subjekts (1); das für einen gesellschaftlichen Entwicklungsstand theoretisch idealisierbare Strukturmodell eines individuierten, 'normal' sozialisierten Subjekts (2); und die empirische Erscheinungsweise einer konkreten Person (3).[25]

(1) Der ersten *Ebene des 'epistemischen Subjekts'* ist das Erklärungsproblem der Entfaltung allgemeiner formal-logischer Strukturen der logischen, moralischen und sprachlich-pragmatischen Urteilskraft zuzuordnen, die als universell geltende Regelstrukturen in jeder Ontogenese von neuem gebildet und angeeignet werden.[26] Auf dieser Erklärungsebene sind somit zum einen jene universellen Strukturen des sozialisierten Subjekts zu explizieren, die dieses – im Sinne einer kompetenztheoretischen Abstrahierung – als Gattungssubjekt allge-

---

25 Vgl. zum folgenden insbesondere 1976a; 1979a, 148-165 und 1981a, 26-32.

26 Moral wird auf dieser Erklärungsebene als Formalismus bzw. rekursiver Algorithmus der sozialen Kooperation und nicht als Gebäude kritisierbarer ethischer Prinzipien verstanden (1986, 29; vgl. ebd., 23-29). Material nicht kritisierbare Regeln der sozialen Kooperation sind – Oevermann zufolge – Wahrheit, Verpflichtung, Versprechen und Kooperativität als elementare Konstitutionsbedingungen der Praxis (vgl. 1990, 51). Daraus resultierende Konsequenzen einer soziologisch-strukturtheoretisch motivierten Kritik an Kohlbergs (1984; 1995) Theorie der Entwicklung moralischer Urteilsfähigkeit hat Oevermann nicht systematisch entfaltet. Seine Kritikfigur, Struktur und Inhalt von Lebenspraxis und Handeln würden in Kohlbergs Theorie nicht scharf genug auseinandergehalten und es würden faktisch Probleme der Ethik behandelt, wo vorgegeben wird, Fragen der Strukturiertheit von Sittlichkeit zu untersuchen (vgl. 1986, 32, Anm. 14), verweist einerseits auf Kohlbergs Probleme der Identifizierung des strukturellen Kerns der moralischen Urteilsfähigkeit sowie der Konzeptualisierung des Verhältnisses von reflexiver Urteilsfähigkeit und konkretem Handeln, anderseits auf die nicht hinreichend explizierten sozialen Faktoren der Moralentwicklung. Problemstellungen also, die als Movens der Theorieentwicklung bei Kohlberg selbst (vgl. Kohlberg/Levine/Hewer 1983) und der an ihn anknüpfenden Forschungstradition angesehen werden können (vgl. u.a. Edelstein/Keller 1982b; Edelstein/Habermas 1984; Edelstein/Nunner-Winkler 1986 und Edelstein/Nunner-Winkler/Noam 1993).
Zu Oevermanns Kritik an der Struktur-Inhalt-Unterscheidung in Kohlbergs Theorie vgl. auch Döberts (1986; 1987) – an Piagets Theoriearchitektonik orientierte – Kritik der konstitutionstheoretischen Grundlegung in Kohlbergs Theorie. Millers (1986, 207-443) Verdienst ist es, die Grundprobleme einer Theorie der Moralentwicklung in der Perspektive einer soziologischen Lerntheorie diskutiert und im Rahmen der Theorie von der sozialen Konstitution einer universalistischen Moral einer Klärung zugeführt zu haben. Zur Kritik an Millers konstitutionstheoretischer These vgl. jedoch Döbert 1992a.

mein kennzeichnen und zum anderen, die universellen Bedingungen und Verlaufsfrequenzen von deren Ontogenese zu bestimmen.

(2) Epistemische Strukturen gewährleisten noch keine praktische Handlungsfähigkeit. Die für deren Explikation zuständigen kognitiven und sprachlichen Entwicklungstheorien können Individuierungsprozesse und die Konstitution von Subjektivität und Ich-Identität entsprechend nur von den Randbedingungen her erfassen. *Das individuierte, autonom handlungsfähige Subjekt* ist neben den epistemischen Strukturen des weiteren mit Antrieben, Motiven und Körperlichkeit ausgestattet.

"Erst das individuierte Subjekt überführt die universellen Strukturen oder Kompetenzen in historisch-gesellschaftliche Praxis und transformiert sie in materielle Erfahrungen der realen Welt. Handlungsfähigkeit ergibt sich aus rationaler Verfügung über die eigene Antriebsbasis und Individuierung vollzieht sich im Prozeß des Erkennens der eigenen Antriebsbasis ....

Während das Subjekt auf der Ebene der epistemischen Strukturen eine transzendentallogische Abstraktion darstellt, die allerdings gleichwohl empirisch überprüfbar ist, erscheint es auf der zweiten Ebene gewissermaßen als eine konkrete Utopie der kontrafaktischen Normalität gelungener Individuierung" (1981a, 28ff; vgl. 1973b, 11f und 1976a, 39f.42).

Gelungene Individuierung läßt sich für einen gesellschaftlichen Entwicklungsstand jeweils theoretisch idealisieren. Oevermann beschreibt diese zweite Analyseebene allgemein im *Strukturmodell eines 'autonom handlungsfähigen, mit sich identischen Subjekts'*. Dieses theoretisch begründete Modell umfaßt die strukturellen Bedingungen von Prozessen der Individuierung und konstituiert den Möglichkeitsspielraum praktischer Handlungsfähigkeit und gelingender individueller Biographien.

Zur Vermeidung von Mißverständnissen ist festzuhalten, daß die auf dieser Analyseebene zu explizierenden Struktureigenschaften eines individuierten, praktisch handlungsfähigen Subjekts auf einer ganz anderen kategorialen Ebene liegen als jene formalen Strukturierungsgesetzlichkeiten des epistemischen Subjekts, die im Sinne von Chomskys Theorie als 'Kompetenzen' begriffen werden. Die Explikation der Struktur eines autonom handlungsfähigen, mit sich identischen Subjekts erfordert – im Sinne von Oevermanns sozialisationstheoretischen Schriften – eine systematische Integration kompetenz- und performanztheoretischer Erklärungsansätze. Vorrangiges Analyseproblem auf dieser Erklärungsebene sind Prozesse der Individuierung und die Konstitution autonomer Handlungszentren. Die Konstitution des Allgemeinen in der Struktur der Intersubjektivität und die Konstitution des mit sich identischen Subjekts als Gesondertem, die Befähigung zur Intersubjektivität der sozialen Kommunikation und die Individuierung des Subjekts als zwei sich wechselseitig bedingende Momente menschlichen Handelns sind auf dieser Ebene strukturell zu bestimmen (vgl. 1974a, 95).

Oevermann beschreibt das individuierte Subjekt auf dieser Analyseebene als widersprüchliche Einheit, die "aus dem ... unauflöslichen Gegensatz von Begründungs- und Entscheidungszwang, von Verpflichtung zur Konsistenz und Widerspruchsfreiheit und der Notwendigkeit, divergente Erfahrungen zuzulassen (besteht)" (1981a, 30f).[27]

Es dürfte deutlich geworden sein, daß die Ausbildung epistemischer Strukturen der beschriebenen Subjektstruktur als 'Bedingung der Möglichkeit' zugrunde liegen, das 'Strukturproblem' praktischer Handlungsfähigkeit und damit die Emergenz einer Subjektstruktur qua Individuierung jedoch nicht erklären kann. Hierzu bedarf es nach Oevermann einer wechselseitigen Integration kompetenztheoretischer Erklärungsansätze (im Sinne N. Chomskys und J. Piagets) und der Psychoanalyse (im Sinne S. Freuds) als – bei aller Vorläufigkeit – einem Paradigma für performanztheoretische Erkärungsansätze (vgl. 1976a, 42).

---

27 Liebaus (1987, 110-119) Rekonstruktion von Oevermanns Sozialisationstheorie verwischt die Ebenendifferenzierung zwischen der *strukturellen* Bestimmung einer individuierten Person (zweite Erklärungsebene) und der Beschreibung der *konkret-individuellen* Erscheinungsweise einer individuierten Person (dritte Erklärungsebene), wenn er zum einen das 'empirische Subjekt' (ebd., Kapitel 2.2) in Begriffen von Oevermanns Strukturmodell der Lebenspraxis als widersprüchlicher Einheit beschreibt. Zum anderen verwechselt seine Kennzeichnung des 'normativen Status' des Strukturmodells eines autonom handlungsfähigen, mit sich identischen Subjekts den *statistischen Begriff der Normalität* mit einem – im Bezugsrahmen einer Theorie der Bildungsprozesse des Subjekts auszuweisenden – *kulturinvarianten Begriff der Normalität*, wenn er für die empirisch-konkrete Person – als vermeintliche Ansicht Oevermanns – konstatiert: "Definitionsgemäß wird sie im Normalfall die Normalform als Gestalt annehmen" (Liebau 1987, 111). Zu den unterscheidbaren Verwendungsweisen des Begriffs der Normalität vgl. Habermas 1974b, 227-232.

(3) Die Entstehung konkreter individueller Differenzen im biographischen Prozeß schließlich ist als Erklärungsproblem der dritten Analyseebene – der empirischen *Erscheinungsweise einer konkreten Person* – zuzuordnen. Die Verhältnisbestimmung zwischen der Erklärungsebene des Strukturmodells eines autonom handlungsfähigen, mit sich identischen Subjekts und der der empirischen Erscheinungsweise einer konkreten Person wird von Oevermann *in Analogie* zur Kompetenz-Performanz-Unterscheidung in Chomskys Theorie formuliert.

"Die Explikation der Struktur des autonom handlungsfähigen, mit sich identischen Subjekts bezeichnet nicht das tatsächliche, aktuell beobachtbare Handeln, sondern die Bedingung der Möglichkeit desselben und formuliert damit ein Handlungspotential, das empirisch mehr oder minder realisiert werden mag, dessen Explikation aber das konkrete Verhalten als jeweils unterschiedliche Realisierung in seiner Struktur erst aufdeckt. Erst auf der Folie eines solchen Strukturentwurfs von Handlungsmöglichkeiten können wir empirische Sozialisationsprozesse kritisch daraufhin befragen, in welchem Maße sie zur Realisierung oder Verhinderung dieser Möglichkeiten beitragen und erst dann sind wir einen wesentlichen Schritt über die Aufzählung isolierter Zusammenhänge im Sozialisationsprozeß hinausgelangt. Erst dann auch können wir die unterschiedliche Wirkung von subkulturell spezifischen Sozialisationsmilieus kritisch einschätzen" (1973b, 11f; vgl. 1974b, 548f)

Die Analyse von Entstehungsbedingungen individueller Differenzen im biographischen Prozeß[28] führt zu einer weiteren Ausdifferenzierung dieser dritten Erklärungsebene. In methodologischen Vorüberlegungen zu Analysen von Protokollen der Handlungspraxis konkreter Personen konkretisiert Oevermann dies in einer Präzisierung des Fallbegriffs und der hierbei analytisch zu unterscheidenden Ebenen:

"Eine konkrete Handlung reproduziert nicht nur die Besonderheit *einer* konkreten Fallstruktur, sondern einer Vielzahl von Fallstrukturen, die auf verschiedenen Aggregierungsniveaus sozialer Strukturen liegen. Da ist zunächst die Fallstruktur der konkreten Einzelpersönlichkeit, dann haben wir es jedoch zugleich mit all jenen Fallstrukturen zu tun, in denen die konkrete Persönlichkeit Mitglied ist: seine Familie, seine Freundesgruppe, sein schichtenspezifisches Milieu, seine berufliche Bezugsgruppe, der Zeitgeist der Gesellschaft, zu der er gehört ... usf." (1985a, 193; vgl. ebd., 186-205).

---

28   Vgl. 1986/87, insbesondere S. 19f.

Erst auf dieser Erklärungsebene werden somit all jene sozialisatorisch wirksamen Variablen thematisch, die die Entstehung individueller Differenzen, nunmehr im Sinne von Merkmalsausprägungen, erklären.

2.4 Der metatheoretische Bezugspunkt der Analyse von Sozialisations- und Entwicklungsprozessen

Theorieprogrammatisches Ziel einer umfassenden Sozialisationstheorie ist es, alle drei Analyseebenen der Sozialisationsforschung zu integrieren. Im Sinne eines ersten, empirische Untersuchungen im Bezugsrahmen des Kompetenz-Performanz-Paradigmas erst ermöglichenden Schrittes, gilt als vorrangige Aufgabe, die Struktureigenschaften praktischer Handlungsfähigkeit und die Bedingungen von deren autonomen Realisierung zu explizieren, um daran anschließend die Frage nach der ontogenetischen Entwicklung dieser Fähigkeiten sinnvoll stellen zu können.

Oevermann leistet dies vorläufig in seinem Strukturmodell eines – in eine gesellschaftliche Praxis sozialisierten – autonom handlungsfähigen, mit sich identischen Subjekts. Dessen Struktureigenschaften und die Voraussetzungen und Prozesse von deren Ontogenese gelten als metatheoretischer Bezugspunkt einer Theorie der Bildungsprozesse und als Bezugspunkt der Analyse von Sozialisationsprozessen. In seinen 'Programmatischen Überlegungen ...' (1976a) umschreibt Oevermann dieses Strukturmodell vorläufig in Begriffen intuitiv zugänglicher, kontrafaktisch geltender Handlungsmöglichkeiten sozialisierter Subjekte:

"Nach einer Umschreibung, die zwar trivial ist, aber gleichzeitig schwierige metatheoretische Probleme aufwirft, ist *das sozialisierte Subjekt* als *eine Person* zu bezeichnen, *die der logischen und moralischen Urteilsfähigkeit, des kumulativen Lernens und synthetischen Erfahrungsurteils, der Selbstreflexion und Normenkritik, der Artikulation eigener Bedürfnisse, des strategischen Handelns und des adäquaten Ausdrucks unmittelbarer Affektionen fähig ist*" (1976a, 37; vgl. 1973b, 10).

Im Rahmen einer Theorie der Bildungsprozesse bedürfen diese Handlungsmöglichkeiten sozialisierter Subjekte jedoch der expliziten Rekonstruktion. Das entsprechende Strukturmodell beansprucht dann einen deskriptiv-analytischen und normativen Status (vgl. 1973b,

8.12f und 1976a, 36). Denn dem Möglichkeitsspielraum gelingender Individuierungsprozesse korrespondieren immer auch spezifische Möglichkeiten von abweichenden bis hin zu pathogenen Prozessen der Personwerdung. Die Unterscheidung von 'normal' und 'pathologisch' verlaufenden Individuierungsprozessen und der darin sich bildenden individuellen Differenzen läßt sich in dieser Perspektive theoretisch als graduelle Abweichung von dem Strukturmodell eines autonom handlungsfähigen, mit sich identischen Subjekts beschreiben.

Die adäquate Explikation der Struktur eines autonom handlungsfähigen, mit sich identischen Subjekts stellt keine bloße Generalisierung historisch spezifischer Erscheinungsweisen dar, sondern ist in einem Kategorienentwurf zu entfalten, der nicht gegen, aber über die empirisch generalisierbaren Erscheinungsweisen sozialisierter Subjekte hinausgehend entwickelt wird. Dieser Kategorienentwurf greift im Rahmen von Oevermanns Theorieprogramm ebenso auf explanative Kategorien zur Erfassung universeller bewußtseinsstruktureller und psychodynamischer Voraussetzungen der Subjekt-Objekt-Relation zurück wie auf solche, die die universellen Strukturbedingungen von sozialer Interaktion zur Geltung bringen können (vgl. 1976a, 35ff.48f und 1979a, 164). Das im Mittelpunkt einer Theorie der Bildungsprozesse des Subjekts stehende Strukturmodell wird so auf der letztlich evolutionstheoretisch auszuweisenden Hintergrundfolie des gattungsspezifisch und gesellschafts-historisch Möglichen abgebildet. Die Analyse von universalen Ausstattungen und Strukturen des Subjekts einerseits und seiner historisch-gesellschaftlich spezifischen Ausprägungen andererseits sind somit nicht abtrennbare Problemkreise einer Theorie der Bildungsprozesse:

"Die Konzeption des 'normal' sozialisierten Subjekts bezieht sich zugleich auf das soziale Handeln in historisch-spezifischen gesellschaftlichen Systemen und auf die darin sich konkret manifestierenden universellen Ausstattungen des Gattungssubjekts. Beide Betrachtungsweisen bedingen trivialerweise einander. *Das Subjekt kann als historisch-spezifisches nur auf dem Hintergrund einer Konzeption des universalen Gattungssubjekts und dessen Handlungsmöglichkeiten erkannt werden; umgekehrt können die gattungsspezifischen Ausstattungen und Handlungspotentiale nur in der Analyse des konkreten Handelns des historisch-spezifischen Subjekts zum Vorschein gebracht werden"* (1976a, 36; vgl. 1979a, 152 und Krappmann/Oevermann/Kreppner 1976, 260ff).

Unstrittig ist, daß in die geforderte Explikation des Strukturmodells eines autonom handlungsfähigen, mit sich identischen Subjekts immer auch (implizite) Normalitätsannahmen eingehen, die selbst Bestandteil gesellschaftlich-kollektiver Deutungsmuster sind und im Rahmen einer Theorie sozialer Deutungsmuster der Explikation und soziologischen Kritik bedürfen: Deskriptiv-analytischer Bezugspunkt des für einen gesellschaftlichen Entwicklungsstand theoretisch idealisierbaren Strukturmodells eines 'normal' sozialisierten Subjekts ist somit immer auch der Spielraum gesellschafts-historisch realisierbarer Normalitätsentwürfe. Hieraus resultiert der zentrale Stellenwert zeitdiagnostisch orientierter materialer Studien, die jeweils auf die Explikation von Trends in der Formation sozial verbindlicher Normalitätsentwürfe und in Entwürfen des 'guten Lebens' zielen.[29] Exemplarische Beiträge zu sozial verbindlichen 'Normalitätsentwürfen' stellen nach Oevermann die Studien zur 'autoritären Persönlichkeit' (Adorno u.a.), zur 'bürokratischen Persönlichkeit' (Merton), zur 'außen- bzw. innengeleiteten Lebensweise' (Riesman) oder zum 'eindimensionalen Menschen' (Marcuse) dar. In solchen Analysen sollten jedoch künftig, so Oevermann (an sein Mehr-Ebenen-Modell in den frühen Schriften anschließend), folgende Erklärungsebenen stärker getrennt werden: (a) die tatsächliche psychische Struktur, die einem sozial verbindlichen Normalitätsentwurf korrespondiert, (b) die in kollektiven Deutungsmustern verdichteten gesellschaftlichen Entwürfe einer 'normalen' Persönlichkeit, (c) die Muster des sozialisatorischen Milieus, das diesen Typ hervorbringt sowie (d) die objektiven gesellschaftlichen Bedingungen, die dieses sozialisatorische Milieu produzieren (vgl. 1983c, 2).

In Anknüpfung an seine Konzeptualisierung sozialisationstheoretischer Erklärungsebenen präzisiert Oevermann (1981a; 1983c und 1988) in den achtziger Jahren dieses Strukturmodell eines autonom handlungsfähigen, mit sich identischen Subjekts anhand seines verallgemeinerten Modells von Lebenspraxis als widersprüchlicher Einheit von Entscheidungszwang und Begründungsverpflichtung. Auf theoretisch abstrakterer Stufe bezieht sich dieses Modell – nunmehr über den sozialisationstheoretischen Gegenstandsbereich hinausweisend – auf all jene soziologisch interessierenden Handlungszentren, denen die Befähigung zur Autonomie im Sinne einer Befähigung zur Selbster-

---

29 Zur Bedeutung entsprechender zeitdiagnostischer Analysen vgl. 1973c, 27-30; 1976a, 49f.51f und 1983c, 1-4; ferner 1988, 243-247.

zeugung von Strukturen zugeschrieben werden kann: konkrete Personen im Sinne der hier ausgewiesenen Überlegungen, des weiteren:
Familien, sich selbst als Einheiten verstehende Gruppen, Organisatio-
nen, Firmen und nationale Gesellschaften (vgl. 1981a, 7f).

Der strukturtheoretisch abstrahierte Gedanke der Autonomie beinhal-
tet in dieser Konzeption wesentlich, daß "entsprechend qualifizierte
Strukturen auf Randbedingungen, Restriktionen und Umweltstörungen
prinzipiell indeterminiert und zukunftsoffen reagieren und durch konstruktive Eigentätigkeit immer neue emergente Strukturen aus sich
heraustreiben können, je nach Konstellation" (1981a, 25). In Abgrenzung zu kybernetischen und systemtheoretischen Modellen läßt sich
diese Form der Autonomie "immer nur als Resultat von individuierten
Bildungsprozessen, als Resultat von autonom konstruierter Geschichte
also" (ebd.) begreifen. Insofern Oevermann selbst seinen Strukturbegriff und das korrespondierende Modell von Lebenspraxis am Beispiel
der Struktur des *individuierten* Subjekts erklärt (vgl. 1981a, 26-35),
erläutern auch die in den folgenden Kapiteln thematischen Theoriebeiträge dieses für die Soziologie allgemein geltende Strukturkonzept exemplarisch – ohne damit allerdings den Anspruch stellen zu können,
die Extrapolation des sozialisationstheoretisch gewonnenen Strukturbegriffs auf den Gegenstandsbereich der Gesellschaftstheorie zu begründen und die damit einhergehenden metatheoretischen Problemstellungen der Begründung einer historisch gerichteten Gesellschaftstheorie auszuweisen. Die entsprechenden Überlegungen Oevermanns
müssen in dieser Arbeit ausgeklammert bleiben.

Für das Verständnis von Oevermanns Arbeiten zur Sozialisationstheorie und zur methodologischen Begründung einer objektiven Hermeneutik ist zu berücksichtigen, was als explizite Intention hinter
seinem Theorie- und Forschungsprogramm steht. Bereits in seinem
Beitrag "Die Architektonik von Kompetenztheorien und ihre Bedeutung für eine Theorie der Bildungsprozesse' (1973b), der oberflächlich
betrachtet als werkgeschichtliche Hinwendung zu 'kompetenztheoretischen' Analysen (im Sinne der Theorien Chomskys und Piagets) gelesen werden mag, schreibt Oevermann:

"Sind einmal die genannten kompetenztheoretischen Fragen geklärt und können die
Struktur und der Entfaltungsprozeß von Kompetenzen als universelle Tatsachen zu
Randbedingungen der Analyse von Sozialisationsprozessen gemacht werden, dann
steht im Rahmen einer Theorie der Bildungsprozese die Analyse von Mechanismen

der Kompetenzrealisierung im aktuellen Handeln, von performanzbestimmenden Faktoren also, zur Erklärung individueller Differenzen im Vordergrund" (1973b, 41; vgl. 1976a und 1979a).

Unterstellt man bei der Interpretation der – exemplarisch für andere – zitierten Passage, daß die metatheoretisch orientierten Vorarbeiten zu einer Theorie der Bildungsprozesse des Subjekts (1973-1976) für den 'Sozialisationstheoretiker' Oevermann eben diese Funktion insoweit erfüllen, daß sie die Architektonik einer Theorie der Bildungsprozesse und die hierbei zu unterscheidenden Analyseebenen hinreichend präzise bestimmen und somit gewährleisten, daß die *sozialisationstheoretisch* interessierte Forschung kategorial richtig ansetzt, dann ergänzen sich Oevermanns *performanz- und konstitutionstheoretischen* Beiträge ebenso wie die *methodologische* Begründung einer auf die Rekonstruktion sozio-historischer Typen und Identitätsformationen zielenden Methode zur Begründung eines soziologischen Theorie- und Forschungsprogramms, das sich als notwendiges Komplement zur kognitiven und psychoanalytischen Entwicklungspsychologie erweist. Oevermanns sozialisationstheoretische Arbeiten begründen in dieser Perspektive also nicht – wie dies Liebaus (1987, 111f) Werkinterpretation unterstellt – einen Primat der 'kompetenztheoretischen' Theoriebildung im Sinne der Theorien Chomskys und Piagets. Dies läßt sich meines Erachtens für die metatheoretisch orientierten Vorarbeiten zu einer Theorie der Bildungsprozesse des Subjekts (vgl. z.B. 1973b, 42-59), Oevermanns zeitgleiche empirischen Untersuchungen im Forschungsprojekt 'Elternhaus und Schule' (vgl. 1976b und 1976d) und die – in diesem Forschungskontext – sich erweisende Notwendigkeit, die hermeneutische Rekonstruktion sozial konstituierter Bedeutungsstrukturen *methodologisch* begründen zu müssen (vgl. 1976b und 1979b), zeigen.

Als Theoretiker der sozialen Konstitution des Subjekts zielt Oevermann in seinen Beiträgen natürlich auch auf die – in den Arbeiten von Chomsky und Piaget thematische – entwicklungstheoretische Erklärungsebene. Subjekttheoretisch fällt Oevermanns sozialisationstheoretische Verwendung des Strukturbegriffs ('Person als soziale Struktur') jedoch nicht mit dem Kompetenzbegriff und der Erklärungsebene der Ausbildung epistemischer Strukturen zusammen. Dem korrespondiert, daß seine materialen Analysen (und damit auch die Methodologie der objektiven Hermeneutik) primär der empirischen Rekonstruktion sozio-historischer Interaktionstypen und individuierter Handlungspraxen bzw. der darin sich objektivierenden Identitätsformationen (im Sinne von 'Lebenspraxen') dienen.

Bei der Integration von Oevermanns soziologisch-strukturtheoretischen Theoriebeiträgen in eine umfassende Theorie der Bildungsprozesse des Subjekts ist zu beachten, daß eine Theorie der sozialen Konstitution ontogenetischer Entwicklungsprozesse zugleich eine Theorie der Performanz ist und performanztheoretische Analysen der sozialen Bedingungen ontogenetischer Entwicklungsverläufe in genetischer Perspektive ihrerseits stets auch einen Beitrag zu einer Theorie der sozialen Konstitution darstellen. Eben diese Position arbeiten Edelstein und Keller (1982a; vgl. ebd., 39) in ihrer Grundlegung der Analyse sozial-kognitiver Entwicklungsprozesse in aller Deutlichkeit heraus. Und auch Oevermanns Theorie- und Forschungsprogramm – so meine Interpretation seiner Schriften – läßt nur diese Interpretation des Verhältnisses von konstitutionstheoretischer und performanztheoretischer Analyse zu.[30]

---

30   Von hieraus eröffnet sich meines Erachtens schließlich eine Interpretation von Oevermanns Sozialisationstheorie, die unter Berücksichtigung der zentralen Einsichten von Piagets kognitiver und Freuds psychoanalytischer Entwicklungspsychologie nicht dem Verdacht einer – rechtshegelianisch motivierten – Nobilitierung gesellschaftlicher Verhältnisse anheim fällt. Zu dieser Kritik an Oevermann vgl. Brumlik 1986b und Liebau 1987, 117; zu deren Infragestellung aus der Sicht meiner Interpretation der Schriften Oevermanns, die folgenden Kapitel 3 und 4.

3. Die soziologisch-strukturtheoretische Erklärung ontogenetischer Entwicklungsprozesse

Die Ausführungen zu den Erklärungsebenen einer kompetenztheoretisch fundierten Theorie der Bildungsprozesse des Subjekts haben gezeigt, daß die Ausbildung praktischer Handlungsfähigkeit und Individuierungsprozesse des Subjekts auf der Folie invarianter universeller Bedingungen und Strukturen der Persönlichkeitsentwicklung zu erklären sind. Für Oevermanns Vorschlag einer soziologischen Theorie der sozialen Konstitution des Subjekts in der Struktur der sozialisatorischen Interaktion heißt dies, daß sie nicht nur auf die Klärung sozialer Einflüsse auf die Ausbildung individueller Differenzen zielt, sondern auch auf die Rekonstruktion universeller invarianter Gesetzmäßigkeiten der ontogenetischen Entwicklungsprozesse. Bei Berücksichtigung der notwendig zu differenzierenden Erklärungsebenen der Subjektentwicklung (s.o. Kapitel 2.3) setzt dies voraus,

"an der Struktur der sozialisatorischen Interaktion ... die quasi-universellen Konstitutionsbedingungen von Sozialisation schlechthin und die Spielräume für gesellschaftlich-historische, subkulturelle und familienspezifische Variationen von Strukturmerkmalen, die individuelle Differenzen bedingen, zu unterscheiden" (1976b, 373; vgl. 1974a, 36).[31]

Die Konstruktionsvoraussetzungen einer von diesen Bestimmungen ausgehenden soziologischen Sozialisationstheorie entwickelt Oevermann in der Diskussion immanenter Erklärungsprobleme der von Chomsky und Piaget vorgelegten Theoriebeiträge zur ontogenetischen Entwicklung universeller Strukturen des epistemischen Subjekts.[32] Das nunmehr interessierende Prinzip einer genetischen Erklärung formaler Strukturen wurde von Chomsky mit seiner Unterscheidung zwischen der deskriptiven und der explanativen Adäquatheit von Strukturrekonstruktionen eingeführt (s.o. Kapitel 2.1). Für die Theorie

---

31 Vgl. zu dieser analytischen Differenzierung auch Piaget 1966/dt. 1984, 64ff und Keller 1982.

32 Vgl. zum folgenden 1974a; 1976a, Kapitel 2.4-2.5 und 2.7-2.8; 1976b, 396-399; 1976c; 1979a, 156-165; 1980b; 1981a, 26-33 und 1986, 55-65; ferner Krappmann/Oevermann/ Kreppner 1976 und Miller 1986, 248-258.280-305.

linguistischer Kompetenz konnte Chomsky zeigen, daß diese notwendig auf eine Spracherwerbstheorie angewiesen ist, soll sie Kriterien explanativer Adäquatheit genügen. Piaget (1968/dt. 1973) begründet das Prinzip einer genetischen Erklärung formaler Strukturen in seiner Definition eines für alle Wissenschaften allgemein gültigen Strukturbegriffs:

"In erster Annäherung ist eine Struktur ein System von Transformationen, das als System (im Gegensatz zu den Eigenschaften der Elemente) eigene Gesetze hat und das eben durch seine Transformationen erhalten bleibt oder reicher wird, ohne daß diese über seine Grenzen hinaus wirksam werden oder äußere Elemente hinzuziehen. Mit einem Wort: eine Struktur umfaßt die drei Eigenschaften Ganzheit, Transformationen und Selbstregelung" (Piaget 1968/dt. 1973, 8).

Chomskys Spracherwerbstheorie wie Piagets Theorie der kognitiven Entwicklung thematisieren die universellen Bedingungen der epistemischen Strukturen des Subjekts, die dieses als Gattungssubjekt kennzeichnen. Sie unterscheiden sich jedoch in ihren entwicklungstheoretischen Modellannahmen. Diese beiden entwicklungstheoretischen Erklärungsmodelle sind im folgenden unter dem Gesichtspunkt ihrer Geltungsreichweite für die Analyse von Sozialisationsprozessen zu diskutieren. Dabei kann nicht beansprucht werden, die Komplexität der nach wie vor kontrovers diskutierten Gesichtspunkte umfassend berücksichtigen zu können. Allein die Kontroverse zwischen Piaget und Chomsky würde den Rahmen dieser Arbeit sprengen. Ich beschränke mich darum auf jene Argumente, deren Kenntnis das Verständnis von Oevermanns Theorie der sozialen Konstitution des Subjekts voraussetzt, und verweise ansonsten auf jene Beiträge, die den Stand der Theorieentwicklung und die zu berücksichtigenden kontroversen Standpunkte im einzelnen diskutieren. Zunächst behandele ich Chomskys Position einer nativistischen Spracherwerbstheorie (Kapitel 3.1), um dann Oevermanns Vorschlag einer soziologischen Ergänzung der Position eines interaktiven Konstruktivismus im Sinne der Theorie Piagets auszuweisen (Kapitel 3.2). In einer Zwischenbetrachtung beziehe ich die in den siebziger Jahren ausgearbeitete soziologische Kritik Oevermanns an Piagets Äquilibrationstheorie dann auf neuere Forschungsbeiträge in der Tradition von Piagets Entwicklungspsychologie (Kapitel 3.3). Die sozialstrukturellen Entwicklungsbedingungen der Sprachverwendung und der sozialen Kognition und damit Oevermanns frühe Schriften zu einer soziologischen Sozialisationstheorie werden unter dem Gesichtspunkt ihrer Integration in das umfassende

Theorie- und Forschungsprogramm einer Theorie der Bildungsprozesse behandelt (Kapitel 3.4). Insofern das Strukturmodell eines autonom handlungsfähigen, mit sich identischen Subjekts als metatheoretischer Bezugspunkt der Analyse von Sozialisations- und Entwicklungsprozessen anzusehen ist, bedarf es darüber hinaus auch einer Klärung der psychodynamischen Voraussetzungen ontogenetischer Entwicklungsprozesse und einer Bestimmung der zentralen Entwicklungsmechanismen für die Entstehung von Subjektivität und Ich-Identität. Die zentralen Argumente hierzu entwickelt Oevermann in seiner soziologischen Interpretation der psychoanalytischen Theorie von S. Freud (Kapitel 3.5).

Während Chomskys nativistisches Erklärungsmodell selbst für den eingeschränkten Geltungsbereich grammatischen Regelwissens umstritten ist, kann zumindest für die kognitive Entwicklungspsychologie (vgl. Seiler 1980 und 1991) und die moderne Psychoanalyse (vgl. Mertens 1991) ausgewiesen werden, daß eine nativistische bzw. reifungstheoretische Erklärung der kognitiven und affektiv-motivationalen Entwicklung im Grundsatz als überwunden gilt. Im Bezugsrahmen einer konstruktivistischen Entwicklungstheorie rückt dann die Frage, ob die Konstruktionstätigkeit des Subjekts in dem Bezugsrahmen der Beziehung des einsamen Subjekts zu seiner Umwelt oder in dem Bezugsrahmen der Beziehung einer sozialen Interaktion zwischen Subjekten zu ihrer Umwelt zu erklären ist, ins Zentrum des Interesses.

3.1 Chomskys nativistische Erklärung des Spracherwerbs und deren Kritik

Eine Spracherwerbstheorie, die im Sinne Chomskys auf die Rekonstruktion der gattungsspezifischen Grundlagen der Spracherlernung zielt, muß von zwei empirischen Sachverhalten ausgehen: erstens, daß jedes menschliche Subjekt unabhängig von der formalen Qualität der sprachlichen Stimuli seiner Umgebung das grammatische Regelsystem einer konkreten Einzelsprache im Sinne eines 'tacit knowledge' zuverlässig erwirbt; zweitens, daß der Erwerb einer konkreten Einzelsprache allein von der Kontingenz des Hineingeboren-Seins in eine konkrete einzelsprachliche Umgebung abhängt.

Wie Piaget für den Bereich der kognitiven Entwicklung, begründet Chomsky – nun für den Bereich des Spracherwerbs – eine radikale Gegenposition zu den klassischen lerntheoretischen Grundannahmen (vgl. Chomsky 1977). Er verknüpft konstruktivistische und nativistische Annahmen miteinander und bestimmt mit seiner Herausarbeitung der entwicklungstheoretischen Problemstellung und seinen eigenen Lösungsansätzen hierzu die Diskussion bis heute.[33]

Chomskys mentalistische Kritik an der behavioristischen Lerntheorie des Spracherwerbs wird allgemein anerkannt. Demnach kann der Umwelterfahrung des Individuums nicht im Sinne lerntheoretischer Annahmen die entscheidende Funktion hinsichtlich des sprachlichen Lernprozesses zugewiesen werden: Die kreative Funktion der Sprache, über die jeder sprachkompetente Sprecher verfügt, ließe sich so nicht erklären. Statt dessen begründet Chomsky die entwicklungstheoretische Annahme, daß die Entwicklung sprachlicher Fähigkeiten einen impliziten, aktiven Prozeß der Erzeugung und des Testens von Hypothesen auf seiten des Kindes voraussetzt.

Das entwicklungstheoretische Erklärungsproblem ist mit der Annahme eines aktiven Prozesses der Erzeugung und des Testens von Hypothesen jedoch nicht hinreichend geklärt. Denn damit ist noch nichts darüber ausgesagt, wie das spracherlernende Kind überhaupt dazu gelangt, zu einem sehr frühen Entwicklungszeitpunkt Hypothesen zu erzeugen und welcher Art die Restriktionen über den Bereich möglicher Hypothesen des Kindes sind. An diese Problemstellung knüpft Chomsky mit seiner nativistischen Erklärung an. Seine Hypothese angeborener Initialstrukturen, die den Verlauf und das Resultat des Spracherwerbsprozesses entscheidend determinieren, bezieht sich entsprechend nicht auf die einzelsprachspezifischen Regeln einer Grammatik, sondern auf die universellen Formationsprinzipien, die

---

33 Vgl. hierzu und zum folgenden Miller 1980 und Miller/Weissenborn 1991, die die grundlegenden Fragen einer Spracherwerbstheorie im einzelnen ausweisen und die drei zentralen Erklärungsansätze ('nativistische Hypothese', 'Kognitionshypothese' und 'soziale Konstitutionshypothese') hinsichtlich ihrer Erklärungsreichweite diskutieren. Eine Einführung in die Thematik der Sprachentwicklung bietet ferner Mussen et al. 1993, Kapitel 6.

die Auswahl der zu erwerbenden Grammatik aus der Menge historisch ausgebildeter Einzelsprachen konstituieren. Als humanspezifische Initialstrukturen – so Chomskys nativistische Erklärung – gewährleisten sie, daß jedes Kind, nachdem es mit beliebigen empirischen Sprachdaten aus seiner Umwelt konfrontiert wurde, die generativen Grammatikregeln genau derjenigen Einzelsprache zuverlässig erwirbt, der die Sprachdaten entstammen, und somit sukzessive zur 'kreativen' und 'autonomen' Inanspruchnahme seiner Sprachkenntnisse befähigt wird.

Für eine zumindest teilweise genetische Determinierung des Spracherwerbs sprechen folgende empirische Beobachtungen (vgl. Miller/Weissenborn 1991, 536f):

- unabhängig von der formalen Qualität der sprachlichen Stimuli ist der Erwerb sprachlicher Grundqualifikationen im Alter von fünf bis sechs Jahren weitgehend abgeschlossen, unabhängig davon, welche und wieviele Sprachen erworben werden;
- auch durch schwere neurologische Störungen wird die Spracherwerbsfähigkeit nur wenig beeinträchtigt;
- die Existenz einer neurologisch determinierten 'kritischen Phase' des Spracherwerbs, nach deren Abschluß die Ausbildung einer vollständigen Sprachkompetenz zunehmend weniger wahrscheinlich wird.

Gleichwohl lassen diese Belege für eine genetische Determiniertheit bzw. biologischen Verankerung der menschlichen Sprachfähigkeit die Frage offen, ob es sich bei den zugrundeliegenden Strukturen um sprachliche Universalien (so Chomsky) oder um kognitive Universalien (so Piaget) handelt. Beide Positionen werden durch empirische Beobachtungen gestützt:

- so gibt es Pathologien, bei denen der Spracherwerb erfolgreich abgeschlossen ist, die kognitiven Fähigkeiten gleichwohl stark beeinträchtigt sind;
- und es gibt Aphasiker, die bei eingeschränkter sprachlicher Performanz weitgehend normale kognitive Fähigkeiten ausgebildet haben.

Ich übergehe nun die von Miller/Weissenborn (1991, 537-541) im einzelnen diskutierten linguistischen Theoriebeiträge, die die nativistische Hypothese stützen, zu einem reifungstheoretischen Modell modifizieren oder aber infragestellen und komme zu den beiden alternativen Entwicklungsmodellen, deren Argumentation gegenüber der nativistischen Hypothese nicht strikt auf den Objektbereich grammatischen Regelwissens beschränkt bleibt, sondern die Entwicklung kognitiv-semantischen und pragmatischen Wissens in die Erklärung der gattungsspezifischen Grundlagen des Spracherwerbs mit einbeziehen.

Die Vertreter der Kognitionshypothese gehen im Anschluß an Piagets Theorie davon aus, daß die Konstitutionsbedingungen des Spracherwerbs in der kognitiven Entwicklung zu suchen sind (a). Die Vertreter der sozialen Konstitutionshypothese, zu denen auch Oevermann gezählt wird, argumentieren, daß es allgemeine Struktureigenschaften sozialisatorischer Interaktion sind, die den Spracherwerb konstituieren (b).

Nach Miller/Weissenborn läßt die nativistische Hypothese im wesentlichen nur eine mögliche alternative Argumentationsstrategie zu:

"Wenn die Entwicklung grammatischen Wissens als ein Prozeß der Erzeugung und des Testens von Hypothesen verstanden wird und wenn der Möglichkeitsraum grammatischer Hypothesen durch angeborenes sprachliches Wissen eingegrenzt wird, so kann dennoch die Auswahl bzw. Erzeugung bestimmter Hypothesen (z.B. hinsichtlich der Wortstellung in einer bestimmten Sprache) Erfahrungen voraussetzen, die semantischer bzw. pragmatischer Natur sind – die Entwicklung einer vom grammatischen Wissen unabhängigen (sozialen) Kognition wäre dann ebenfalls eine notwendige Voraussetzung für die Ontogenese der Grammatik" (Miller/Weissenborn 1991, 541).

(a) Die Differenzen zwischen Kognitionshypothese und nativistischer bzw. reifungstheoretischer Hypothese beziehen sich auf die Voraussetzungen und die Logik der Sprachentwicklung. Die kognitive Entwicklung wird als logische Voraussetzung der sprachlichen Entwicklung verstanden, wobei zu teilen auch die Position angeborener, nunmehr jedoch: kognitiver Wissensstrukturen, vertreten wird. Dieser Position zufolge

"(entwickelt) das Kind im wesentlichen sprachunabhängig die Fähigkeit, kognitive Repräsentationen seiner physikalischen und sozialen Umwelt zu erzeugen. Kommunikative Intentionen des Kindes setzen diese Fähigkeit voraus. Die Aufgabe der Spracherlernung besteht für das Kind dann darin herauszufinden, wie kommunikative Intentionen durch sprachliche Formen ausgedrückt werden können. In den achtziger Jahren ist diese Version der Kognitionshypothese ... unter dem Titel 'competition model' weiterentwickelt worden. Die funktionalistische Kernthese dieses Spracherwerbsmodelles lautet, daß Kinder erst dann bestimmte grammatische Formen erlernen, wenn sie bereits deren Bedeutung kennen und diese sprachlich ausdrücken möchten" (Miller/Weissenborn 1991, 542).

Vertreter der nativistischen Hypothese (Fodor) wie der sozialen Konstitutionhypothese (Miller) führen gegen die Kognitionshypothese das folgende immanente Erklärungsproblem an (vgl. Miller/Weissenborn 1991, 543f): Wenn Lernen aufgrund von Erfahrungen als wesentliche Komponente der Entwicklung einen impliziten Prozeß der Bildung und des Testens von Hypothesen voraussetzt, dann kann dieser Prozeß der Bildung bzw. des Erzeugens von Hypothesen nicht selbst mittels induktiver Generalisierungen bzw. Extrapolationen aus empirischen Erfahrungen erklärt werden. Denn die Erkenntnis dessen, was als lernrelevante Erfahrung im Sinne der kognitiven Entwicklung gelten kann, setzt ihrerseits entweder ein implizites (angeborenes) Wissen auf seiten des sich bildenden Subjekts voraus (in dem Sinne, daß ein Kind implizit weiß, wonach es zu suchen hat) oder muß – nun im Sinne der sozialen Konstitutionhypothese – als Funktion sozialer Kommunikation (als dann zentraler Analyseeinheit) ausweisbar sein.

(b) Die konstitutiven Voraussetzungen des Spracherwerbs im Sinne der sozialen Konstitutionhypothese erläutern Miller/Weissenborn (1991, 546; vgl. Miller 1980, 660-664) im Rekurs auf die sozialwissenschaftlichen Klassiker (Baldwin, Mead, den frühen Piaget und Vygotzky) sowie Oevermann als zeitgenössischem Vertreter. Oevermanns Diskussion vorliegender Ansätze zur Erklärung des Spracherwerbs und des Zusammenhangs von Spracherwerb und kognitiver Entwicklung findet sich vornehmlich in den frühen Schriften (vgl. 1968a, 318-339; 1972a, 69 (Anm.8).75 (Anm. 23).429-448 und 1972b, 75-86). In seinen metatheoretisch orientierten Vorarbeiten diskutiert er mit Blick auf kognitive und sprachliche Entwicklungstheorien zwei systematische Erklärungsprobleme, deren Lösung seines Erachtens im Bezugsrahmen einer Theorie der sozialen Konstitution des Subjekts in der Struktur der sozialisatorischen Interaktion zu suchen ist:

erstens das Problem der Erklärung universell sequentialisierter Prozesse der Strukturbildung im Hinblick auf Sprache und Kognition:

"... Im Zusammenhang damit stellt sich das grundsätzliche Problem, ob soziale Prozesse und Strukturen lediglich kontingente Einflußgrößen darstellen, die die Struktur der Entwicklung selber nicht tangieren, oder ob sie diese Entwicklung konstituieren und mithin bei ihnen die Lösung des Problems der Erklärung anzusetzen hat" (1976a, 41);

zweitens das Problem des Erwerbs von Strukturen, die zur Teilnahme am intersubjektiven Dialog befähigen, und das – bereits diskutierte – Problem des Verhältnisses von Kognition und Sprache:

"... im Rahmen der etablierten Entwicklungstheorien (bleibt) immer noch weitgehend offen, welches die Bedingungen für den Erwerb der – 'role taking' und die Beherrschung der Reziprozität von Perspektiven implizierenden – Befähigung zur Teilnahme am Dialog und an der intersubjektiv verständlichen Interaktion sind. Zwei grundsätzliche Positionen zeichnen sich hier – grob gesehen – ab. Entweder gehen die diese Fähigkeiten ausmachenden Bewußtseinsstrukturen aus der allgemeinen kognitiven Entwicklung, wie sie Piaget begreift, gleichsam als Ableger hervor, oder aber die kognitive Entwicklung selbst wird durch den Erwerb dieser Strukturen in der Teilnahme an sozialen Interaktionen vorangetrieben. In diesen Zusammenhang gehört auch das für die gegenwärtige Spracherwerbsforschung virulente Problem, inwieweit die sprachliche Entwicklung auf der Ebene von Syntax und Semantik eine vorausgehende Entfaltung kognitiver Universalien voraussetzt oder aber jeweils durch eine eher autonome Entwicklungslogik strukturiert wird.

Das allgemeine Problem des Wechselwirkungsverhältnisses von sprachlicher und kognitiver Entwicklung wird darüber hinaus kompliziert, wenn die pragmatische Dimension der Entwicklung der illokutiven Strukturen von Sprechakten hinzugenommen wird. Hier scheint sich anzudeuten, daß einerseits die Möglichkeit der Fundierung der kognitiven Entwicklung in Strukturen der sprachlichen Entwicklung ernstgenommen werden muß und daß andererseits die sprachliche Entwicklung aus der sozialen Struktur der komplexen sozialisatorischen Interaktion zumindestens zu einem wesentlichen Teil erklärt werden muß" (1976a, 41).

Die These einer Abhängigkeit der Sprachentwicklung von der sozialen Struktur der komplexen sozialisatorischen Interaktion unterstellt nicht – wie bereits Miller (1980, 661) anmerkt – daß die soziale Interaktion zwischen Kind und Eltern nur als sprachliche (und nicht auch als vorsprachliche) vorzustellen ist. Auf diesen Aspekt wird später noch einzugehen sein. Bezogen auf die hier thematische Klärung des den Entwicklungsprozeß selbst konstituierenden 'Mechanismus' des Spracherwerbs präzisiert Oevermann seine Argumentationsstrategie am Beispiel des zentralen Erklärungsproblems der von Habermas (1971a; 1974a) vertretenen Theorie der kommunikativen Kompetenz:[34]

"Im Hinblick auf die Ontogenese dieser Kompetenzen (der Kommunikationsfähigkeit des Subjekts im Sinne von Bedingungen der Möglichkeit, intersubjektive Dialoge führen zu können; H.S.) spricht nun vieles dafür, daß sie nicht qua Reifung oder als

---

34   Eine Einführung in Habermas' Theorie kommunikativer Kompetenz bietet McCarthy 1980, Kapitel 4.4; insbesondere S. 391-401.

Ableger der allgemeineren kognitiven Entwicklung sich entfalten, sondern im Vollzug der dialogischen Interaktion sich bilden. Daraus ergibt sich für eine entsprechende Erwerbstheorie das Dilemma, daß einerseits die 'kommunikativen Kompetenzen' nur in der Teilhabe am Dialog erworben werden können, daß aber andererseits dieser Dialog nur durch diese Kompetenzen erzeugt werden kann. Dieses Dilemma läßt sich auflösen, wenn für den Entwicklungsprozeß, das heißt für die sozialisatorische Interaktion, Bedingungen der Möglichkeit der Dialogstruktur angegeben werden können, die gewissermaßen außerhalb des Subjekts, zumindest außerhalb des kindlichen Subjekts liegen, das über kommunikative Kompetenzen noch nicht verfügt" (1976a, 43).[35]

Neben Oevermanns u.a. (1976b) Analyse entsprechender Struktureigenschaften der sozialisatorischen Interaktion liegen eine Reihe von Spracherwerbsuntersuchungen zu jenen funktionalen Äquivalenten vor, die die Struktur von Intersubjektivität auch dann sichern helfen, wenn auf seiten eines beteiligten Kindes entsprechende Kompetenzstrukturen noch nicht ausgebildet vorliegen. Miller (1980, 660-665; vgl. Miller/Weissenborn 1991, 546f) systematisiert anhand vorliegender Forschungsbeiträge folgende Struktureigenschaften sozialisatorischer Interaktion:

- die Intentionalitätsunterstellung der Eltern, derzufolge dem Verhalten von Kindern von Geburt an ein Mehr an Intentionalität und kognitiver Kompetenz unterstellt wird, als diesem tatsächlich zugrunde liegen kann: Dies gewährleistet die Etablierung einfacher Kommunikationsschemata, ohne daß korrespondierende Kompetenzen auf seiten des Kindes verfügbar sein müssen;
- Prozeduren der Fokussierung von Aufmerksamkeit auf bestimmte Gegenstände, Ereignisse und Handlungen;
- die Ausbildung von Interaktionsroutinen, derzufolge sich die Handlungskoordinationen zwischen primärer Bezugsperson und Kind auf eine sehr begrenzte Menge von Situationen und Problemlösungen beschränkt;
- die Anwendung einer 'impliziten Pädagogik', um die eingespielten Interaktionsroutinen intern zu differenzieren und ihren Anwendungsbereich auszuweiten.

Insbesondere Miller (1980) hat die von Oevermann vorgeschlagene, universell ansetzende Erklärung der Entwicklung sprachlicher Fähigkeiten (in den Dimensionen der Syntax, Semantik und Pragmatik) im

---

35 Diese Argumentationsstrategie wird von Oevermann ausführlicher in 1976b, 397ff erläutert. Vgl. hierzu auch das folgende Kapitel 3.2.

einzelnen diskutiert.[36] Seine Studien zur Grundlegung einer soziologischen Lerntheorie (Miller 1986) beschränken sich, anders als dies für Oevermanns Theorieprogramm gilt, auf den universellen Mechanismus der sprachlichen und kognitiven Entwicklung. Oevermann interessiert in seinen objekttheoretischen Beiträgen zu einer Theorie der Bildungsprozesse des Subjekts darüber hinaus die Frage der Subjektkonstitution und der Konstitution von Erfahrung (unter Berücksichtigung auch der affektiv-motivationalen Dimension). Entsprechend werden die entwicklungstheoretischen Grundlagenprobleme der konstitutionstheoretischen Verhältnissetzung von sprachlicher und kognitiver Entwicklung sowie von Strukturen sozialer Interaktion/Kooperation und Logik von ihm zwar in der metatheoretischen Begründung der Konstruktionsprinzipien der Theoriebildung systematisch ausgewiesen und in einer bis heute aktuellen Ausdifferenzierung der Problemstellungen diskutiert, die beim Stand der Theorieentwicklung (bis heute) verbleibenden Erklärungsprobleme jedoch nicht im Bezugsrahmen eigener empirischer Analysen abgearbeitet.[37]

Im Zentrum von Oevermanns Theorie- und Forschungsprogramm steht eine anders akzentuierte Fragestellung, wie bereits im vorangegangenen Kapitel herausgearbeitet wurde:

"... als systematisches Analyseproblem der Sozialisationsforschung (ergibt sich) die Frage nach den Mechanismen der Transformation des epistemischen Subjekts in das autonom handlungsfähige, mit sich identische Subjekt. In gewisser Weise läßt sich Sozialisationsforschung überhaupt unter diesem systematischen Gesichtspunkt betreiben" (1974a, 35; vgl. 1976a, 39f).

Im Horizont dieser Fragestellung ist es für seine These von der sozialen Konstitution ontogenetischer Entwicklungsprozesse letztlich nicht entscheidend, Chomskys nativistische Hypothese für den Erwerb grammatischen Regelwissens und die These einer autonomen Entwicklung linguistischer Kompetenzen widerlegen zu können. Entscheidend ist – wie am Beispiel von Oevermanns Theorie der sozialen Strategien des Symbolgebrauchs weiter zu präzisieren sein wird –

---

36   Vgl. insbesondere Miller 1980, 663ff.

37   Allerdings plante Oevermann (1980b, 8) mit dem Projekt 'Struktureigenschaften sozialisatorischer und therapeutischer Interaktion' u.a. auch einen empirischen Beitrag zur *Spracherwerbsforschung* im Sinne der hier vorgestellten und im folgenden Kapitel zu präzisierenden sozialen Konstitutionsthese.

Chomskys Nachweis der universellen Geltung entsprechender Kompetenzen und der Nachweis, daß die entsprechende Erklärungsebene konstituierender Prinzipien auch für den Gegenstandsbereich der – in den Theorien von Piaget und Searle thematischen – Strukturen der logischen, moralischen und sprachlich-pragmatischen Urteilskraft vorauszusetzen ist.

Eben dies dürfte seine resümierende Feststellung zu Chomskys *entwicklungstheoretischer* Position (und seine Präferenz für Piagets Paradigma eines interaktiven Konstruktivismus) motivieren. Im Anschluß an die – im folgenden Kapitel zu vertiefende – Frage, wie die Ontogenese der Kompetenzentfaltung als universelle und irreversible Sequenz der Strukturbildung nicht nur adäquat beschrieben, sondern auch erklärt werden kann, stellt Oevermann zunächst fest:

"*Chomskys* Ansatz ist in dieser Hinsicht bekanntlich radikal rationalistisch und fern jeder soziologischen Sichtweise. Er schließt einfach auf angeborene biologische Initialstrukturen, die in einem einstufigen Entfaltungsprozeß die Konstruktion der Einzelgrammatik steuern. Entwicklung reduziert sich hier im Grunde auf die durch Reifung erreichte Explikation eines präexistenten Wissens. Diese sicherlich extreme und empirisch riskante Annahme mag für den eingeschränkten Bereich des syntaktischen Regelerwerbs noch eine gewisse Plausibilität haben, für die logische und moralische Urteilsfähigkeit, mit der *Piaget* es zu tun hat oder für die Befähigung zur Teilhabe an intersubjektiver Verständigung von Dialogen kann eine solche reifungstheoretische Position, wie *Piaget* immer wieder überzeugend gezeigt hat, nicht aufrechterhalten werden" (1979a, 157).[38]

Auch wenn beim derzeitigen Stand der Forschung zu den gattungsspezifischen Grundlagen des Spracherwerbs die Kontroverse zwischen den drei miteinander konkurrierenden Entwicklungsmodellen somit

---

[38] Dieser Charakterisierung von Chomskys nativistischen Erklärungsansatz korrespondiert, daß Oevermann sich in dem für die Begründung seiner strukturtheoretischen Konzeptualisierung einer soziologischen Erfahrungswissenschaft zentralen Manuskript 'Fallrekonstruktionen und Strukturgeneralisierung als Beitrag der objektiven Hermeneutik zur soziologisch-strukturtheoretischen Analyse' (1981a) nur auf Piagets Entwicklungstheorie bezieht, um für die Ebene des epistemischen Subjekts das entwicklungstheoretische Grundlagenproblem exemplarisch akzentuieren und diskutieren zu können. Dieses Manuskript verknüpft werkgeschichtlich die beiden publizierten Beiträge 1979a (zum Ansatz einer soziologischen Sozialisationstheorie) und 1983a (zur Begründung der Programmatik einer materialen soziologischen Strukturanalyse). Die beiden publizierten Beiträge enthalten (zusammen mit 1976a und 1979b) die jeweils zentralen Argumentationsfiguren des unveröffentlichten Textes.

nicht abschließend beurteilt werden kann, dürfte deren Diskussion verdeutlicht haben, auf welchen Typus von Erklärungsproblemen die entsprechenden strukturgenetischen Erklärungsmodelle zielen. Für die weitere Diskussion der Konstruktionsprinzipien einer Theorie der ontogenetischen Entwicklungsprozesse unterstelle ich in Anknüpfung an Piaget, Oevermann u.a., daß Chomskys Ansatz einer nativistischen bzw. reifungstheoretischen Erklärung syntaktischer Regelstrukturen keine notwendige Implikation der Verwendung des Kompetenz-Performanz-Paradigmas darstellt und auf folgende Gegenstandsbereiche psychologischer Entwicklungstheorien nicht extrapoliert werden kann:
- die Erklärung der Ontogenese der kognitiven Strukturen, die der logischen und moralischen Urteilskraft zugrunde liegen,
- die genetische Erklärung des Erwerbs 'kommunikativer Kompetenz', die in Erweiterung zum Chomskyschen Objektbereich linguistischer Kompetenz die Bedingungen der Möglichkeit intersubjektiver Kommunikation auf der Ebene individueller Bewußtseinsstrukturen umfaßt, und
- die im Anschluß an die Theorien S. Freuds und G.H. Meads zu thematisierende Erklärung der Erkenntnis der eigenen Antriebsbasis und das damit zusammenhängende Problem der Konstitution von Subjektivität und Ich-Identität.

Als verbleibendes strukturgenetisches Erklärungsparadigma einer die unterschiedlichen Entwicklungsdimensionen des Subjekts integrierenden Erklärung ontogenetischer Entwicklungsprozesse verbleiben dann zwei Varianten eines interaktiven Konstruktivismus. Oevermann diskutiert diese im Rahmen seiner Theorierekonstruktion der kognitiven Entwicklungspsychologie Jean Piagets.[39] Im folgenden beschränke ich mich im wesentlichen auf Oevermanns Begründung der 'soziologischen' Variante und setze die Kenntnis der entwicklungspsychologischen Grundannahmen von Piagets Theorie, die sich auch Oevermann für sein Theorieprogramm zu eigen macht, voraus.

---

39   Vgl. hierzu und zum folgenden Kapitel 1974a, 37-100; 1976a, 38f.42-46; 1976c und 1979a, 156-162; in werkgeschichtlicher Perspektive: 1979b, 353f.

3.2 Die soziologische Ergänzung der Piagetschen Position eines interaktiven Konstruktivismus

Piaget überwindet die reifungstheoretische Argumentation in der Position eines interaktiven Konstruktivismus, derzufolge das sich bildende Subjekt die jeweils schon verfügbaren kognitiven Strukturen in einem konstruktiven Prozeß derart reorganisiert, daß Handlungsprobleme einer besseren Lösung zugeführt werden können. Entwicklung verdankt sich in dieser Perspektive der aktiven Auseinandersetzung des Subjekts mit seiner natürlichen und sozialen Umwelt.[40]

Die systematische Differenz zu Chomsky besteht dann darin, daß

"(für Piaget) der Prozeß der Entfaltung der Strukturen des Denkens in einer sukzessiven Interiorisierung der objektiven Struktur praktischen Handelns, in einer sukzessiven Transformation der objektiven Struktur des beobachtbaren Handelns in die Struktur des erkennenden Bewußtseins (besteht). Der selbsttätige Konstruktionsprozeß des sich bildenden Subjekts besteht eben gerade darin, daß über den Mechanismus dessen, was Piaget reflektierende Abstraktion nennt, die innere Struktur des praktischen Handelns erkannt und realisiert wird" (1974a, 41).

Piaget behauptet diesbezüglich eine mehrstufig erfolgende Entwicklungslogik ontogenetischer Entwicklungsprozesse, wobei jede Stufe durch die Explikation der Strukturen des Handelns auf der vorausgehenden Stufe durch das sich bildende Subjekt selbst erreicht wird. Das Erklärungsproblem stellt sich mit dieser Erweiterung noch schärfer:

"Nunmehr ist zu fragen, was die Konstruktionstätigkeit des Subjekts so strukturiert, daß am Ende trotz sehr unterschiedlicher individueller Lernbedingungen die entfalteten Strukturen des epistemischen Subjekts der menschlichen Gattung herauskommen, die allen Individuen als Kompetenzen gleichermaßen zugeschrieben werden können" (1979a, 158).

---

40 Zu Piagets Entwicklungstheorie und empirischem Werk vgl. Piaget 1970a; Seiler 1980; 1991; Kesselring 1988; Aufenanger 1992, Kapitel 6; Mussen et al. 1993, Kapitel 7 oder Miller 1993, Kapitel 1.

Piagets Erklärung, die auf 'autoregulative Mechanismen' und 'Tendenzen der Äquilibrierung' verweist, welche als die Evolution allgemein steuernde, kybernetische Gesetze vorgestellt werden, kann hier nicht überzeugen. Entweder kommt diesen Mechanismen der Status einer nicht haltbaren Ontologisierung zu, oder sie werden als innere Ausstattung des Subjekts interpretiert, womit die Erklärungsstrategie des *interaktiven* Konstruktivismus wieder zu reifungstheoretischen Annahmen tendieren würde, deren notwendige Überwindung Piaget selbst ausweist. Eine Ursache für dieses Dilemma sieht Oevermann (1974a) darin, daß Piaget zwar die kognitive Entwicklung als in der Struktur praktischen Handelns fundierte zu erklären sucht, diese Struktur jedoch mit der Fortschreibung seiner Theorie auf die monologische Struktur instrumentellen Handelns reduziert. Bei Aufrechterhaltung der Annahme von der Konstruktionstätigkeit des sich bildenden Subjekts kann das Dilemma aufgelöst werden, wenn die Entwicklung kognitiver Strukturen nicht im Rahmen der Beziehung des einsamen Subjekts zu seiner Umwelt, sondern statt dessen im Rahmen der Beziehung einer sozialen Interaktion zwischen Subjekten zu ihrer Umwelt erklärt wird.[41]

---

41 Oevermann weist in diesem Zusammenhang mehrfach darauf hin, daß diese Position einer Theorie der sozialen Konstitution kognitiver Entwicklungsprozesse auch Piagets frühen Schriften implizit zugrundeliegt. In 1974a diskutiert er unter diesem Gesichtspunkt folgende Arbeiten Piagets: 'Sprechen und Denken beim Kinde' (Org. 1923; dt. 1972), 'Urteil und Denkprozeß des Kindes' (Org. 1924; dt. 1981) und 'Das moralische Urteil beim Kinde' (Org. 1932; dt. 1986). Für Oevermanns Rekonstruktion dieser Schriften ist zweierlei kennzeichnend. Erstens, daß er die – erst in den späten Schriften von Piaget herausgearbeitete – *Differenz zwischen den konstitutiven Bedingungen der Systematik der Entwicklung und deren kontingenten Faktoren* systematisch berücksichtigt, und zweitens, daß er seine immanente Kritik der Analysen Piagets an dessen *Dateninterpretationen* ansetzt, in denen Piaget durchgängig – so Oevermann – die Perspektive einer Theorie der sozialen Konstitution ontogenetischer Entwicklungsprozesse stillschweigend einnehme.
Oevermanns Unterscheidung des soziologischen Erklärungsansatzes in den frühen Schriften Piagets, der mit Grundannahmen G.H. Meads kompatibel ist, und den sozialkybernetischen Argumentationsfiguren im Spätwerk Piagets liegt den Arbeiten van de Voorts (1975; 1977); Hartens (1977a; 1977b) und Millers (1986) zugrunde. Inzwischen hat Döbert (1992a; 1992b) das Argument, Piagets Theorieentwicklung zeichne sich durch eine zunehmende Entsoziologisierung aus, zurückgewiesen. Zu den kontroversen – in Kapitel 3.1 bereits thematischen

Aus der Perspektive einer solchermaßen ansetzenden soziologischen Erklärungsstrategie kritisiert Oevermann drei Motive, die gängigen Entwicklungstheorien bis hin zu Habermas' (1974a; 1976a) Theorieprogramm in der Behandlung sozialer Faktoren gemeinsam sind:

"a) Sie nehmen den Begriff der Entwicklungslogik in Anspruch, ohne ihn als außerhalb des sich bildenden Subjekts verankertes Erklärungsprinzip materialisieren zu können ... – b) Die Ontogenese wird reduktiv unter dem Gesichtspunkt ihrer innerpsychischen Repräsentanz behandelt und nicht umfassend als spiralförmig sich nach vorne drehender Kreislauf zwischen objektiver sozialer Strukturebene und subjektiver psychischer Strukturebene.- c) Die Erklärungen der Entwicklungstheorie werden um den Preis des Rekurses auf Annahmen über Vorausstattungen des sich bildenden Subjekts erkauft. Mit dieser Tendenz, als Vorausstattung zu postulieren, was eigentlich erklärt werden soll, verfehlen Entwicklungstheorien ihren Erklärungsanspruch. Entwicklung wird gewissermaßen zum monologischen Prozeß der Selbstexplikation des sich bildenden Subjekts" (1979a, 158f).

Oevermann präzisiert nun das Erklärungsproblem von Entwicklungstheorien dahingehend, daß im Verlauf der ontogenetischen Entwicklung von epistemischen Strukturen irgendwann eine *Handlungsstrukturierung* des sich bildenden Subjekts ein erstes Mal auftauchen muß, der eine generative Regelstruktur im Sinne der zu erwerbenden Kompetenz zuordenbar ist, ohne daß das Subjekt zum Zeitpunkt der Handlung über die entsprechenden individuellen *Bewußtseinsstrukturen* bereits verfügte.

Entwicklungspsychologisch bieten sich zwei Erklärungsvarianten an. Die eine unterstellt eine produktive Imitation einer beobachteten Handlung durch das sich bildende Subjekt, an der dann die Strukturen rekonstruiert werden können, ohne zu klären, woher das Kind die kognitiven Kategorisierungen des imitierten Handlungsmodells bezieht. Die andere Erklärungsvariante geht von einem Wechselverhältnis zwischen Regelbewußtsein (Schematisierung) und realer Handlungsstruktur aus und unterstellt, daß eine noch nicht ausgebildete Vorläuferform der fraglichen Kompetenz eine Handlung erzeugt, die in ihrem Ablauf assimiliert wird, wobei die Assimilation durch Verallgemeinerung und Systematisierung der Kompetenz zu deren Veränderung führt. Unklar

---

– grundlagentheoretischen Erklärungsproblemen der konstitutionstheoretischen Verhältnissetzung von sprachlicher und kognitiver Entwicklung sowie von Strukturen sozialer Interaktion/Kooperation und Logik vgl. ferner die Arbeiten von Edelstein/Keller (1982a); Piaget (1966; 1970b); Piaget/Inhelder (1966) und Seiler (1980; 1991).

bleibt, was das Wechselwirkungsverhältnis zwischen Regelbewußtsein und realer Handlungsstruktur reguliert und wie es zu einer assimilierbaren Handlungsstrukturierung kommt, deren Erzeugung die bereits erworbenen Kompetenzen zunächst übersteigt.

Im Rahmen einer *soziologischen* Ergänzung der entwicklungstheoretischen Annahmen über die Konstruktionsleistungen des sich bildenden Subjekts werden die Bedingungen zur Erzeugung der in einer Ontogenese 'erstmals' auftauchenden Handlungsstrukturierung außerhalb des sich bildenden Subjekts in den objektiven Struktureigenschaften der sozialisatorischen Interaktion gesucht.

"Ohne daß auf entwicklungstheoretische Annahmen über Konstruktionsleistungen des sich bildenden Subjekts verzichtet würde, würde somit die Systematik der Entfaltung von Strukturen des Subjekts der Systematik der Entwicklung von Struktureigenschaften sozialisatorischer Interaktion in dem Maße zugeschrieben, in dem diese jeweils jene Interaktionsstrukturen erzeugt, die dem sich bildenden Subjekt, dessen Handlungen darin eingebettetes Element sind, jeweils konkret anschaulich, gewissermaßen gegenständlich erfahrbar das vorgeben, was das Regelbewußtsein konstituiert, wenn es interiorisiert wird" (1979a, 160; vgl. 1974a, 52ff und 1976a, 44f).

Für diese Forschungsstrategie sprechen zwei Erklärungsleistungen:

"Auf der einen Seite würde erklärt, wie es ohne korrespondierende Leistungen des sich bildenden Subjekts in dessen unmittelbarem Handlungs- und Wahrnehmungsfeld zu bestimmten Handlungstypen mit bestimmten Struktureigenschaften kommt; es würde also generell gesprochen, die Systematik in der Struktur des Inputs der Ontogenese einschließlich der Systematik der Transformation dieser Struktur innerhalb des primären sozialisatorischen Interaktionssystems erklärt. Damit läge ein Ansatz für die Verankerung der Entwicklungslogik außerhalb des sich bildenden Subjekts selbst vor. Auf der anderen Seite böte sich eine Erklärung dafür an, warum diese Strukturen für das sich bildende Subjekt bedeutungsvoll sind, obwohl sie von der Sinninterpretationskapazität seines entwicklungsstandsspezifischen Bewußtseins her nicht antizipiert und voll ausgedeutet werden können: Die Handlungen des Kindes erhalten durch die Einbettung in die sequentielle Struktur der sozialisatorischen Interaktion objektiv eine Bedeutungsfunktion, die *für* (Korrektur H.S.; Original: auf) das Kind, da es sich um seine eigene Handlung handelt, als qua Handlungserfolg emergente Eigenschaft – zumindest affektiv – nachträglich wahrnehmbar und somit zum Ansatzpunkt für Prozesse der Interiorisierung und reflektierenden Abstraktion wird. Eine Struktur, deren Erzeugung die Kapazität des sich bildenden Subjekts bei weitem übersteigt, wird auf diese Weise gleichwohl realisiert und homolog erfahrbar und unter dieser Bedingung zum Antrieb der Entwicklung, sofern die *Konstruktionstätigkeit* des Subjekts als *Rekonstruktionstätigkeit* in Gang gesetzt wird" (1979a, 160).[42]

---

42 Zu dem vorgestellten soziologischen Erklärungsansatz vgl. auch Krappmann/Oevermann/ Kreppner 1976, 259-263.

Die so vorgestellte soziale Konstitution einer entwicklungsstimulierenden Handlungsstruktur kann nur im Schema der Meadschen Interaktion – der triadischen Struktur des sozialen Aktes – gedacht werden. In der von Oevermann vertretenen Theorie der sozialen Konstitution der Ontogenese in den universalen Struktureigenschaften der sozialisatorischen Interaktion

"(wird) die konstituierende Selbsttätigkeit des sich bildenden Subjekts damit keineswegs aufgegeben, sie spinnt nun aber ihre Konstruktionen nicht monologisch aus sich heraus, sondern gewinnt sie durch Rekonstruktion jener Struktureigenschaften, die ihm, dem konstruierenden Subjekt, durch Teilnahme an der sozialisatorischen Interaktion auf der Realitätsebene von deren latenten Sinnstrukturen objektiv vorgegeben sind. Mit dieser Erweiterung kann das zentrale Piaget'sche Argument der sich selbst erzeugenden Autonomie eines Handlungszentrums, der Position eines Strukturalismus mit einem Subjekt, das eigentätig strukturiert, problemlos aufrechterhalten und für die soziologische Argumentation nutzbar gemacht werden" (1981a, 27f).[43]

Diese Argumentationsstrategie eines soziologischen Komplements zu psychologischen Entwicklungstheorien gilt es im folgenden zu präzisieren.[44]

Nach Piaget bilden die Verinnerlichung sensomotorischer Handlungsschemata den Ausgangspunkt der Bildung innerer begrifflicher oder rationaler Repräsentationsstrukturen. Sensomotorische Handlungsschemata sind ihrerseits aus reflexartigen Handlungsmustern des Säuglings hervorgegangen. Als einfache Handlungsmuster laufen sensomotorische Schemata nur an realen Gegenständen ab, die im Aktionsfeld des Kindes tatsächlich vorliegen. Sie setzen zunächst keine inneren Vorstellungen auf seiten des Kleinkindes voraus. Auf dieser Entwicklungsstufe von der Geburt bis anderthalb oder zwei Jahre kann sich das Kind entsprechend nicht als Subjekt des eigenen Handlungskreises erkennen. Erst mit der allmählichen Herausbildung sekundärer Begriffssysteme im Prozeß der reflektierenden Abstraktion und

---

43   Vor diesem Hintergrund irrt Geulen mit seiner Kritik an Oevermann u.a. (1976b), wenn er schreibt, "die ... von den Autoren vorausgesetzte Annahme, daß die im Kind jeweils vorhandenen Interpretationsschemata für seine Verarbeitung der Erfahrungen unerheblich seien, widerspricht zumindest zentralen Annahmen im Werk Piagets und vieler anderer Entwicklungspsychologen" (Geulen 1991, 43f).

44   Vgl. hierzu Piaget/Inhelder 1966; Kesselring 1988, Teil III; Seiler 1991, 105-114 und 1993.

schließlich von Operationen, verstanden als das innere Umgehen mit Begriffen, entwickelt sich ein bewußtes und zur Reflexion fähiges Subjekt. In diesem Sinne beschreibt Piaget den Entwicklungsprozeß als Übergang von äußeren Handlungen zu inneren, mental repräsentierten Operationen.

Dem primären Spracherwerb, der im Alter zwischen ein und zwei Jahren einsetzt und zwischen dem fünften und sechsten Lebensjahr weitgehend abgeschlossen ist, kommt auch in Piagets Theorie eine zentrale Funktion in bezug auf den Prozeß der Bewußtwerdung wie der Herausbildung kognitiver Wissens- und Begriffssysteme zu.[45] Unstrittig ist, daß mit der sprachlich-kommunikativen Reorganisation der im Funktionskreis des sensomotorischen Handelns erworbenen kognitiven Strukturen die Möglichkeiten des Denkens im Umfang und in der Geschwindigkeit vervielfacht werden. Auch im Bezugsrahmen der Piagetschen Entwicklungstheorie wird dabei berücksichtigt, daß sich kulturelle, gesellschaftliche und soziale Einflüsse über das Medium der Sprache auf den Begriffsbildungsprozeß selbst auswirken.[46]

Als entscheidende Differenz zwischen Oevermanns Erklärungsstrategie der sozialen Konstitution ontogenetischer Entwicklungsprozesse und Piagets Äquilibrationstheorie verbleibt vor diesem Hintergrund die *Konzeptualisierung der Struktur praktischen Handelns* (als Voraussetzung und Gegenstand von Prozessen reflektierender Abstrak-

---

45 Nach Piaget fällt der primäre Spracherwerb in das erste Stadium der Entwicklungsstufe des präoperativen Denkens, in deren zweiten Stadium die Grundlegung des begrifflichen und logischen Denkens erfolgt. Die Entwicklung des begrifflichen und logischen Denkens erstreckt sich schließlich über zwei weitere Entwicklungsstufen: die Phase der konkreten Operationen von sieben bis elf Jahren und die der formalen Operationen ab dem elften oder zwölften Lebensjahr.

46 So konstatiert Seiler (1980; 1991) auch für Piagets Entwicklungstheorie, daß in ihr die generelle Tatsache und Bedeutung sozialer Interaktion und Kommunikation für die menschliche Entwicklung systematisch berücksichtigt wird. Die Frage, ob Seilers diesbezügliche Deutung von Piagets Werk im Sinne einer immanenten Kritik, wie Oevermann sie vorträgt, zu verstehen ist, oder ob sie Piagets eigene Position auch für dessen Spätwerk umschreiben soll, und das weitere Problem, ob Seilers Darstellung des Zusammenhangs von sozialer Struktur und individuellem Konstruktionsprozeß im Sinne einer (gegenüber dem Frühwerk Piagets) modifizierten These der sozialen Konstitution ontogenetischer Entwicklungsprozesse zu lesen ist, muß an dieser Stelle offen bleiben.

tion) und die *Erklärung der Dynamik des individuellen Entwicklungsprozesses*, insbesondere im Rekurs auf die spezifische Bedeutung der Versprachlichung sozialisatorischer Interaktion. Unstrittig ist für Oevermann in seiner immanenten Kritik an Piagets Entwicklungstheorie dessen empirische Rekonstruktion der stufenweisen kognitiven Entwicklung und die Piagets Entwicklungstheorie zugrundeliegende Verknüpfung der strukturalistischen und pragmatistischen Perspektive: Die Erklärung der kognitiven Entwicklung hat an deren Fundierung in der pragmatistisch gedeuteten materialen und objektiven Struktur des praktischen Handelns anzusetzen (vgl. 1974a, 44). Entsprechend impliziert Oevermanns in den siebziger Jahren herausgearbeitete These der sozialen Konstitution ontogenetischer Entwicklungsprozesse eine "Verkoppelung der kognitiven Entwicklungstheorie Piagets mit einer Kommunikationstheorie oder einer Theorie der Struktur der sozialisatorischen Interaktion" (1974a, 43) und nicht den Versuch, die individuelle Konstruktion kognitiver Bewußtseinsstrukturen aus der Rekonstruktion sozialer Interaktionsverläufe zu deduzieren.

Für das Verständnis von Oevermanns strukturtheoretischem Paradigma wie dessen immanenter Kritik an Piagets Entwicklungstheorie sind zwei Problemstellungen von besonderem Interesse: die Erklärung der sozialisatorischen Funktion des Sprachgebrauchs für die kognitive Entwicklung (1) und die Konzeptualisierung der primären Handlungskreise während der sensomotorischen Entwicklungsphase (2).[47] Bei-

---

47 Als dritte Problemstellung diskutiert Oevermann (1974a) das Problem der Verhältnissetzung von logischer und moralischer Urteilsfähigkeit im Entwicklungsverlauf. Er vertritt dabei die These, daß sich in Piagets frühen Schriften zumindest Argumente für die Annahme einer Parallelität im Aufbau der Strukturen der logischen Urteilskraft und der moralischen Urteilskraft finden lassen. Oevermann selbst scheint jedoch darüber hinaus die an G.H. Mead anschließende These zu bevorzugen, derzufolge der Genese der moralischen Urteilskraft im Paradigma der Struktur der sozialen Kooperation ein Primat vor der Genese der logischen Urteilskraft zukommt. Ich klammere diese, von Oevermann selbst nur im Bezugsrahmen seiner Interpretation von Piagets Frühwerk erörterten, letztlich jedoch empirisch zu klärenden Überlegungen im folgenden aus. Neben Oevermanns (1974a; 1976c) Interpretation von Piagets frühen Schriften vgl. zu dieser Fragestellung auch Döberts (1986; 1992a; 1992b) Erörterungen der konstitutionstheoretischen Verhältnisbestimmung von Logik und Moral. Er diskutiert diese Problemstellung sowohl unter Bezugnahme auf Kohlbergs Theorie der

den Problemstellungen gemeinsam ist die Frage, ob das praktische Handeln, die aktive Auseinandersetzung des Subjekts mit seiner Umgebung, nach dem Modell instrumentellen oder kommunikativen Handelns vorzustellen ist.[48]

(1) Nach Oevermann bleibt Piagets Beurteilung der sozialisatorischen Funktion des Sprachgebrauchs ambivalent, obwohl die Bedeutung der Sprache für den Prozeß der Bewußtwerdung und die Herausbildung kognitiver Wissens- und Begriffssysteme herausgearbeitet wird:

"Einerseits ist die Versprachlichung konstitutiv für die Reorganisation der Handlungserfahrung und für ihre Transformation auf die Ebene ihrer logischen Strukturierung, andererseits transformiert sie eben nur, was sprachfrei schon zuvor an Strukturen des intelligenten Verhaltens auf der Ebene des praktischen Handelns ausgebildet worden ist" (1974a, 59).

Diese Schwierigkeit läßt sich nach Oevermann auflösen, wenn systematisch zwischen *Sprache als 'technischem Substrat'*, als formaler Struktur, einerseits und *Sprache als bedeutungshaltigem und interpretiertem Zeichensystem zur Kommunikation von Handlungsintentionen* andererseits unterschieden wird. Zu differenzieren sind dann folgende Merkmalsebenen des Sprachgebrauchs und deren unterschiedlichen Entwicklungsbedingungen:

- die formale linguistische Kompetenz,
- das sozial validierte und normierte Bedeutungssystem,
- die Interaktionen steuernden, sprachimmanenten Regeln ihres kommunikativen Gebrauchs und
- nicht-sprachliche, soziale Strategien des Symbolgebrauchs, die milieuspezifisch variieren und die handlungspraktische Realisierung der Sprachkompetenz (retrospektiv) determinieren.

Entwicklung moralischer Urteilsfähigkeit als auch in bezug auf die seines Erachtens falsche These, Piagets Werk zeichne sich durch eine sukzessive Entsoziologisierung der Erklärung kognitiver Entwicklung aus. Die im folgenden behandelten Überlegungen Oevermanns unterliegen meines Erachtens nicht Döberts Kritikpunkten und erweisen sich gerade auch vor dem Hintergrund der seit den späten siebziger Jahren sich abzeichnenden Forschungslage als nach wie vor aktuell (s.u. Kapitel 3.3).

48   Mit dieser Unterscheidung von zwei Idealtypen praktischen Handelns folgt Oevermann den entsprechenden Ausführungen von Habermas. Das weitere – aus der Sicht Oevermanns (1984b) kontroverse – Erklärungsproblem, wie der Typus kommunikativen Handelns konstitutionstheoretisch zu konzeptualisieren ist, klammere ich im folgenden aus.

Von dieser Differenzierung dessen, was mit 'Sprache' gemeint ist, ausgehend, entwickelt Oevermann seine (kompetenztheoretisch interessierende) Argumentation einer sozialen Konstitution der Gesetzmäßigkeit ontogenetischer Entwicklungsprozesse und seine (performanztheoretisch interessierende) Erklärung differentieller Entwicklungsverläufe.

"Hält man an dieser Differenz (zwischen Sprache als 'technischem Substrat' und Sprache als bedeutungshaltigem und interpretiertem Zeichensystem zur Kommunikation von Handlungsintentionen; H.S.) fest, dann ist die Annahme durchaus plausibel, daß sich eine linguistische Kompetenz auf der Ebene von Syntax und Phonologie unabhängig und autonom nach eigenen Gesetzmäßigkeiten entfaltet und dem Kind in seiner Ontogenese schon frühzeitig ... als Regelapparat für seine sprachlichen Produktionen zur Verfügung steht, ohne daß damit auf der kognitiven Ebene die logischen Strukturen und semantischen Kategorien, die syntaktisch strukturgleich erzeugte sprachliche Ausdrücke im Sprachgebrauch voll sozialisierter Personen 'tragen', subjektiv schon repräsentiert wären. Bezogen auf diese Bedeutungsfunktionen strukturgleicher Ausdrücke in der Erwachsenensprache stellen eben die Sprachproduktionen der Kinder und die sie bedingende Kompetenz ein Potential dar, daß per kognitiver Entwicklung erst 'ausgefüllt' werden muß. So gesehen käme der autonomen Entwicklung der linguistischen Kompetenz im Sinne von Chomsky eine bedeutende konstitutive sozialisatorische Funktion zu. Sprache als bloß 'technisches Substrat' wäre in dem Maße, in dem sie im Handeln realisiert wird, ein wichtiges 'soziales Bindemittel' in der sozialisatorischen Interaktion vor allem zwischen den Eltern und den Kindern: Was bei den Kindern subjektiv an normalerweise in der Erwachsenensprache korrespondierenden Bedeutungsgehalten nicht repräsentiert ist, wird von den Eltern in diesen Sprachgebrauch der Kinder hineinprojiziert. Damit wird es möglich, genau jene als-ob regelerzeugten Handlungsstrukturen objektiv einzurichten, die als Gegenstände der reflektierenden Abstraktion in der Bewußtwerdung für die kognitive Entwicklung notwendig sind. Dieser Zusammenhang beträfe die universelle sozialisatorische Funktion der linguistischen Kompetenz" (1974a, 60).

Oevermanns Erklärung der universellen sozialisatorischen Funktion der linguistischen Kompetenz zeigt, daß Chomskys These einer autonomen Entwicklung der linguistischen Kompetenz der These einer sozialen Konstitution der Sprachbeherrschung (in den Dimensionen der Semantik und Pragmatik) und der kognitiven Entwicklungsprozesse nicht entgegensteht. Denn die vergleichsweise früh ausgebildete Fähigkeit zur Produktion grammatisch verständlicher Sätze, deren semantische und pragmatische Bedeutung vom Kind – aufgrund seines kognitiven Entwicklungsstandes – noch nicht vollständig realisiert werden kann, gilt nur als eine Voraussetzung für die Konstituierung entwicklungsstimulierender Interaktionsverläufe. Die *soziale* Konstitution von deren Emergenz erklärt sich aus der fiktiven Bedeutungsinterpretation und -zuschreibung von seiten voll sozialisierter Subjekte (vorrangig der Eltern). Deren 'stellvertretende Deutung' der vom Kind selbst noch nicht realisierten Bedeutungsgehalte des eigenen (Sprech-) Handelns konstituiert erst jene Verläufe bzw. Bedeutungsfunktionen des kindlichen Handelns, denen eine 'als-ob'-Struktur im Sinne der erst noch anzueignenden Kompetenz entspricht. Ohne daß dies den Eltern im empirischen Normalfall also stets bewußt sein muß und entsprechend als Ergebnis intendierten Erziehungshandelns zu interpretieren wäre, ermöglicht die fiktive Bedeutungsinterpretation und -zuschreibung die Emergenz 'gelingender' Handlungsverläufe, denen eine – bezogen auf die bereits ausgebildeten sprachlichen und kognitiven Kompetenzen des Kindes – angemessenere Problem- bzw. Konfliktlösung korrespondiert (vgl. 1980b, 40-53).

Mit dieser Erklärung kann Oevermann aber auch an Piagets Argumentation anknüpfen, derzufolge die entwicklungsstandspezifische Realisierung kompetenten Sprechhandelns von der allgemeinen kognitiven Entwicklung des Kindes abhängt:

"Daß Sprache im Hinblick auf ihre subjektiv repräsentierte Bedeutungshaltigkeit der kognitiven Entwicklung folgen muß, ist trivial, denn ein Kind kann selbstverständlich nur solche Relationen und Urteile sprachlich zum Ausdruck bringen, die es kognitiv zuvor realisiert hat. Allerdings ist zu fragen, inwieweit gleiches für das Verständnis der objektiven Bedeutung sprachlicher Ausdrücke gilt. Möglicherweise kann das Kind über das noch ungenaue Verständnis kognitiv überfordernder, von sprachlichen Ausdrücken getragener Bedeutungszusammenhänge zur Problematisierung transitorischer Strukturbildungen und damit zur Problemlösung, die den Strukturbildungsprozeß vorantreibt, motiviert werden" (1974a, 61).

Das Verhältnis von Sprache und Kognition erweist sich in dieser Perspektive als das einer dynamischen Wechselbeziehung, die ihrerseits in der Struktur der sozialisatorischen Interaktion fundiert ist. Diese Bestimmung des Verhältnisses von Sprache und Kognition und seine – bereits in den frühen Schriften entwickelte – These, derzufolge die Integration von Sprachfähigkeit (linguistischer Kompetenz) und operativer Intelligenz auf seiten des Kindes von der Form des Sprachgebrauchs in der sozialisatorischen Interaktion abhängt, liefert Oevermann nun auch den systematischen Anknüpfungspunkt für die Erklärung differentieller Entwicklungsverläufe und deren sozialer Konstitution.

"Nach Maßgabe der von sozialen Strategien des Sprachgebrauchs gesteuerten tatsächlichen Form der Realisierung der linguistischen Kompetenz in der sozialisatorischen Interaktion bestimmt sich der Grad der Intensität und Differenzierung der durch Versprachlichung möglichen Re- und Neuorganisation material vorliegender Handlungserfahrungen. Dieser Zusammenhang könnte also für mögliche individuelle Differenzen sowohl in der Entfaltung der kognitiven Kompetenz als auch in der Realisierung dieser Kompetenz auf der Ebene der kognitiven Performanz oder der Problemlösung verantwortlich gemacht werden" (1974a, 61; vgl. 1968a, 335-338 und 1972b, 81-86).

Auf die soziologische Erklärung differentieller Entwicklungsverläufe und performanztheoretisch zu bestimmender Restriktionen in der handlungspraktischen Realisierung erworbener Kompetenzen wird in Kapitel 3.4 näher einzugehen sein. An dieser Stelle kann bereits festgehalten werden, daß Oevermann mit dieser Argumentation den soziologischen Ansatz einer Lösung des Problems der kulturabhängigen und sozial vermittelten Niveaudifferenzierung kognitiver Strukturen anvisiert:

- die soziologische Erklärung jener differentiellen Entwicklungsverläufe, die lebensgeschichtlich nicht das formal-operatorische Entwicklungsniveau im Sinne von Piagets Stufentheorie erreichen: ein Erklärungsproblem der Piagetschen Entwicklungstheorie, das besonders im Kontext kulturvergleichender Untersuchungen debattiert wird (vgl. Schöfthaler/Goldschmidt 1984); und
- die Erklärung der handlungsbereichs- und gegenstandsspezifischen Niveaudifferenzierung allgemeiner kognitiver Strukturen im individuellen Handeln: das Problem intraindividueller Entwicklungsunterschiede, das insbesondere im Forschungsfeld der sozial-kognitiven Entwicklung untersucht wird (vgl. Edelstein/Keller 1982b u.a.).

Oevermanns sozialisationstheoretischer Grundannahme zufolge objektivieren sich in der sprachlich vermittelten Strukturierung sozialer Interaktionen die gesellschaftlich spezifischen Formen der Naturbearbeitung und der sozialen Kooperation sowie die subkulturellen Ausformungen intelligenten Verhaltens und moralischen Handelns als fallweise Realisierungen von Normen, Regel- und Wissenssystemen unterschiedlicher Geltungsreichweite (vgl. 1976a, 46). Die lebensgeschichtlich vermittelten Möglichkeiten zur handlungspraktischen Realisierung von Kompetenzen werden im Rekurs auf sozial eingespielte Kommunikationsformen und die darin zum Ausdruck kommenden Problemlösungs- und Konfliktbewältigungsstrategien erklärt. Damit stehen nun weniger die universellen gattungsspezifischen Struktureigenschaften sozialisatorischer Interaktion im Vordergrund, die die Ausbildung epistemischer Strukturen im strengen Sinne des Kompetenzbegriffs konstituieren, als vielmehr die lebensweltspezifische Typik ihrer fallweisen Realisierung unter besonderer Berücksichtigung der objektiven Anforderungen der Handlungssituation. Als real wirksame Bezugspunkte kognitiver Entwicklungsprozesse erweisen sich somit

- sozial vermittelte Strategien der Problemlösung und Konfliktbewältigung, die sozio-historisch ausgebildeten Kommunikationsformen in Familie, peer-group, Schule und am Arbeitsplatz entsprechen;
- Wissenssysteme, Deutungsmuster und Weltbilder, die das Handeln im Sinne relativ verselbständigter Argumentationsstrukturen bestimmen, ohne den Akteuren in der Situation bewußt sein zu müssen; und
- sozialstrukturelle und technologisch bedingte Handlungszwänge, die vermittelt über die Spielräume praktischer Handlungsfähigkeit die aktive Konstruktionstätigkeit des sich bildenden Subjekts material bestimmen.[49]

(2) In seiner Verhältnisbestimmung von Sprache und logischen Operationen vertritt Piaget auch die These, daß der Ursprung der logischen Operationen "auch entwicklungsmäßig früher liegt als der der Sprache; das heißt, er ist in den Gesetzen der allgemeinen Handlungskoordinationen zu suchen, die alle Aktivitäten, einschließlich der Sprache selbst, kontrollieren" (Piaget 1970a/dt. 1983, 67). Vor diesem Hintergrund ist Oevermanns Überlegung zu sehen, ob "die These von der Konstitution der kognitiven Strukturen in der sozialen Struktur der sozialisatorischen Interaktion bis auf die Anfänge der vermeintlich monologisch verlaufenden sensumotorischen Entwicklung stringent ausgedehnt werden kann (Bedeutung der vokalen Geste und der Greifhandlung)" (1976a, 45).

---

49   Zu diesen soziologischen Dimensionen individueller Bildungsprozesse, die zugleich die Verknüpfungspunkte einer Theorie der Bildungsprozesse des Subjekts mit gesellschaftstheoretischen Ansätzen kennzeichnen, vgl. zusammenfassend 1976a, 49-52.

In den vorangegangenen Ausführungen wurde bereits darauf hingewiesen, daß sich das Kind auf der Entwicklungsstufe sensomotorischer
Handlungsschemata nicht als Subjekt des eigenen Handlungskreises
erkennen kann. Als zentrales Erklärungsproblem resultiert hieraus die
Frage, was die Handlungskreise des Kindes konstituiert. Denn diese
sind – im Sinne von Piagets Entwicklungstheorie – der Gegenstand
der selbsttätigen Konstruktionstätigkeit des Kindes. Oevermanns
These ist es,

"daß es die Struktur der partikularistischen Eltern-Kind-Beziehung ist, die die primären, immer auch mit affektiver Qualität behafteten Erfahrungsgegenstände der Bewußtwerdung und der reflektierenden Abstraktion konstituiert. Als solche sind sie
objektiv – wenngleich vom Kind subjektiv noch nicht realisiert – symbolisch vermittelte, sinnkonstituierende Erfahrungen. Nur dadurch wird objektiv die Affinität des
Erfassungsmaterials und der Struktur der primären Handlungskreise zur späteren
intersubjektiv verbindlichen formalen Struktur der logischen und moralischen Urteilsfähigkeit sichergestellt. Diese muß andererseits so sein, wenn überhaupt, über die
Bewußtwerdung, über die vom Standpunkt des anderen geleitete reflektierende Abstraktion von der Naturwüchsigkeit der praktischen Handlungsschemata im Bildungsprozeß der Subjekte universell zu den identischen Ausbildungen epistemischer Strukturen und der Realisierung des lebensgeschichtlichen Besonderen in einem Identität
konstituierenden Entwurf von Einzigartigkeit des Selbst zugleich führen können soll"
(1974a, 55f).

Diese These schließt wiederum an die Grundannahme an, daß die
Struktur praktischen Handelns nach dem Modell des kommunikativen
Handelns und der Relation der interagierenden Subjekte zur Objekt-
welt (und nicht nach dem Modell des instrumentellen Umgangs mit
Objekten und der Relation des einsamen Subjekts zu seiner Objekt-
welt) zu bestimmen ist. Sie verweist nicht nur auf die von Oevermann
anvisierte systematische Integration der zentralen Grundeinsichten in
J. Piagets und G.H. Meads Werken, sondern auch auf die in der Psy-
choanalyse herausgearbeitete, allgemeine Bedeutsamkeit infantiler
Szenen für die Persönlichkeitsentwicklung.[50]

Oevermann selbst hat die in diesem Kapitel vorgestellte Erklärungsstrategie einer soziologischen Reinterpretation von Piagets Position
eines interaktiven Konstruktivismus in theoretischen und empirischen

---

50 Zu der wechselseitigen Integration der kognitiven Entwicklungstheorie von Jean
Piaget und der psychoanalytischen Entwicklungstheorie Sigmund Freuds vgl.
auch Furth 1990.

Vorarbeiten zu einem Strukturmodell familialer Interaktion entfaltet (s.u. Kapitel 4.4). Dieses Strukturmodell beansprucht, die Systematik der Entwicklung jener Struktureigenschaften der sozialisatorischen Interaktion in familialen Interaktionssystemen zu erklären, die ihrerseits ontogenetische Entwicklungsprozesse sozial konstituieren. Die These von der spezifischen Bedeutung der Versprachlichung sozialisatorischer Interaktionen für die Konstitution ontogenetischer Entwicklungsprozesse wird in diesem Strukturmodell mit der psychoanalytischen Einsicht in die persönlichkeitskonstituierende Funktion der ödipalen Triade verknüpft.

Oevermanns sozialisationstheoretischen Beiträge leisten damit in nuce die von ihm geforderte Integration kompetenz- und performanztheoretischer Erklärungsansätze und führen exemplarisch in die Konstruktionsvoraussetzungen eines Theorie- und Forschungsprogramms ein, dessen empirische Untersuchungen im Meadschen Sinne konsequent an den Strukturen praktischen Handelns ansetzt: unter Berücksichtigung der Erkenntnisse der kognitiven wie auch der psychoanalytischen Entwicklungspsychologie.

Bevor diese Theoriestrategie anhand von Oevermanns Rekonstruktion der psychoanalytischen Theorie S. Freuds und der Sozialphilosophie G.H. Meads weiter ausdifferenziert wird, soll zunächst Oevermanns soziologische Kritik an Piagets Äquilibrationstheorie vor dem Hintergrund neuerer Beiträge resümiert werden. Daran anschließend versuche ich zu zeigen, daß sich Oevermanns Theoriebeiträge in den frühen Schriften (1965-1973) schlüssig in dieses Theorie- und Forschungsprogramm integrieren lassen und somit zumindest als dessen werkgeschichtliche Vorbereitung gelten können.

3.3 Zwischenbetrachtung zur Aktualität von Oevermanns soziologischer Kritik an Piagets Äquilibrationstheorie

Nach Döberts (1992a; 1992b) im Rekurs auf Piagets Werkentwicklung vehement vorgetragener Kritik an den in der soziologischen und moraltheoretischen Theoriediskussion gängigen Konzeptualisierungen des konstitutionstheoretischen Verhältnisses von Logik und sozialer Interaktion[51] und dem Fortgang der Theoriediskussion in den achtziger und frühen neunziger Jahren (vgl. Edelstein/Keller 1982b; Edelstein/Habermas 1984; Edelstein 1984; 1986; 1993; Seiler 1991; Edelstein/Hoppe-Graff 1993) erweist es sich als notwendig, Oevermanns soziologische Ergänzung von Piagets Position eines interaktiven Konstruktivismus und seine Kritik an Piagets Äquilibrationstheorie zu resümieren.

Döberts Interpretation der Piagetschen Schriften[52] zeigt, daß die von Oevermann für Piagets Spätwerk (bis Mitte der siebziger Jahre) unterstellte Reduzierung der Struktur praktischen Handelns auf die monologische Struktur instrumentellen Handelns dessen konstitutionstheoretische Erklärung individuellen wie gesellschaftlichen Handelns verfehlt. Mit seinem in den späten Schriften ausgewiesenen Konzept der 'Ko-Operation' verdeutlicht Piaget, daß (ko-ordiniertes) Einzelhandeln wie gesellschaftliches Handeln auf einer identischen Strukturierungstätigkeit aufbauen. In seiner Erörterung von Hypothesen zur Erklärung von milieu- bzw. kulturspezifischen Entwicklungsunterschieden im ju-

---

51 Döbert (1992b, 280) unterscheidet vier Varianten (zu Literaturverweisen vgl. ebd.): "(a) man schlägt die Logik dem Monologisch-Instrumentellen zu und postuliert eine spezielle dialogische Logik ...; (b) man übernimmt die Logik stillschweigend und ergänzt sie durch diskursive Prinzipien ...; (c) man behauptet die soziale Konstitution der Logik ... oder (d) man leugnet die Relevanz der Unterscheidung von individueller und sozialer Logik/Rationalität überhaupt". Piagets Werkentwicklung von Variante (c) zu Variante (d) zeichnet sich nach Döbert nicht, wie auch von Oevermann (1974a) nahegelegt, durch eine sukzessive Entsoziologisierung der Erklärung kognitiver Entwicklung aus, sondern durch eine systematische Überwindung eines universalpragmatischen Erklärungsansatzes.

52 Ein direkter Vergleich der Interpretationen von Piagets Spätwerk durch Oevermann und Döbert scheitert daran, daß Oevermann (1974a) sich zum Zwecke seiner Argumentation insbesondere auf die frühen Schriften Piagets bezieht. Das von Oevermann vorrangig thematisierte Problem der Erklärung diskontinuierlicher Entwicklungsprozesse in Piagets Paradigma eines interaktiven Konstruktivismus wird wiederum von Döbert nicht diskutiert. Bei einem Vergleich von Döberts und Oevermanns Ansatz ist des weiteren zu berücksichtigen, daß Döberts (1992b) pointierte Kritik der von ihm als 'Konsensustheorien' etikettierten Ansätze einer universalpragmatischen Grundlegung sozialwissenschaftlicher Theoriebildung ihrerseits nicht auf Oevermanns Ansatz einer soziologischen Sozialisationstheorie und dessen Widerlegung zielt.

gendlichen bzw. erwachsenen Denken und in seiner analytischen Differenzierung der entwicklungsrelevanten gesellschaftlichen Faktoren hinsichtlich ihrer Geltungsreichweite und sozialisatorischen Funktion finden sich entsprechend auch in Piagets späten Schriften Passagen, die mit Oevermanns eigenen Erläuterungen seiner These der sozialen Konstitution kognitiver Entwicklungsprozesse konvergieren.[53] Andererseits – und darauf verweisen neben Oevermann auch andere Piaget-Interpreten (u.a. Seiler 1991; Edelstein 1993 und Hoppe-Graff 1993a; 1993b) – bleibt der Status der Äquilibrationsfaktoren in Piagets Theorie unterbestimmt bzw. mehrdeutig. Und dies vor dem Hintergrund, daß Piaget die Äquilibration – neben den traditionell diskutierten Faktoren der Reifung, Erfahrung und sozialen Umwelt – als entscheidenden und die anderen Faktoren koordinierenden Entwicklungsmechanismus ausweist (u.a. Piaget 1970a).

In den frühen siebziger Jahren, in denen Oevermann sich im Rahmen seiner Vorarbeiten zu einer Theorie der Bildungsprozesse mit Piagets Werk auseinandersetzte, bestimmte Piagets Position eines interaktiven Konstruktivismus die entwicklungspsychologische und sozialisationstheoretische Theoriediskussion noch nicht in dem Maße, wie dies heute der Fall ist. Insbesondere wurde die Bedeutung von Piagets Werk auch für die soziologische Theoriediskussion erst allmählich und nicht zuletzt aufgrund von Habermas' (1972; 1974a; 1976a) und Oevermanns (1974a; 1976a; 1976c; 1979a) Arbeiten hierzu erkannt. Heute wird zumindest der Grundgedanke der Konstruktionstätigkeit des Subjekts weitgehend anerkannt. Die theorieparadigmatischen Fronten haben sich entsprechend verschoben. Zum einen läßt sich eine zunehmende Akzeptanz zentraler Grundannahmen des genetischen Strukturalismus konstatieren, zum anderen aber führt die weithin geteilte Einsicht in die Konstruktionstätigkeit des sich bildenden Subjekts in den unterschiedlichen Theorieparadigmen auch dazu, daß der Bedeutungsgehalt des Begriffs 'Konstruktion' verwischt wird. Hoppe-Graff/Edelstein (1993, 9ff) illustrieren dies anhand einer Unterscheidung von drei unterschiedlichen Vorstellungen darüber, wo der Impuls für die Entwicklungsprozesse zu verorten ist und welche Rolle dabei die Aktivität des Individuums spielt. Also genau jenen entwicklungs-

---

53   Vgl. hierzu u.a. Piaget 1966 und Piaget 1970b.

theoretischen Grundlagenproblemen, deren Klärung schon immer zwischen den untereinander konkurrierenden Theorieparadigmen strittig ist.

Drei Konzepte lassen sich diesbezüglich voneinander abgrenzen: die endogene, exogene und die interaktive Konstruktion. Als prominenter Vertreter der Annahme eines endogen gesteuerten Konstruktionsprozesses kann Chomsky gelten. Dessen Position, daß die universell ablaufenden Entwicklungsprozesse auf *angeborene Initialstrukturen* zurückzuführen sind, wurde bereits vorgestellt. Die Vertreter aktueller Lerntheorien und von Informationsverarbeitungsansätzen deuten – so Hoppe-Graff/Edelstein – den Konstruktionsprozeß primär als Rekonstruktionsprozeß. Im Unterschied zu Oevermann, der die Konstruktionstätigkeit des Subjekts als 'Rekonstruktionstätigkeit' reformuliert (1979a, 160), wird in diesen Ansätzen zwar auch die aktive Teilhabe des Subjekts am kognitiven Entwicklungsprozeß anerkannt, die wesentliche Determinante des Konstruktionsprozesses jedoch in der *Struktur der äußeren Wirklichkeit* verortet: also nicht – wie in Oevermanns Ansatz einer soziologischen Sozialisationstheorie – in der *Struktur praktischen Handelns*, die in der Beziehung der sozialen Interaktion zwischen Subjekten zu ihrer Umwelt emergiert.

In dieser Hinsicht argumentiert Oevermann strikt im Sinne der Piagetschen Position eines interaktiven Konstruktivismus (als dritter Variante der Verwendung des Konstruktionsbegriffs)[54], derzufolge kogni-

---

54   Daß Oevermanns Begriff der 'Re-Konstruktion' nicht eine unbeabsichtigte Tendenz zur Übernahme lerntheoretischer Positionen widerspiegelt, plausibilisiert eine Passage von B. Inhelder, Piagets langjähriger Mitarbeiterin, der eine ebensolche Tendenz schwerlich nachzuweisen sein dürfte. Inhelder führt aus: "In konstruktivistischer Sicht ist die Entwicklung der Erkenntnis nie eine Kopie der Wirklichkeit, sondern eine Rekonstruktion oder erneute Entdeckung, die durch die soziokulturelle Umwelt hervorgerufen wird. Diese Wiedererfindung führt in besonderen Fällen zur Entdeckung neuer Erkenntnis. In seinem Modell der majorierenden Äquilibration, das Piaget 1975 veröffentlichte und bereits 1976 aus Anlaß seines 80. Geburtstages überarbeitete, suchte er die allgemeinsten Mechanismen zu erklären, die der fortschreitenden Konstruktion der Erkenntnis zugrunde liegen. Die stets sich entwickelnde Erkenntnis der Wissenschaft stellt in jeder Epoche ein Gleichgewicht her, auf das hin diese Mechanismen sie vorantreiben. Und zu jedem Zeitpunkt stellt das soziogenetische Gleichgewicht die Rahmenbedingungen für eine individuelle Entwicklung dar, die zum Ausgangspunkt für die Erzeugung neuer Erkenntnis werden kann" (Inhelder 1993, 25).

tive Entwicklung in der Interaktion von Individuum und Umwelt konstruiert wird:

"Die Quelle der Entwicklung sind Ko-Konstruktionen von Organismus und Umwelt. Mit dem Konzept der Ko-Konstruktion soll zum Ausdruck gebracht werden, daß die Ursache oder das *Movens* der ontogenetischen Fortschritte weder *im* Individuum noch *in* der Umwelt liegt, sondern in deren Beziehung. ... Konstruktivität ist nicht durch die Objekte gegeben, da sie von den Handlungen des Individuums abhängt; sie ist aber auch nicht im Individuum gegeben, da es nur in der Interaktion mit Objekten Handlungskoordinationen erwirbt" (Hoppe-Graff/Edelstein 1993, 10f).

Selbst wenn konstatiert werden muß, daß Oevermanns These, in Piagets Werkgenese sei eine Reduzierung der Struktur praktischen Handelns auf die monologische Struktur instrumentellen Handelns festzustellen, sich nicht halten läßt, so zeigt sich gleichzeitig, daß das zentrale Motiv der von ihm vertretenen soziologischen Lesart des Piagetschen interaktiven Konstruktivismus nicht widerlegt wurde: eine Erklärung für die Systematik der ontogenetischen Entwicklung auszuweisen, die die konstitutiven Bedingungen weder auf innere Ausstattungen des sich bildenden Subjekts reduziert noch im Sinne sozialkybernetischer Modelle interpretiert, deren erfahrungswissenschaftlicher Status letztlich ungeklärt bliebe.

Der Fortgang der Theorieentwicklung bestätigt auch Oevermanns Position, daß nicht das abstrahierbare 'epistemische Subjekt', sondern das für einen gesellschaftlichen Entwicklungsstand theoretisch idealisierbare 'autonom handlungsfähige, mit sich selbst identische Subjekt' als metatheoretischer Bezugspunkt einer Theorie der Bildungsprozesse des Subjekts und damit der Analyse von Sozialisations- und Entwicklungsprozessen auszuweisen ist. Mit der Folgekonsequenz, daß die von der Piaget-Schule bis Mitte der siebziger Jahre bevorzugt verfolgte Theoriestrategie, individuelle Differenzen und damit auch funktionale Fragestellungen auszuklammern, zugunsten einer Theoriestrategie überwunden werden muß, in der kompetenz- und performanztheoretische Erklärungsansätze systematisch integriert werden. Oevermann verweist damit auf Desiderate in Piagets Theorieentwicklung, die dieser selbst in seiner letzten Schaffensperiode (1975-1980) durch eine verstärkte Hinwendung zu funktionalen Fragestellungen und Erklärungsansätzen begann, abzuarbeiten (vgl. Beilin 1993). Inhelder (1993) spricht in diesem Zusammenhang von einer Schwerpunktverlagerung vom epistemischen zum psychologischen Subjekt,

Beilin (1993, 38) von einer Rückkehr zur funktionalistischen Betonung in Piagets frühen Arbeiten, jenen Aspekten also, die auch Oevermanns Interesse an Piagets Frühwerk begründen.[55]
Die für die künftige Theorieentwicklung folgenreichste Weiterentwicklung in Piagets Spätwerk (1975-1980; Veröffentlichungen posthum), die in Oevermanns Vorarbeiten zu einer Theorie der Bildungsprozesse noch nicht rezipiert werden konnte, ist in Piagets Hinwendung zu Problemen der Erklärung des Erwerbs von Bedeutungen zu sehen. Piaget führt nun auch die Ursprünge des Erwerbs der Strukturen logischen Denkens auf die elementare Logik der Bedeutungen von Handlungen zurück (vgl. hierzu die Beiträge von Seiler 1993 und Hoppe-Graff 1993b). Dieser Weiterentwicklung in Piagets Theorie und den daran anschließenden Forschungsbeiträgen dürften künftig auch weitere Argumente für den entwicklungstheoretischen Stellenwert von Oevermanns These der 'stellvertretenden Deutung' als einem zentralen Entwicklungsmovens und die grundlagentheoretische Relevanz von Oevermanns analytischer Differenzierung von zwei Realitätsebenen sozialer Wirklichkeit – der Ebene objektiver Bedeutungsstrukturen sozialer Abläufe bzw. Objektivationen und der Ebene mentaler Repräsentationen auf seiten der beteiligten Akteure[56] – zu entnehmen sein.

Oevermanns These der sozialen Konstitution ontogenetischer Entwicklungsprozesse in der Struktur der sozialisatorischen Interaktion und der in der objektiven Hermeneutik im Anschluß an G.H. Mead entwickelte "Begriff der Bedeutung als interaktiv emergenter, objektiver sozialer Struktur ..., die ihrerseits als Voraussetzung für die Konstitution von Intentionalität gelten muß" (1979b, 380), konvergiert in

---

55 Nach wie vor stehen sich dabei zwei alternative Forschungsstrategien zur Erweiterung des 'strukturgenetischen Konstruktivismus' (Hoppe-Graf/Edelstein) gegenüber, die sich hinsichtlich der Kennzeichnung der Entwicklungsbedeutsamkeit sozialer Faktoren unterscheiden, nicht jedoch auch zwingend einander entgegengesetzte Positionen kennzeichnen (vgl. Oevermann 1976a, 39; Edelstein 1993 und Hoppe-Graff 1993b). Beiden gemeinsam ist die Betonung des Stellenwertes, der der Erklärung intra- und interindividueller Entwicklungsunterschiede auch im Paradigma des genetischen Strukturalismus zukommt.

56 Diese analytische Differenzierung von zwei Realitätsebenen liegt sowohl der sozialisationstheoretischen These von der 'stellvertretenden Deutung' als auch der methodologischen Begründung der objektiven Hermeneutik zugrunde.

dieser Perspektive mit dem – in der Piaget-Tradition ausgewiesenen – Konzept der 'Ko-Konstruktionen' als Movens ontogenetischer Entwicklungsprozesse. Zumindest dann, wenn sich mit Bezug auf die oben benannte Wendung in Piagets Spätwerk, auch der Erwerb der Strukturen logischen Denkens auf die elementare Logik der Bedeutungen von Handlungen zurückführen und sich – im Sinne der Theorie G.H. Meads – ausweisen läßt, daß die elementare Logik der Bedeutungen von Handlungen evolutionstheoretisch nur als sozial konstituierte vorstellbar ist.

Vor dem Hintergrund der hier nur grob skizzierten Theorieentwicklung erweisen sich Oevermanns, bereits in den 70er Jahren verfaßten Vorarbeiten zu einer Theorie der Bildungsprozesse als nach wie vor aktuell.[57] Der darin ausgewiesene Ansatz einer soziologischen Sozialisationstheorie, der in den Schriften zur objektiven Hermeneutik auch methodologisch begründet wird, zielt forschungsstrategisch in erster Linie auf eine sozialisationstheoretische Weiterentwicklung von Piagets Theorieprogramm. Die Ausführungen zu Oevermanns Rekonstruktion der Theorien von N. Chomsky und J. Piaget sollten zeigen, daß sich Oevermanns Ansatz einer soziologischen Sozialisationstheorie als notwendiges Komplement zu entwicklungspsychologischen Entwicklungstheorien und nicht als deren soziologische Überwindung versteht.[58] Eine Perspektive, die neben Oevermanns sozialisationstheoretischen Schriften in den 70er Jahren insbesondere auch von Edelstein (1984; 1993) theoretisch begründet und vorangetrieben wird.

---

57 Vgl. hierzu auch Aufenanger 1992 und Brumlik/Sutter 1993.

58 Zwei Kritiken an Oevermanns metatheoretischer Begründung des Programms einer Theorie der Bildungsprozesse unter Bezugnahme auf Chomsky's Kompetenz-Performanz-Unterscheidung und das allgemeine Wissenschaftsparadigma des genetischen Strukturalismus, dessen Grundprinzipien insbesondere von Piaget (1968) ausgewiesen werden, verkennen diesen Ansatz meines Erachtens: Reichertz (1986) allzuoft ins Polemische abgleitende Kontrastierung des interaktionistischen und strukturalistischen Paradigmas, hier insbesondere die völlig verzerrende Darstellung der Verwendung des Strukturbegriffs im sozialisationstheoretischen Gegenstandsbereich und Geulens (1991, 43f.48) knappe, gleichwohl grundsätzliche Infragestellung von Oevermanns kategorialer Grundlegung der Sozialisationsforschung.

Beim gegenwärtigen Forschungsstand und mit Blick auf die Begründung eines Forschungsprogramms zur empirischen Rekonstruktion der sozialen Entwicklungsbedingungen individueller Bildungsprozesse lassen sich die unterschiedlichen Positionen innerhalb des genetischen Strukturalismus mit Oevermanns Grundlegung einer soziologischen Sozialisationstheorie meines Erachtens in drei Grundannahmen zusammenführen.[59]

(1) Nicht nur kommunikatives, sondern auch an materiellen Objekten orientiertes Handeln ist immer in soziale Interaktionen eingebunden. Die im Sinne der Theorie Piagets interessierende Konstruktionstätigkeit des Subjekts muß daher von Anfang an als im Prozeß interindividueller Ko-Konstruktion fundierte konzeptualisiert werden. Für die Rekonstruktion entwicklungsbedeutsamer Interaktionsprozesse folgt hieraus, daß die Bestimmung von deren entwicklungsstimulierender Funktion an der Struktur der interindividuellen Ko-Konstruktion von Welt anzusetzen hat.

(2) Prozesse der interindividuellen Ko-Konstruktion sind stets sprachlich bzw. symbolisch vermittelt. Bezüglich der Verhältnisbestimmung von Sprach- und Denkentwicklung ist dabei unstrittig, daß mit dem Erwerb der Grundqualifikationen des Sprechhandelns auch die Potenzen des kindlichen Denkens vervielfacht werden: Mit dem Erwerb eines Sprachsystems steht dem Kind eine kategoriale und hierarchisch gegliederte kognitive Struktur zur Verfügung, die ihrerseits jedoch die handlungspraktisch verfügbare Erfahrungsstrukturierung des Kindes noch bei weitem übersteigt. Dabei gilt es zweierlei zu beachten: Zum einen "(verschiebt sich) mit dem Aufbau begrifflicher Systeme und ihrer Versprachlichung in gewisser Weise der Gegenstand der Strukturkonstruktion. Es sind nun nicht mehr im selben Maße die Gegenstände, Personen und Ereignisse sowie ihre Eigenschaften als solche, die rekonstruiert werden. Vielmehr wird in zunehmendem Maße die kollektive Rekonstruktion der Wirklichkeit durch die soziokulturelle Umwelt zum ersten und wichtigsten Gegenstand" (Seiler 1991, 115). Zum anderen erklärt die entwicklungsstandspezifische Differenz zwischen 'latenten' Bedeutungsgehalten eigener (Sprech-)Handlungen und der bezogen darauf nur aus-

---

59 Vgl. zum folgenden auch die Forschungsübersichten in Seiler 1980; 1991 und Krewer/Eckensberger 1991.

schnittsweise realisierten mentalen Repräsentanz auf seiten des Aktors den Umstand, weshalb die sprachliche Koordination interindividueller Handlungsbeiträge immer auch als 'stellvertretende Deutung' der latenten Sinngehalte sozialer Abläufe zu konzeptualisieren ist. Die qua (fiktiver) Bedeutungsinterpretation und -zuschreibungen operierende 'stellvertretende Deutung' begründet dabei ihrerseits empirisch-konkrete Handlungsverläufe (und damit korrespondierende Erfahrungsmöglichkeiten), die die Sinninterpretationskapazität des Kindes noch übersteigen und so zum (entwicklungsstimulierenden) Gegenstand von dessen (Re-)Konstruktionstätigkeit werden können (vgl. Oevermann 1979a). Die entwicklungsstimulierende Funktion der stellvertretenden Deutung kann dabei konstitutionstheoretisch nicht auf die universalpragmatische Dimension des Sprechhandelns reduziert werden.[60]

(3) Unabhängig von der grundlagentheoretischen Kontroverse um die Verhältnissetzung von sprachlicher und kognitiver Entwicklung bzw. von Strukturen sozialer Interaktion/Kooperation und Logik legt dies eine Untersuchungsstrategie nahe, derzufolge die empirische Rekonstruktion der entwicklungsstimulierenden Funktion sozialer Interaktionsprozesse an den semantischen und pragmatischen Gehalten der interessierenden Handlungsbeiträge bzw. Interaktionsabläufe anzusetzen hat. Die bedeutungskonstituierenden Regeln des Sprechhandelns, über die ein Subjekt mit dem Spracherwerb auch handlungspraktisch verfügt, konstituieren in dieser Perspektive den Spielraum sozio-historisch möglicher Handlungsverläufe, auf dessen Hintergrund sich der empirisch-konkrete Prozeß der interindividuellen Ko-Konstruktion handlungsleitender kognitiver Konzepte rekonstruktiv abbilden und auf seine Entstehungsbedingungen hin analysieren läßt.

Eben dies leisten die objektiv-hermeneutischen Verfahrensprinzipien, die Oevermann im Rahmen einer 'hermeneutischen Kunstlehre' entwickelt und methodologisch mit Bezugnahme auf kompetenztheoretische Erklärungsansätze begründet (s.u. Teil II).

Die objektiv-hermeneutische Forschungsstrategie empfiehlt sich vor dem Hintergrund zweier, beim gegenwärtigen Forschungsstand kon-

---

60 Hierin konvergieren meines Erachtens Oevermanns und Döberts Argumentationen zur konstitutionstheoretischen Grundlegung sozialwissenschaftlicher Theoriebildung.

troverser bzw. noch ungeklärter Problemstellungen: erstens, die Funktion sozio-historisch variierender Praxis- und Kooperationsformen für die ontogenetische Entwicklung und zweitens, das Zusammenwirken dieser Interaktionsformen mit psychodynamischen Bedingungen der Performanz, wobei bereits die entwicklungspsychologische Verhältnissetzung von kognitiver und affektiv-motivationaler Entwicklung strittig ist.[61] Denn Piagets These eines kognitiv-affektiven Parallelismus, derzufolge die kognitiven und affektiven Aspekte des Verhaltens zwar nicht aufeinander rückführbar sind, sich jedoch komplementär zueinander verhalten, hat sich insbesondere mit Bezug auf die Frage nach dem Verhältnis von moralischer Urteilsfähigkeit und praktischem Handlungsvollzug[62] als problematisch erwiesen. Sozialisationstheoretisch interessiert hierbei insbesondere, wie die entwicklungspsychologisch strittigen Zusammenhänge zwischen kognitiver und affektiv-motivationaler Entwicklung ihrerseits mit typisierbaren Systemen

---

61 Zum Stand der Forschung und Theorieentwicklung vgl. Brumlik/Sutter 1993. Unterschiede in der Berücksichtigung und Gewichtung der affektiv-motivationalen Entwicklungsdimension zeigen sich insbesondere an der kontroversen Beurteilung der Entwicklungsbedeutsamkeit innerfamilialer Interaktionsprozesse. Vor dem Hintergrund der widerstreitenden Auszeichnung der ausdifferenzierten Interaktionssysteme Familie (Bertram, Döbert/Nunner-Winkler, Keller, Oevermann), Gleichaltrigengruppe (Piaget, Youniss, Krappmann) und Schule (Durkheim, Kohlberg) hinsichtlich ihrer allgemeinen Bedeutung für die Ausbildung praktischer Handlungspotentiale, insbesondere der Ausbildung einer autonomen Moral bzw. Identitätsformation, erweist sich die empirische Analyse historisch und sozialstrukturell möglicher Praxis- und Kooperationsformen und der ihnen korrespondierenden Interaktionsumwelten als ein vorrangiges Desiderat künftiger Forschung. Die Erklärung von Individuierungsprozessen im allgemeinen wie die der Entstehung individueller Differenzen bis hin zur Ausbildung von Psychopathologien erfordert dabei notwendig, nicht nur die allgemeinen Strukturen sozialisatorischer Interaktion in bezug auf die jeweiligen Interaktionssysteme, sondern auch die sozio-historische Spezifik der jeweiligen lebensweltlichen Realisierung material auszuweisen und die potentielle Entwicklungsbedeutsamkeit der empirisch variierenden Interaktionsprozesse unter kompetenz- wie performanztheoretischen Gesichtspunkten zu bestimmen.

62 Vgl. hierzu Döbert/Nunner-Winkler 1978; 1980; Keller 1980a; 1980b; Rest 1983; 1984; 1986; Selman 1980; 1984; Kohlberg/Candee 1984; Turiel/Smetana 1986; Edelstein 1986 und Nunner-Winkler 1989; 1992a; 1992b; 1993.

sozialisatorischer Interaktion bzw. den kontextuellen Bedingungen konkreter Handlungssituationen in Beziehung zu setzen sind.[63] Oevermann selbst ist diesen Fragestellungen insbesondere in seinen frühen sozialisationstheoretischen Schriften (1965-1973) nachgegangen. Deren zentrale Grundannahmen und die Frage, wie sich diese Theoriebeiträge in das umfassendere Programm einer Theorie der Bildungsprozesse des Subjekts integrieren lassen, wird im folgenden auszuweisen sein. Erinnert sei an dieser Stelle an die oben eingeführte Verhältnisbestimmung, derzufolge eine Theorie der sozialen Konstitution ontogenetischer Entwicklungsprozesse zugleich eine Theorie der Performanz ist und performanztheoretische Analysen der sozialen Bedingungen ontogenetischer Entwicklungsverläufe in genetischer Perspektive ihrerseits stets auch einen Beitrag zu einer Theorie der sozialen Konstitution darstellen.

3.4 Sozialstrukturelle   Entwicklungsbedingungen der Sprachverwendung und der sozialen Kognition

Die objektive Strukturiertheit der sozialisatorischen Interaktion, in die das sich bildende Subjekt handelnd eingebunden ist, stellt die konstitutionslogische Voraussetzung dafür dar, daß im unmittelbaren Handlungs- und Wahrnehmungsfeld des sich bildenden Subjekts immer auch Erfahrungsmaterial generiert wird, das seine allgemeine entwicklungsstandsspezifische Sinninterpretationskapazität übersteigt und gleichwohl für das sich bildende Subjekt als qua Handlungserfolg emergente Eigenschaft zumindest affektiv bedeutsam ist. Dieses 'Erfahrungsmaterial' konzeptualisiert Oevermann als 'latente Sinnstrukturen sozialisatorischer Interaktionen'. Diese stellen den *sozial konstitu-*

---

63   Vgl. hierzu Habermas 1968b; Bernstein 1972; Oevermann 1972a; 1972b; Oevermann/ Krappmann/Kreppner 1973; Keller 1982 und Edelstein 1986.

ierten Bildungsgegenstand von Prozessen der reflektierenden Abstraktion dar, in deren Modus sich die Bildung des Subjekts als *selbsttätige Konstruktionsleistung* vollzieht.

Auf die im Gegenstandsbereich der Sozialwissenschaften dabei zu berücksichtigende analytische Differenzierung und konstitutionslogische Verwiesenheit von Universalität und Historizität, Allgemeinem und Besonderem wurde bereits mehrfach hingewiesen: Universale Strukturierungsgesetzlichkeiten menschlicher Praxis treten empirisch nie in reiner Form auf, sondern immer nur in der Konkretion historischer Formationen, die sie generiert haben bzw. für deren Bildung sie konstitutiv waren (vgl. 1983a, 271ff; 1986, 33f u.a.). Neben analytisch unterscheidbaren universellen Strukturen der Intersubjektivität und Sozialität objektivieren sich in der konkreten Handlungspraxis somit immer auch gesellschaftshistorische Veränderungen sowie lebenswelt-, milieu- und gruppen- bzw. familienspezifische Variationen. Vermittelt durch die Sequentialität von sozialen Abläufen objektivieren sich diese in der (sequentiell ausweisbaren) Auswahl aus objektiv realisierbaren Handlungsmöglichkeiten, die im Rahmen einer allgemeinen Theorie des Handelns bestimmbar sind. Entsprechend formuliert Oevermann die Aufgabenstellung einer soziologischen Sozialisationstheorie korrespondierend zur theorieprogrammatischen Forderung, das Problem der individuellen Differenzierung auf der Folie der Genese universeller Bewußtseinsstrukturen zu untersuchen: "Als Strukturtheorie (hätte sie ...; die soziologische Sozialisationstheorie; H.S.) die allgemeinen Strukturen sozialisatorischer Interaktion und die lebensweltspezifische Typik ihrer fallweisen Geschichte zu rekonstruieren" (1979a, 146; vgl. 1976b, 373).

Die objektive Struktur praktischen Handelns als potentiell bildungswirksamer Gegenstand der Rekonstruktionstätigkeit des sich bildenden Subjekts ist daher nicht als eine (vom sich bildenden Subjekt!) theoretisch abstrahierbare Struktur der Intersubjektivität und Reziprozität vorzustellen, sondern als sozio-historisch konkrete Strukturiertheit der Handlungspraxis, in die das sich bildende Subjekt selbst handelnd eingebunden ist. Gegenstand von Prozessen reflektierender Abstraktion sind somit zum einen immer auch historisch-gesellschaftlich gebundene Normen, Regel- und Wissenssysteme. Zum anderen reproduzieren sich in der Sequentialität sozialer Abläufe auch fallspezifische Formen der Sozialbeziehung, die auf die Geschichte des Interaktionssystems und ggf. auch auf dessen lebensweltliche bzw. institutionelle Einbettung rückführbar sind.[64]

Als Konstitutionsbedingungen von Handlungspraxen kommt den historisch-gesellschaftlich gebundenen Normen, Regel- und Wissenssystemen sowie den konkret realisierten Sozialbeziehungen eine potentielle Bildungswirksamkeit zu, die über die je konkreten Strukturierungen praktischen Handelns und deren Versprachlichung vermittelt
wird.[65] In seinen Beiträgen zu einer Theorie der sozialen Strategien
des Symbolgebrauchs (3.4.1) und zu einer Theorie der Struktur sozialer Deutungsmuster (3.4.2) begründet Oevermann seine diesbezüglich
interessierenden Erklärungsstrategien. Diese weisen zugleich die systematischen Verknüpfungspunkte seines Ansatzes einer soziologischen Sozialisationstheorie zu gesellschaftstheoretischen Ansätzen
aus.

3.4.1 Soziale Strategien des Symbolgebrauchs

Im Sinne der in Kapitel 2 ausgewiesenen Theoriearchitektonik verweist eine sozio-historisch konkrete Handlungsstrukturierung genetisch immer auch auf performanzbestimmende Faktoren, die Oevermann vorläufig als sozial vermittelte Strategien des Handelns faßt.
Diese Strategien "(... bestimmen darüber), wie angesichts eines
Handlungsproblems (oder Ausdrucksproblems) innerhalb einer
Handlungssituation (oder Sprechsituation) von den Möglichkeiten der

---

64 Vgl. hierzu auch den Nachweis von Döbert/Nunner-Winkler (1982), daß formale
    Rollenübernahme und Perspektivenkoordination keine hinreichende Bedingung
    für interpersonelles Verstehen darstellen und auch die Erklärungen von Strukturtransformationen, sei es in der Dimension der Ich-Entwicklung nach Loevinger oder der sozialen Kognition nach Selman, nicht ohne Rekurs auf materiale
    (Krisen-)Erfahrungen auskommen. In einer immanenten Kritik der genannten
    Theorieansätze werden Momente materialer Rollenübernahme als konstitutive
    und integrale Bestandteile strukturgenetischer Entwicklungstheorien ausgewiesen.

65 Zur objektiv-hermeneutischen Rekonstruktion dieser Zusammenhänge vgl. vorläufig Sutter 1993 und Brumlik/Sutter 1996.

Kompetenz Gebrauch gemacht wird" (1973b, 43; vgl. 1973b, 42-56 und 1976a, 39).

Im Anschluß an vorliegende Forschungsansätze unterscheidet Oevermann in seinen Arbeiten zur sozialisatorischen Wirkung innerfamilialer Interaktionen exemplarisch drei Klassen von positiv die Performanz bestimmenden Faktoren: (1) *soziale Strategien des Symbolgebrauchs* (vgl. 1973a; 1973b, 46-51 und 1976a, 45); (2) *kognitive Stile* (vgl. 1973b, 52ff und 1976a, 39.47) und (3) *psychodynamisch bedingte Strategien der Problem- und Konfliktlösung* (vgl. 1973b, 54f und 1976a, 39.47).[66] Neben den genannten performanzbestimmenden Faktoren sind die jeweils objektiven Anforderungen der sozialen Handlungssituation als weitere Bedingungen der Kompetenzrealisierung zu berücksichtigen.

Oevermanns sozialisationstheoretischen Grundannahmen zufolge ist den drei Typen von performanzbestimmenden Faktoren gemeinsam, daß sie psycho- und soziogenetisch von den lebensgeschichtlich bedeutsamen Strukturen sozialisatorischer Interaktion abhängen, insbesondere von der je konkreten Struktur innerfamilialer Interaktion:

"Wir gehen davon aus, daß Strategien der Planung im Symbolgebrauch, kognitive Stile und Abwehrmechanismen systematisch den eingeschliffenen Kommunikationsformen und darin zum Ausdruck kommenden Problemlösungs- und Konfliktbewältigungsstrategien sowie der spezifischen Rolle korrespondieren, die ein Kind darin zu übernehmen aus Gründen des psycho-sozialen Gleichgewichts und der 'Systemlogik' der Familie gezwungen ist und motiviert wird, daß das Kind diese Kommunikationsformen und Strategien aus der Perspektive seiner spezifischen Funktion darin als kognitive Stile und Abwehrmechanismen verinnerlicht" (1973b, 55; vgl. 1968b und 1972b).

Oevermann selbst hat die Folgen performanzbestimmender Strategien des Handelns für die Bildungsprozesse des Subjekts insbesondere für die sozialen Strategien des Symbolgebrauchs ausgewiesen, die empirisch schichtenspezifisch variieren.[67] In seinen frühen Schriften zur Sozialisationsforschung orientiert er sich hierzu an Basil Bernsteins

---

66 Zu den Performanz bestimmenden Faktoren vgl. auch Döbert/Nunner-Winkler 1978; 1980 und Keller 1980a; 1980b; 1982.

67 Vgl. zum folgenden 1968a; 1968b; 1972a; 1972b; 1973a; 1973b, 42-51; 1974b und 1976a, 38f. Die empirischen Befunde und alternative theoretische Erklärungsansätze diskutiert Oevermann insbesondere in 1968a; 1972a, Kapitel 1 und 1974b.

sprachsoziologischen Ansatz einer Theorie linguistischer Kodes (vgl. Bernstein 1972).

Sprache als Medium sozialer Kooperation und hierbei insbesondere die sozialen Strategien des Symbolgebrauchs interessieren soziologisch insbesondere unter zwei Gesichtspunkten (vgl. 1972a, Kapitel 1): Im Horizont einer Theorie der sozialen Schichtung verspricht die Analyse schichtenspezifischer Sprachmilieus Einsichten in die Mechanismen der gesellschaftlichen Reproduktion durch das Bildungs- und kulturelle System. Im Kontext einer Theorie der Sozialisation interessieren empirisch variierende Formen des Sprachgebrauchs und deren sozialisatorischen Bedingungen hinsichtlich ihrer Konsequenzen für die kognitive Entwicklung und die Persönlichkeitsentwicklung. Sprache erscheint in dieser Perspektive somit als zentraler Vermittlungsmechanismus zwischen Sozialstruktur und Persönlichkeitsstruktur.

Oevermanns frühen Schriften liegt damit auch die zentrale Fragestellung der traditionellen schichtenspezifischen Sozialisationsforschung zugrunde: die Entschlüsselung jener sozialstrukturellen Bedingungen, die ungleiche Entwicklungs- und Bildungschancen begründen und – vermittelt über den Schul- und Berufserfolg – zur Reproduktion gesellschaftlicher Ungleichheitsstrukturen beitragen. Seine theoretische Rekonstruktion des Zusammenhangs von Sozialstruktur, familialer Sozialisation und individuellen Bildungsprozessen verweist jedoch über das sogenannte Zirkelmodell der traditionellen schichtenspezifischen Sozialisationsforschung hinaus.[68]

---

68   Mit Geulen (1991, 39f) ist zu berücksichtigen, daß bereits Bernsteins Ansatz reduktionistische Modellvorstellungen der sogenannten schichtenspezifischen Sozialisationsforschung in den späten 60er Jahren *überwindet* und nicht mit diesen ineins gesetzt werden kann. Dies gilt erst recht für dessen Rekonstruktion und Weiterentwicklung durch Oevermann (1972a, Kapitel 3), die in nuce die Grundzüge einer kompetenztheoretisch fundierten, pragmatischen Kommunikationstheorie ausweist. Mit der darin vollzogenen Verknüpfung der Theorie linguistischer Kodes mit einer revidierten Rollentheorie einerseits und der systematischen Berücksichtigung der von Chomsky eingeführten Kompetenz-Performanz-Unterscheidung hinsichtlich der Sprachverwendung andererseits gelingt es Oevermann, den im Modus der stellvertretenden Deutung des praktischen Handelns eines Kindes sich vollziehenden Prozeß der sozialstrukturellen Vermittlung von Entwicklungs- und Bildungschancen kategorial differenzierter zu erfassen, als es in der traditionellen schichtenspezifischen Sozialisationsfor-

Individuelle Unterschiede im Sprachverhalten werden im Anschluß an Bernsteins Theorie linguistischer Kodes nicht auf psychologisch zu beschreibende Fähigkeitsdifferenzen rückgeführt, sondern aus dem funktionalen Zusammenhang des individuellen Sprachgebrauchs mit der 'inneren Logik' der sozio-kulturellen Lebenswelt im Herkunftsmilieu heraus erklärt. Als komplexe situationsübergreifende Strategien stellen soziale Strategien des Symbolgebrauchs Generalisierungen jener situativen Sprechweisen dar, die für solche Interaktionssituationen typisch sind, die das jeweilige Sozialisationsmilieu prägen.

"Unter 'Strategien des Symbolgebrauchs' wird ein sehr abstraktes theoretisches Konstrukt verstanden, das ein soziales, außerlinguistisches Regelsystem bezeichnet, über das die Produktion manifester sprachlicher Ausdrücke gesteuert wird. Diese sozialen Strategien 'haften' an sozial typisierten Handlungsstrategien und Strukturelementen von Sozialbeziehungen bzw. sozialen Rollen. *Schichtzugehörigkeit eines Sprechers stellt eine der vielen möglichen,* allerdings zentralen, dabei aber sehr groben Operationalisierungen der den Strategien des Symbolgebrauchs zugrundeliegenden Strukturbedingungen dar" (1973a, 60). "Die 'sozialen Strategien des Symbolgebrauchs', die die Relation von Bedingungen der Handlungssituation und manifester Symbolform der Kommunikation bestimmen, werden interpretiert als kollektive, sozial eingeschliffene Strategien zur Lösung von subkulturell typischen Kommunikationsproblemen, wie sie aus den Problemkontexten des subkulturell spezifischen Handelns vor allem in der Arbeitswelt, aber auch in den spezifischen Lebensbedingungen der Nachbarschaft und Familie resultieren" (1973b, 46f; vgl. 1968a, 301 und 1974b, 543).

Soziale Strategien des Symbolgebrauchs bestimmen damit, welche Möglichkeiten der Gestaltung einer sozialen Kommunikation unter verschiedenen Bedingungen genutzt werden. In Relation zu den jeweils zu bewältigenden Handlungsproblemen und den (mehr oder weniger) latenten Bedeutungen des Handlungskontextes kann die Wahl der Strategie des Symbolgebrauchs dabei durchaus folgenreiche Restriktionen des Kommunikationsprozesses und damit auch für die

---

schung seinerzeit der Fall war. Dies gilt insbesondere für deren Versäumnis, die Analyse des Familiensystems als zentraler Vermittlungsebene zwischen sozialer Lage und Milieu einerseits und kindlicher Entwicklung andererseits theoretisch angemessen zu konzeptualisieren und empirische Forschungsstrategien hieraus abzuleiten (vgl. Oevermann 1968b; 1972b und Oevermann u.a. 1976d).
Zur Darstellung, Literatur und Kritik der traditionellen schichtenspezifischen Sozialisationsforschung und zu der hier vertretenen theoriegeschichtlichen Einordnung der frühen Arbeiten Oevermanns vgl. auch die Übersichtsartikel von Steinkamp (1980; 1991). Zur Theorie der sozialen Schichtung vgl. Lepsius' (1990) Arbeiten in den frühen sechziger Jahren, auf die auch Oevermann selbst verweist.

jeweils problemangemessene Handlungsstrukturierung bewirken. Der bildungstheoretisch besonders interessierende Aspekt dabei ist, daß der Explikationsgrad bzw. die sprachlich vermittelte Repräsentierbarkeit von Aspekten des Handlungskontextes indiziert, ob sich die in spezifischen Handlungsstrategien motivierten Restriktionen dauerhaft, gleichsam hinter dem Rücken des Einzelnen und abgelöst von dessen Intention durchsetzen können.

Das Ausmaß der Verbalisierung von latenten Bedeutungen des Handlungskontextes gilt zugleich als wichtigste Dimension zur Unterscheidung von Strategien des Symbolgebrauchs. Bernsteins Konzept des 'restringierten Kodes' wird von Oevermann auf abstrakterer Stufe als *Strategie der minimalen Verbalisierung* und der 'elaborierte Kode' als *Strategie einer mehr kontextunabhängigen, autonomen Verbalisierung* reinterpretiert. Als typisierte Strategien des Symbolgebrauchs stellen sie die beiden extremen Bezugspunkte eines Kontinuums dar.

Die potentiellen Folgen der konkret aktualisierten Strategien für die jeweils problemangemessene Handlungsstrukturierung lassen sich dann wie folgt zusammenfassen:

"In der Minimalstrategie der Verbalisierung werden nur diejenigen Aspekte des Handlungskontextes (Zwecke, Motive, Begründungen, Deutungen, Kategorisierungen) versprachlicht, deren Bedeutung auch im Horizont sozial eingeschliffener, als selbstverständlich geltender Interpretation der Handlungssituation noch nicht geklärt ist (eine darüber hinaus gehende Verbalisierung würde als redundant gelten), während in der Strategie der autonomen Verbalisierung auch diejenigen Aspekte der Handlungssituation auf die Ebene der Versprachlichung gehoben werden, die im Horizont eingeschliffener Interpretationsmuster vermeintlich als geklärt gelten können. Entscheidend ist nun für diese Konzeption, daß Sprache als das Medium angesehen wird, das für die Herstellung von Intersubjektivität der Kommunikation konstitutiv ist. In Verbindung mit dieser metatheoretischen Annahme gilt für die Strategie der minimalen Verbalisierung, daß die Problematisierung eingeschliffener sozialer Interpretationen und Typisierungen wenig wahrscheinlich ist, daß in objektiv problematischen Interaktionssituationen eher eine Tendenz zur Konvergenz der Interpretation mit eingeschliffenen Standards als zur kommunikativ vermittelten Problematisierung und Veränderung besteht. Dagegen gilt für die Strategie der autonomen Verbalisierung, daß die Versprachlichung auch vermeintlicher Selbstverständlichkeiten die Tendenz in sich birgt, eher 'überflüssige' Versprachlichung zu leisten, als 'Chancen der Problematisierung' auszulassen, also Überkapazität für Problematisierungen und damit für Erkenntnis- und Reflexionsfortschritt darstellt. Ob diese objektive Überkapazität, die zunächst nur potentiell über Sprache als Medium vorliegt, kognitiv von den beteiligten Handlungssubjekten tatsächlich genutzt wird, ist dann eine Frage, die zunächst außerhalb dieses theoretischen Paradigmas liegt. Zwischen diesen beiden extremen Bezugspunkten von Strategien des Symbolgebrauchs lassen sich Abstufungen unterschiedlichen Feinheitsgrades angeben. Wiederum ist wichtig, daß sowohl konkrete Handlungssituationen (identischer Handlungssubjekte) als auch Handlungssubjekte (innerhalb identischer Handlungssituationen) zwischen diesen beiden Bezugspunkten variieren können" (1973a, 62f).

Die für das Sozialisationsmilieu jeweils prägenden Formen des Symbolgebrauchs gelten in dieser Perspektive sowohl für den Verlauf kognitiver Entwicklungsprozesse als auch für die Identitätsentwicklung als konkret bildungswirksame Faktoren. Sofern sie eine sukzessiv autonome und eigene Problemdeutungen und Selbstverständnisse problematisierende Exploration der Umwelt systematisch beschränken, restringieren sie den (entwicklungsstandsspezifisch bzw. gesellschaftshistorisch) konkret möglichen *Grad der Organisation und Abstraktion von Kategorien der Weltinterpretation* und auch den *Grad der Ausbildung einer personalen Identität und des Entwurfes von Einzigartigkeit,* die nur durch die Erfahrung eines in sozial wechselnden Rollen und Situationen kohärent und konsistent handelnden Ichs verbürgt ist.[69]

Die entwicklungspsychologischen Folgen sozialstrukturell vermittelter Strategien des Symbolgebrauchs lassen sich innerhalb des Paradigmas eines interaktiven Konstruktivismus schlüssig interpretieren, ohne die Einsicht in die Konstruktionstätigkeit des sich bildenden Subjekts preisgeben zu müssen. Wenn das praktische Handeln des sich bildenden Subjekts als Gegenstand von dessen (Re-)Konstruktionstätigkeit anzusehen ist, und eine potentiell entwicklungsstimulierende Handlungsstrukturierung im Prozeß der interindividuellen Ko-Konstruktion von Selbst und Welt konstituiert wird, und dieser Prozeß über den Handlungsablauf und -erfolg und damit die korrespondierenden Erfahrungsmöglichkeiten entscheidet, dann kommt all jenen Strukturierungsprinzipien sozialer Praxis eine potentiell entwicklungskonstituierende bzw. -restringierende Funktion zu, die soziale Abläufe im unmittelbaren Handlungs- und Wahrnehmungsfeld eines sich bildenden

---

69 Zu der in dem letztgenannten Punkt vorausgesetzten Kritik an der konventionellen Rollentheorie, in deren Folge die Frage nach den Bedingungen der Sicherung personaler Identität und der Eröffnung von Individuierungsprozessen zur zentralen Frage der Rollentheorie avancierte, vgl. neben Oevermann 1972a, Kapitel 3.1.11 auch Habermas 1968b; Krappmann 1969; 1971 und Joas 1980b; 1991.

Subjekts (retrospektiv) determinieren. Der universalistische Erklärungsanspruch von Piagets kognitiver Entwicklungspsychologie hinsichtlich der Ontogenese 'kognitiver Kompetenzen' wird damit nicht in relativistischer Perspektive in Frage gestellt, sondern hinsichtlich der sozialen und gesellschaftlichen Entwicklungsbedingungen der handlungspraktischen Realisierung epistemischer Strukturen ausdifferenziert (vgl. Edelstein 1984).

Oevermanns Theorie der sozialen Strategien des Symbolgebrauchs liefert in dieser Perspektive *einen* objekttheoretischen Beitrag zur Rekonstruktion sozialstrukturell vermittelter Entwicklungs- und Bildungschancen. Deren Vorzug ist gerade darin zu sehen, daß sie in Weiterentwicklung von Bernsteins Theorie linguistischer Kodes kompetenz- und performanztheoretische Erklärungsansätze integriert. In seinen frühen Schriften im Zusammenhang mit seiner Dissertation 'Sprache und soziale Herkunft' konzentriert sich Oevermann thematisch zunächst vorrangig auf sprachtheoretische Erklärungsansätze (vgl. zusammenfassend 1973a). Aber auch diese Arbeiten verweisen im Ansatz bereits auf den Versuch einer Integration der kognitiven Entwicklungspsychologie in der Tradition Piagets, der Freudschen Psychoanalyse und einer in Mead's Theorie fundierten soziologischen Sozialisationstheorie (vgl. 1968a; 1968b und 1972b). Ein Ansatz, der in Oevermanns Vorarbeiten zu einer Theorie der Bildungsprozesse konsequent im Rahmen einer systematischen Rekonstruktion und Integration dieser klassischen Erklärungsansätze fortgeführt wird. Kennzeichnend für Oevermanns Theorie- und Forschungsprogramm ist dabei, daß er die Errungenschaften der modernen Sprachtheorie in der Tradition Chomskys und Searles nicht nur objekttheoretisch zu integrieren versucht, sondern auch methodologisch berücksichtigt: in der Begründung einer für die Belange *soziologischer Analyse* notwendigen, strukturalistischen hermeneutisch-rekonstruktiven Methodologie. Während die sozialisationstheoretischen Aspekte seines Theorie- und Forschungsprogramms im Mittelpunkt seiner Arbeiten in den siebziger Jahren stehen, rücken die methodologischen Problemstellungen soziologischer (bzw. sozialwissenschaftlicher) Analysen in den achtziger und neunziger Jahren ins Zentrum seiner publizierten Schriften.

Daß Oevermanns frühe Schriften sich problemlos in das umfassendere Theorie- und Forschungsprogramm einer Theorie der Bildungsprozesse und deren Grundlegung im Paradigma des interaktiven Konstruktivismus integrieren lassen, zeigt meines Erachtens nicht nur, daß die berechtigte Kritik an den Modellannahmen der traditionellen schichtenspezifischen Sozialisationsforschung sich nicht auch auf Oevermanns Theorie der sozialen Strategien des Symbolgebrauchs übertragen läßt. Darüber hinaus erweisen sich Hinweise auf einen vermeintlichen werkgeschichtlichen Bruch im Zusammenhang der Entwicklung hermeneutischer Verfahrensprinzipien und die Annahme eines gesellschaftstheoretischen Defizits in den späteren Arbeiten Oevermanns als Spekulationen, die meines Erachtens an Oevermanns Grundlegung seines Theorie- und Forschungsprogramms vorbeizielen. Dies gilt es im folgenden zunächst mit Blick auf die Integration der frühen Schriften in den werkgeschichtlichen Zusammenhang der Schriften Oevermanns zu verdeutlichen.

Oevermann hat in seinen frühen Schriften stets auf die theoretischen und empirischen Unzulänglichkeiten der traditionellen schichtenspezifischen Sozialisationsforschung hingewiesen. Seine Beiträge können von daher auch als Versuch gelesen werden, diese Defizite abzuarbeiten, ohne den Anspruch einer soziologischen Differenzierung dieses Forschungsansatzes preiszugeben (vgl. 1968b; 1972b und 1976d). Sein Bemühen zielt dabei darauf hin, 'soziale Herkunft' als sozialstrukturelle und soziokulturelle Kontextuierungsvariable individueller Bildungsprozesse nicht ob der theoretischen und methodologischen Unzulänglichkeiten der traditionellen Forschungsansätze aus dem Auge zu verlieren. Die bis heute nach wie vor aktuelle, wenn auch nach wie vor programmatische Zielsetzung, "die Transformation objektiver gesellschaftlicher Bedingungen in für den Bildungsprozeß relevante kulturelle Bedeutungssysteme und die Transformation der Struktur von Sozialbeziehungen außerhalb der Familie in die innerfamiliale Rollenstruktur, die für die Sozialisationserfahrungen des Kindes unmittelbar relevant ist, systematisch zu verstehen" (1972b, 68; vgl. Steinkamp 1991), motivierte die Fortschreibung des in der Kritik an Bernstein entwickelten Ansatzes einer pragmatischen Kommunikationstheorie[70] und den Versuch seiner Grundlegung der soziologischen

---

70 In soziologischer Hinsicht ist dabei die systematische Verknüpfung der Theorie linguistischer Kodes von Bernstein mit einer revidierten Rollentheorie, die Oevermanns Theorie der sozialen Strategien des Symbolgebrauchs zugrundeliegt, von besonderem Interesse; vgl. 1972a, Kapitel 3.

Theoriebildung und Methodologie im Bezugsrahmen einer Rekonstruktion der 'klassischen' Ansätze von N. Chomsky, J. Piaget, S. Freud und G.H. Mead.

In den Jahren 1973-1980 versucht Oevermann die genannten 'klassischen' Ansätze "in einem soziologischen Komplement der psychologischen Entwicklungstheorien (zu integrieren), das vorläufig als *Theorie der sozialen Konstitution des Subjekts in der Struktur der sozialisatorischen Interaktion* bezeichnet werden kann" (1976a, 34). Kognitive und sprachliche Entwicklungstheorien sowie die Psychoanalyse und psychologische Motivationstheorien auf der einen und der von Oevermann ausgewiesene Ansatz einer soziologischen Sozialisationstheorie auf der anderen Seite lassen sich in dieser Perspektive in einem metatheoretischen Entwurf zusammenführen, den Oevermann als Theorie der Bildungsprozesse bezeichnet.[71]

Die These einer sozialen Konstitution ontogenetischer Entwicklungsprozesse verweist dabei notwendig auf die systematischen Verknüpfungspunkte einer Theorie der Bildungsprozesse mit gesellschaftstheoretischen Ansätzen. Oevermann ordnet daher dem Programm einer Theorie der Bildungsprozesse zwei weitere theorieprogrammatische Foci zu, die als eigenständige Ansätze mit je eigenen Kategorien der Konstitution des Objektbereichs vorgestellt werden. Er bezeichnet diese beiden Theorieprogramme vorläufig als:

"a) 'Theorien der historisch-kulturellen Determination und Transmission von Sinnzusammenhängen und Symbolsystemen, speziell von Wissenssystemen, Deutungsmustern und Weltbildern', und als b) 'Makrotheorien der Strukturen und Funktionen der gesellschaftlichen Organisation von Bildungsprozessen'" (1976a, 51; vgl. ebd., 49-52; 1974a, 26).

In diesem Zusammenhang reformuliert Oevermann auch das theoretische Anliegen seiner frühen Schriften und ordnet diese damit selbst in den umfassenderen Zusammenhang einer Theorie der Bildungsprozesse ein. Zur theoretischen und empirischen Rekonstruktion der sozialisatorischen Wirkung innerfamilialer Sozialisationsmilieus und

---

71   In seinen metatheoretischen Vorarbeiten verwendet Oevermann den Begriff 'Theorie der Bildungsprozesse' durchgängig im eingeschränkten Sinne einer Theorie individueller Bildungsprozesse bzw. von Bildungsprozessen des Subjekts.

deren Determinanten führt er in seinen 'Programmatischen Überlegungen zu einer Theorie der Bildungsprozesse ...' (1976a) aus:

"Eine strategische Konzentration und ein höherer theoretischer Strukturierungsgrad in diesem Problemkreis ließen sich dann erreichen, wenn das Anregungspotential des gesellschaftlichen Sozialisationsumfeldes unter dem Gesichtspunkt der Rekonstruktion subkulturell spezifischer soziokultureller Lebenswelten und ihrer je eigenen 'Sinnstruktur' auf der Folie der sozialstrukturellen Konstellation objektiver Lebenslagen untersucht würde. In dieser Hinsicht wäre allein schon der dringend benötigte Versuch, subkulturelle Milieus sowohl auf der Ebene von strukturtheoretisch zu analysierenden 'Klassenlagen' als auch auf der Ebene von soziokulturellen Lebenswelten und Strukturen von Deutungsmustern als je spezifische Konfiguration auszugrenzen ein bedeutsamer Forschungsfortschritt. Daran könnte sich nämlich die Bemühung anschließen, die objektive gesellschaftlich vermittelte Motivierung von subkulturell spezifischen innerfamilialen Sozialisationseinflüssen in ihrem komplexen Sinnzusammenhang zu rekonstruieren" (1976a, 50f).

Diese Argumentation, so Oevermann, gilt im übrigen nicht nur im Hinblick auf innerfamiliale Bildungsprozesse, sondern auch für institutionalisierte Bildungsprozesse.

In dieser Ausdifferenzierung dessen, was sozialisationstheoretisch mit Blick auf die theoretische und empirische Rekonstruktion sozialstrukturell vermittelter Entwicklungs- und Bildungschancen von besonderem Interesse ist, werden bereits die Ergebnisse einer empirischen Voruntersuchung im Rahmen des Projektes 'Elternhaus und Schule' reflektiert (vgl. Oevermann u.a. 1976d).[72] In dieser Untersuchung, deren Ergebnisse hier nicht im einzelnen vorgestellt werden sollen, konnte – wie auch andernorts – gezeigt werden, daß die traditionelle Messung der Schichtzugehörigkeit nicht in die Lage versetzt, die reale

---

72 Oevermann u.a. (1976d, 170f) verweisen dabei selbst auf die Schwierigkeiten einer empirisch-deskriptiven Einlösung der zitierten theoretischen Position. In dem Projekt 'Elternhaus und Schule' (1968b), zu dem nur Arbeiten zu Teilaspekten der Gesamtuntersuchung veröffentlicht wurden, versuchen Oevermann, Krappmann und Kreppner dieses Anliegen durch die Anwendung zweier sich ergänzender Strategien quantitativer und qualitativer Sozialforschung umzusetzen: (1) die Entwicklung von Meßverfahren zur differenzierten Erfassung relevanter Indikatoren auf den verschiedenen Stufen der Aggregierung und Vermittlung, wobei die komplexen Zusammenhänge zwischen diesen Faktoren und deren Einfluß schließlich in einem integrierten Ansatz mittels statistischer multivariater Verfahren eingeschätzt werden sollten, und 2) die Strategie einer qualitativ-hermeneutischen Rekonstruktion des innerfamilialen Interaktionssystems. Zur forschungspraktischen Umsetzung dieser Strategien vgl. 1976d (1. Strategie) und 1976b; 1979b (2. Strategie).

komplexe Struktur subkulturell spezifischer Sozialisationsprozesse zu erfassen. Gleichwohl belegen die Datenanalysen und deren Interpretation durch Oevermann u.a. (vgl. 1976d, 179-194) die Notwendigkeit, daß die sozialisatorische Funktion innerfamilialer Sozialisationsmilieus nicht nur in psychologischer und sozialpsychologischer Hinsicht, sondern auch in Begriffen einer soziologischen Differenzierung ihrer makrostrukturellen Kontextuierung zu erklären ist.

"... Die Folgerung, unzureichende Analysen der Schichtzugehörigkeit durch die Identifikation der den Sozialisationsprozeß kausal direkter beeinflussenden Bedingungsvariablen auf der Mikroebene zu ersetzen und die Zusammenhänge mit der sozialen Herkunft als gobalem Bedingungsfaktor in eine Reihe von Mikrobedingungen des Sozialisationsprozesses aufzulösen, die einen statistisch stärkeren Zusammenhang mit Persönlichkeitsmerkmalen des Kindes aufweisen, (führt) zu einer Verkürzung, wenn nicht gleichzeitig das, was vereinfachend mit schichtenspezifischer Sozialisation gemeint ist, als makrostrukturell induzierter Kontext von Mikroprozessen rekonstruiert wird. In dieser Sicht bleibt die Schichtzugehörigkeit eine entscheidende Ebene der Kontextuierung von psychischen und sozio-psychischen Prozessen. Diese makrostrukturelle Kontextuierung muß auf der Ebene der objektiven Bedingungen, wie sie sich vor allem über die Stellung der Eltern im Produktionsprozeß vermitteln, und auf der Ebene der sozio-kulturelle Lebenswelten konstituierenden Deutungsmuster vorgenommen werden. Auf beiden Ebenen sollten Strukturmerkmale nicht als statische Bedingungsvariablen behandelt werden, sondern auf der Folie allgemeiner gesellschaftlich-historischer Entwicklungstendenzen interpretiert werden (LEPSIUS 1974). In einem solchem Ansatz müßten Familien als primäre sozialisatorische Interaktionssysteme letztlich als 'Agenten' solcher Entwicklungstendenzen untersucht werden" (1976d, 195).

Oevermann u.a. beschließen ihre empirische Voruntersuchung mit der Auflistung von vier langfristig abzuarbeitenden Zielsetzungen der hiermit geforderten Ausdifferenzierung der soziologischen Sozialisationsforschung:

"- Eine auch mit hermeneutischen Verfahren der Sinnauslegung arbeitende Rekonstruktion subkulturspezifischer Lebenswelten, damit die Motivierung schichten- bzw. subkulturspezifischer Sozialisationsprozesse zur Explikation gebracht werden kann.

- Eine strukturtheoretisch angeleitete und deskriptiv auch jene Milieubedingungen, die von Individuen nicht abgefragt werden können, berücksichtigende stärkere Einbettung der innerfamilialen Sozialisationsmilieus in die 'Sozialökologie'. ...

- Die Entwicklung einer interaktions- und kommunikationstheoretisch fundierten, spezifisch soziologischen Sozialisationstheorie, in der die spezifische Struktur der sozialisatorischen Interaktion als supra-individueller Erfahrungsgegenstand konstituiert wird, und in deren Begriffen es möglich sein sollte, die subkulturell typischen Muster innerfamilialer Interaktion zu analysieren (mit Verweis auf Oevermann u.a. 1976b; H.S.).

- Eine stärkere Berücksichtigung der historischen Genesis von subkulturspezifischen Deutungsmustern und Wissenssystemen ... und der Versuch, Veränderungen in der innerfamilialen Erziehungspraxis sowie subkulturelle Differenzierungen in den Kontext allgemeiner gesellschaftlich-historischer Entwicklungstrends zu rücken" (1976d, 195).

In werkgeschichtlicher Perspektive dokumentieren drei dieser vier Punkte zugleich die Motivierung von Oevermanns Arbeiten zu einer Methodologie der objektiven Hermeneutik (Punkt 1), zu der Theorie der sozialen Konstitution des Subjekts in der Struktur der sozialisatorischen Interaktion (Punkt 3) und zur Theorie der Struktur sozialer Deutungsmuster (Punkt 4). Während in Oevermanns Theorie der sozialen Konstitution des Subjekts in der Struktur der sozialisatorischen Interaktion insbesondere die systematischen Verknüpfungspunkte der soziologischen Sozialisationstheorie zur kognitiven und psychoanalytischen Entwicklungspsychologie ausgearbeitet werden, stehen die Verknüpfungspunkte der Sozialisationstheorie zu gesellschaftstheoretischen Ansätzen im Mittelpunkt des Interesses an einer Theorie der sozialen Struktur sozialer Deutungsmuster, deren Grundzüge im folgenden ausgewiesen werden.

3.4.2 Soziale Deutungsmuster

In der programmatischen Schrift 'Zur Analyse der Struktur von sozialen Deutungsmustern' (1973c)[73] werden soziale Deutungsmuster als soziale Tatsachen sui generis eingeführt und von den komplexen individuellen Einstellungsmustern, die ein Subjekt in seinem Bildungsprozeß erwirbt, kategorial unterschieden. Soziale Deutungsmuster sind konstitutiv für die Genese individueller Einstellungsmuster, die als Konkretionen der sozialen Deutungsmuster bzw. als deren Derivate angesehen werden. Allgemein sind soziale Deutungsmuster als Ensemble von sozial kommunizierbaren Interpretationen der physikalischen und sozialen Umwelt bzw. als intersubjektiv kommunizierbare und verbindliche Regeln der Deutung von Sachverhalten zu verstehen. Funktional beziehen sich soziale Deutungsmuster immer auf objektive

---

73 Zur Wirkungsgeschichte vgl. u.a. Allert 1976; Oevermann/Roethe 1976e; Roethe 1980; Oevermann/Roethe 1981c; Asmus 1983 und Matthiesen 1989; 1994.

Probleme des Handelns, sei es unter den Gesichtspunkten der Orientierung am technischen Handlungserfolg und/oder der Legitimität interpersonaler Beziehungen.[74] Im Anschluß an das Modell regelgeleiteten Handelns weist Oevermann sozialen Deutungsmustern einen generativen Status zu. Deren jeweilige sozio-historische Geltungsreichweite läßt sich hinsichtlich ihrer historisch-zeitlichen Geltung und hinsichtlich der sozialen Kategorie von Menschen, die ein soziales Deutungsmuster teilen, unterscheiden. Kriterium für die empirische Geltung sozialer Deutungsmuster ist dabei nicht deren explizite Kenntnis, sondern daß ihnen (nach Maßgabe der jeweils zugrundeliegenden generativen Wissensstrukturen) ein systematisches Urteil über die Angemessenheit einer konkreten Situations- bzw. Problemdeutung korrespondiert.[75]

"Soziale Deutungsmuster (werden) als Weltinterpretationen mit generativem Status gedacht, die prinzipiell entwicklungsoffen sind. Im Unterschied zu den Regelsystemen der Linguistik und den logischen Strukturen auf den Stufen der Ontogenese der kognitiven Entwicklung handelt es sich hier jedoch nicht um erkenntnis-anthropologisch universelle Strukturen, sondern um historisch wandelbare, je 'unfertige' Systeme. Für die soziologische Analyse ist entscheidend, über die 'common sense' Abbildung dieser Interpretationsmuster hinauszugelangen und die 'innere Logik', d.h. die konkrete Einstellungen und Erwartungen erzeugenden, die historische Identität von gleichsam epochalen Deutungsmustern ausmachenden Interpretationen zu rekonstruieren. Dabei ist davon auszugehen, daß nicht nur die innerhalb des Rahmens solcher generativen Interpretationen oder 'nuclei' von Deutungsmustern hervorgebrachten konkreten Deu-

---

74   Dieser Konzeptualisierung der Struktur sozialer Deutungsmuster liegen somit zwei Grundannahmen zugrunde: "1. Unter Deutungsmustern sollen nicht isolierte Meinungen oder Einstellungen zu einem partikularen Handlungsobjekt, sondern in sich nach allgemeinen Konsistenzregeln strukturierte Argumentationszusammenhänge verstanden werden. Soziale Deutungsmuster haben also ihre je eigene 'Logik', ihre je eigenen Kriterien der 'Vernünftigkeit' und 'Gültigkeit', denen ein systematisches Urteil über 'Abweichung' korreliert .... 2. Soziale Deutungsmuster sind funktional immer auf eine Systematik von objektiven Handlungsproblemen bezogen, die deutungsbedürftig sind" (1973c, 3; vgl. ebd., 2-5).

75   Das Konzept sozialer Deutungsmuster ist nicht mit dem Konzept latenter Sinnstrukturen synonym zu setzen. Dieser Fehler unterläuft z.B. Arnold (1985, 83) in seiner Rezeption von Oevermanns Theorieprogramm. Vgl. in diesem Zusammenhang Oevermanns Ausführungen zu Faktoren, die das praktische Handeln ökonomisieren, und deren Verhältnissetzung zu epochenspezifischen Deutungsmustern sowie die Bestimmungen zu Konstitutionsbedingungen latenter Sinnstrukturen in: 1979b, 384-387.

tungen veränderbar und offen sind, sondern daß die für eine Epoche oder eine soziale Kategorie von Menschen generativen Interpretationen selbst als 'letzte Begründungen' für Handeln einer historischen Entwicklung unterworfen sind, für die im Unterschied etwa zur Ontogenese der kognitiven Entwicklung ein letzter Bezugspunkt in Gestalt eines Geschichte stillstellenden aufgeklärten 'universe of discourse' nicht angegeben werden kann" (1973c, 9; vgl. ebd., 2-9).

Die historische Entwicklung sozialer Deutungsmuster wird als Sukzession von Versuchen der Lösung jeweils aktualisierter Kompatibilitätsprobleme von Elementen der Deutungsstruktur interpretiert. Im Anschluß an die beiden Grundannahmen einer Theorie der Struktur sozialer Deutungsmuster unterstellt Oevermann zum einen, daß die Menge der einzelnen Interpretationen, die analytisch (einem oder) mehreren handlungsrelevanten Deutungsmustern zuschreibbar sind, auch nach den Deutungsmustern immanenten Kriterien der Geltung nie voll kompatibel ist. Zunächst latente Inkompatibilitäten eines sozialen Deutungsmusters (oder zwischen zuvor isolierten Deutungsmustern) werden manifest, entweder weil unvereinbare Deutungselemente in der Handlungsstrukturierung gleichzeitig aktualisiert werden oder weil Implikationen zentraler Deutungselemente/Interpretationen durch explizitere Ausarbeitung neu gewichtet werden. Kompatibilitätsprobleme von Elementen sozialer Deutungsmuster können sich zum anderen aber auch im Blick auf die Angemessenheit der Relation 'Interpretation – Interpretiertes' bzw. 'Deutung – deutungsbedürftiges Phänomen' stellen: Nicht-intendierte Handlungsfolgen, technologisch bedingte oder sozialstrukturell vermittelte Handlungszwänge, deren Bearbeitung bzw. Legitimation im Rahmen des bis dahin geltenden Deutungsmusters nicht leistbar sind, erfordern neuartige Begründungsleistungen, die zur sukzessiven Strukturtransformation sozialer Deutungsmuster führen können (vgl. 1973c, 12-15).[76]

Auf das schwierige Problem der dialektischen Verzahnung von Ontogenese und Phylogenese kann hier nur hingewiesen werden. In sozialisationstheoretischer Perspektive bleibt festzuhalten, daß die Sinnstrukturiertheit sozialer Wirklichkeit und damit auch die in konkreten Handlungssituationen sich manifestierenden sozialen Deutungsmuster den konkret beteiligten Akteuren als objektive Strukturen, als soziale

---

76 Zur zirkulären Verknüpfung sozialer Deutungsmuster und der ihnen je eigenen 'Logik' mit objektiven Handlungsproblemen einerseits und zur relativen Eigenständigkeit sozialer Deutungsmuster andererseits vgl. 1973c, 3f.15ff.

Tatsachen im Sinne von handlungsstrukturierenden Bedingungsfaktoren gegenübertreten. In diesem Sinne werden im ontogenetischen Entwicklungsprozeß sukzessive auch jene Intersubjektivität gewährlei-
stenden 'Weltinterpretationen' angeeignet, die praktische Handlungsfähigkeit und materielle Erfahrungen erst ermöglichen, gleichwohl kritisierbar und veränderbar sind.

Auch im Zusammenhang seiner programmatischen Schrift 'Zur Analyse der Struktur von sozialen Deutungsmustern' zeigt sich, daß
Oevermann konsequent im Sinne von Piagets Paradigma eines interaktiven Konstruktivismus argumentiert und dieses sozialisationstheoretisch weiterentwickelt:

"Die soziale Deutungsmuster kennzeichnenden zentralen Interpretationen, denen ein
generativer Status zugeschrieben wird, (müssen) weder explizit noch Element für
Element gelernt werden" (1973c, 17). Auf der individuellen Ebene komplexer Einstellungsmuster erwerben Kinder die zentralen generativen Interpretationen "(vermut-
lich ...) weniger über den Mechanismus expliziter Indoktrination durch Erwachsene als
durch vom Kind selbsttätig vorgenommenes 'Ablesen' zentraler Handlungsregeln am
beobachtbaren sozialen Handeln in seiner unmittelbaren Umwelt. Das Kind generali-
siert selbsttätig und kognitiv strukturiert vom Handlungskontext seiner Umwelt. Auch
wenig systematische Begründungen reichen mit der Zeit aus, die für ein soziales Deutungsmuster zentralen Interpretationen als Invarianten des Handelns herauszulesen und
dann als generative Regeln für die Strukturierung der eigenen konkreten Handlungssituationen zu benutzen" (1973c, 18f).

Die Strukturvoraussetzungen für die Transformation sozialer Deutungsmuster, die zunächst allgemein in gesellschaftshistorischer Perspektive beschrieben werden, lassen sich auch für den lebensgeschichtlichen Prozeß der Veränderung und Ausdifferenzierung individueller Einstellungsmuster ausweisen.

"Während der ganzen individuellen Lebensgeschichte (muß) das Handlungssubjekt die
zentralen Konzepte und Interpretationen eines Deutungsmusters immer wieder nur
angesichts konkreter Handlungssituationen ausdeuten und anwenden, so daß auf der
individuellen Ebene diese Deutungsmuster einem ständigen Prozeß der Veränderung
und Ausdifferenzierung unterworfen sind. Nach Maßgabe der Besonderheit der individuellen Lebensgeschichte ergibt sich in diesem Prozeß die Besonderung von individuellen Einstellungsmustern und -syndromen" (1973c, 19).

Die anhand der programmatischen Schrift von 1973 eher assoziativ
identifizierbaren Strukturhomologien zwischen der Entwicklung sozialer Deutungsmuster und der Entwicklung komplexer individueller
Einstellungsmuster expliziert Oevermann in den achtziger Jahren auf
abstrakterer Stufe in seinem heuristischen Konzept der strukturellen

Dialektik von Lebenspraxis als universelles Strukturproblem der Gleichzeitigkeit von Entscheidungszwang und Begründungsverpflichtung (vgl. 1983c; 1985b; 1988 und 1991a).

Vor dem Hintergrund der Ausführungen zu den sozial vermittelten, positiv die Performanz bestimmenden Strategien des Handelns und den individuelle Einstellungsmuster konstituierenden sozialen Deutungsmustern kann die konstitutionstheoretische These, die Handlungen eines Kindes erhielten durch die Einbettung in die sequentielle Struktur der sozialisatorischen Interaktion *objektiv eine Bedeutungsfunktion* (s.o. Kapitel 3.2), nicht implizieren, daß den Handlungen des Kindes durch dessen praktische Teilhabe ausschließlich Bedeutungsgehalte nach Maßgabe allgemeiner, in einer sozio-historischen Lebenswelt geltenden Regeln der Bedeutungs- und Handlungsgenerierung zugewiesen werden. Eine solche (soziologistische) Lesart würde Oevermanns analytische Differenzierung von individuellen Einstellungen und sozialen Deutungsmustern, die erstere sozial konstituieren, übergehen und auch den Umstand ignorieren, daß nicht nur Handlungskontexte, sondern auch Beziehungskonfigurationen für die beteiligten Akteure mehrdeutig sein können. Das (performanztheoretische) Erklärungsproblem der Ausbildung individueller Differenzen würde von vornherein unterlaufen, allgemeine Prozesse der Individuierung auf Sozialisierung in allgemeine Schemata reduziert und die Frage der entwicklungsstandsspezifischen und ggf. primär affektiven Bedeutsamkeit konkreter Handlungsverläufe für das in seiner Sinninterpretationskapazität noch eingeschränkte Kind ausgeblendet.

Unter Berücksichtigung von Piagets Einsicht in die Konstruktionstätigkeit des sich bildenden Subjekts zielt das hierbei zu berücksichtigende Erklärungsproblem auch auf das Zusammenspiel von sprachlicher, kognitiver und psychosexueller/motivationaler Entwicklung und auf den Zusammenhang von regelgeleitetem Handeln und der letztlich biologisch fundierten energetischen Basis eines jeden Handelns. Die in diesem Kapitel angeführten Überlegungen und die referierten objekttheoretischen Beiträge Oevermanns verweisen dabei zum einen auf die Verknüpfungspunkte einer Theorie der Bildungsprozesse des Subjekts mit gesellschaftstheoretischen Ansätzen, die erstere notwendig zu berücksichtigen hat. Zum anderen wird deutlich, daß das Erklärungsproblem der Individuierung des Subjekts weiterer Differenzierungen bedarf. Diese sind Thema des folgenden Kapitels.

3.5 Individuierung des Subjekts als Prozeß des Erkennens der eigenen Antriebsbasis

Eine Theorie der Bildungsprozesse des Subjekts hat nicht nur die Ontogenese epistemischer Strukturen und die Ausbildung praktischer Handlungsfähigkeit zu erklären, sondern auch die Konstitution von Subjektivität und Ich-Identität. Denn kognitive und sprachliche Entwicklungstheorien, die den Aufbau formal-logischer kognitiver Strukturen der Urteilskraft, der Erkenntnis des physikalischen Objektbereichs sowie die Erkenntnis und Reflexion der sozialen Objektwelt thematisieren, bestimmen das Problem der Individuierung des Subjekts erst von seinen Randbedingungen her. Neben den Konstitutionsbedingungen der sprachlichen und kognitiven Entwicklung hat die Erklärung von Individuierungsprozessen sowie der Ausbildung individueller Differenzen daher auch die sozialen und psychodynamischen Voraussetzungen der Entstehung von Subjektivität und Ich-Identität auszuweisen.

Oevermann präzisiert die subjekttheoretisch hierbei im Vordergrund stehende Fragestellung als das Problem des Erkennens der eigenen Körperlichkeit und der triebdynamischen Basis der eigenen Bedürfnisstruktur, bzw. in den Worten seiner 'Programmatischen Überlegungen ...' (1976a, 42): als das Problem der Beherrschung der inneren Natur und des Erkennens der eigenen Antriebsbasis. Entsprechende Lösungsversuche auf psychoanalytischer und motivationspsychologischer Grundlage stehen, so Oevermann 1976, derzeit nicht zur Verfügung.[77] Im Bezugsrahmen einer Theorie der Bildungsprozesse des Subjekts wäre entsprechenden Ansätzen die paradigmatische Struktur der performanztheoretischen Erklärung psychischer Mechanismen und Bedingungen der handlungspraktischen Realisierung von Kompetenzstrukturen zu entnehmen.

---

77 Vgl. inzwischen jedoch Mentzos 1984; Mertens 1991; 1994 und Ulich/Kapfhammer 1991, Abschnitt II.

Zur weiteren Klärung dieser Fragen rekurriert Oevermann zum einen auf die Theorie George H. Meads, die das Problem der Individuierung als soziologisches Problem freilegt, und zum anderen auf die psychoanalytische Theorie Sigmund Freuds, innerhalb derer sich Individuierung – in Ergänzung zu Meads Fragestellung – als das spezifische Problem des Erkennens der eigenen Antriebsbasis ausweisen läßt. Während sich im Bezugsrahmen von Meads Theorie insbesondere die interaktionsstrukturellen Voraussetzungen von Individuierungsprozessen präzisieren lassen, liefert Freuds Psychoanalyse – sinntheoretisch rekonstruiert und durch Meads Theorem der biographischen Reorganisation in der I-me-Beziehung ergänzt – den Bezugsrahmen zur Klärung des Wechselwirkungsverhältnisses zwischen psychodynamischen und sozialen Bedingungen des Individuierungsprozesses und der Ausbildung individueller Differenzen.

Im folgenden werden jene Argumentationslinien Oevermanns herausgearbeitet, von denen ausgehend Freuds psychoanalytische Konzepte in eine Theorie der Bildungsprozesse integriert werden können.[78] Im Rahmen seiner Vorarbeiten zu einer Theorie der Bildungsprozesse führt Oevermann hierzu aus, daß Freuds Theorie

---

78   In dem 1975 verfaßten Manuskript 'Zur Integration der Freudschen Psychoanalyse in die Programmatik einer Theorie der Bildungsprozesse' entwickelt Oevermann seine Interpretationsstrategie in 10 Thesen. Ausführlicher wird sie im Rahmen einer zweisemestrigen Vorlesung ('Eine soziologische Interpretation der psychoanalytischen Theorie und Methode Sigmund Freuds'; nicht autorisierte, transkribierte Vorlesungsmitschrift 1979/80) behandelt.
     In seiner Vorlesung unterscheidet Oevermann drei Argumentationsebenen: Auf einer ersten Ebene wird der jeweilige Text von S. Freud referiert, auf einer zweiten soziologisch (re-)interpretiert, um schließlich in theoriestrategischen Exkursen auf einer dritten Ebene a) Dauerprobleme der psychoanalytischen Theorie und b) systematische Verknüpfungspunkte von psychoanalytischer Theoriebildung und allgemeinen Theorieentwicklungsproblemen in den Sozialwissenschaften zu diskutieren. Behandelt werden vornehmlich Freuds frühe Schriften vor der Jahrhundertwende (in: S. Freud, Gesammelte Werke, Bd. 1), in denen dieser die psychoanalytische Theoriebildung begründet, und, wenn auch durch das Semesterende frühzeitig abgebrochen, eines von Freuds Hauptwerken: 'Die Traumdeutung' (S. Freud, Studienausgabe Bd. 2).
     Die Rekonstruktion von Freuds psychoanalytischer Theorie wird von Oevermann schließlich wieder in: 1991a und 1993a aufgenommen, um den Subjektbegriff in seinem Theorie- und Forschungsprogramm zu begründen.

"... unter dem Gesichtspunkt der sozialen Konstitution von 'Subjektivität' und der Transformation des 'epistemischen Subjekts' in das idealisierte empirische Subjekt – die autonom handlungsfähige, mit sich identische Person – reinterpretiert werden (soll), wobei gleichzeitig die bei Freud implizit vorliegende Strategie für eine soziologische Sozialisationstheorie herausgearbeitet werden soll" (1975, 1).

Im Zentrum der Oevermannschen Argumentation steht dabei Freuds Traumatisierungstheorie und dessen Theorie der psychosexuellen Phasenentwicklung. Sein soziologisches Argument zielt darauf ab, daß der

"Freudsche Traumatisierungsbegriff, ja selbst die Kategorie des Unbewußten auf einen Begriff von den latenten Sinnstrukturen der Interaktionen rückverweist und daß die auch von Freud in Anspruch genommene Universalität in der Entfaltung der infantilen Sexualtheorien sich letztlich nur erklären läßt, wenn sie als infantile Deutungen universaler Struktureigenschaften der sozialisatorischen Interaktion interpretiert werden" (1980b, 42).

Mit der Integration der Freudschen Psychoanalyse in die Theorie der Bildungsprozesse des Subjekts gelänge es in dieser Perspektive erstens, den Begriff der 'inneren Realität' als für die wissenschaftliche Betrachtung eigenständigen Objektbereich einzuführen: Erkenntnisgegenstand der psychoanalytischen Theorie ist der Prozeß der Subjektwerdung eines Individuums, wie er sich als psychische Realität erinnern läßt (vgl. Mertens 1991, 77).

Zweitens würde im Bezugsrahmen einer immanenten Kritik der Freudschen Psychoanalyse ausgewiesen, daß die Explikation der konstituierenden Momente der eigenen Subjektivität immer auch auf eine soziologische Erklärung des Individuierungsprozesses verweist, nach Oevermann: auf eine Theorie der sozialen Konstitution ontogenetischer Entwicklungsprozesse in den Struktureigenschaften der sozialisatorischen Interaktion.[79]

Die These von der Notwendigkeit einer kommunikations- bzw. interaktionstheoretischen Ergänzung der Psychoanalyse scheint dabei auch innerhalb der neueren psychoanalytischen Entwicklungspsychologie

---

79   Deren primärer Erkenntnisgegenstand sind die allgemeinen Strukturen sozialisatorischer Interaktion und die lebensweltspezifische Typik ihrer fallweisen Geschichte (vgl. 1979a, 146): in Abgrenzung von, wenn auch in komplementärem Verhältnis zu den Objektbereichen der kognitiven Entwicklungspsychologie ('kognitive Bewußtseinsstrukturen') und der Psychoanalyse ('psychische Strukturen' im Sinne intrapsychischer Formationen).

unstrittig.[80] Oevermanns Argumentationsstrategie einer soziologischen Interpretation der Freudschen Psychoanalyse interessiert daher insbesondere vor dem Hintergrund seines Bemühens, einen nicht reduktionistischen *soziologischen* Strukturbegriff zu begründen. Denn erst dieser vermag die geforderte Integration entwicklungspsychologischer und soziologischer Erklärungsansätze in einer Theorie der Bildungsprozesse des Subjekts zu gewährleisten.[81] Bevor in Kapitel 4 die Grundlegung von Oevermanns Strukturbegriff und dessen Anwendung in sozialisationstheoretischer Perspektive eigens behandelt wird, sollen zunächst die zentralen Verknüpfungspunkte der psychoanalytischen Erklärung intrapsychischer Prozesse und einer soziologisch-strukturtheoretischen Erklärung universeller wie differentieller Entwicklungsverläufe in der Herausbildung psychischer Formationen ausgewiesen werden.

Nach Freud läßt sich die psychische Entwicklung eines Menschen metapsychologisch unter den drei Gesichtspunkten der Dynamik, Ökonomie und Topik darstellen, wobei sich die psychoanalytische Betrach-

---

80   So weist beispielsweise Mentzos im Rahmen seiner Ausführungen zur psychoanalytischen Phasentheorie der Entwicklung ausdrücklich darauf hin, daß "die Lehre von der Triebentwicklung durch diejenige von der Ich- und Selbstentwicklung sowie von der Entwicklung der Objektbeziehungen des Kindes ergänzt werden mußte" (Mentzos 1984, 89). Und Kapfhammer führt mit Blick auf notwendige Revisionen des Freudschen Affektverständnisses aus: "Die Erkenntnis von einem aktiven, sich selbst regulierenden, für vielfältige soziale Beziehungen angepaßten und in einem fortlaufenden 'affektiven Monitoring' befindlichen Kleinkind muß auch die Ausgangsbasis für eine psychoanalytische Entwicklungspsychologie darstellen .... Die Differenziertheit des kindlichen Affektsystems erhält freilich nur im systematischen Bezug auf die transaktionale Perspektive der frühen Mutter-Kind-Dyade ihren vollen Sinn ..." (Ulich/Kapfhammer 1991, 564; vgl. ebd., 568ff).

81   Die uneinheitliche Verwendungsweise und Schwierigkeit des Strukturbegriffs innerhalb der jeweiligen Disziplinen der Soziologie, Anthropologie, Psychologie und Psychoanalyse (vgl. Oppitz 1975, Kapitel II und Mentzos 1984, 39) illustrieren dabei die Schwierigkeiten, die innerhalb eines Theorieprogramms − bzw. in dessen Rezeption − entstehen, das Ansätze der kognitiven Entwicklungspsychologie, der Psychoanalyse und einer sprachtheoretisch fundierten Soziologie zu integrieren sucht. Vgl. zum folgenden insbesondere 1975; 1976a, 39ff.42; 1980b, 40-49 und 1981a, 26-32.

tungsweise ferner dadurch auszeichnet, stets den genetischen[82] Gesichtspunkt der lebensgeschichtlichen Herausbildung psychischer Phänomene mitzuberücksichtigen:[83]

"Die Psychoanalyse als Tiefenpsychologie betrachtet das Seelenleben von drei Gesichtspunkten, vom dynamischen, ökonomischen und topischen. In ersterer Hinsicht führt sie alle psychischen Vorgänge – von der Aufnahme äußerer Reize abgesehen – auf das Spiel von Kräften zurück, die einander fördern oder hemmen, sich miteinander verbinden, zu Kompromissen zusammentreten usw. Diese Kräfte sind ursprünglich alle von der Natur der Triebe, also organischer Herkunft, durch ein großartiges (somatisches) Vermögen (Wiederholungszwang) ausgezeichnet, finden in affektiv besetzten Vorstellungen ihre psychische Vertretung ....

Die ökonomische Betrachtung nimmt an, daß die psychischen Vertretungen der Triebe mit bestimmten Quantitäten Energie besetzt sind *(Cathexis)* und daß der psychische Apparat die Tendenz hat, eine Stauung dieser Energien zu verhüten und die Gesamtsumme der Erregungen, die ihn belastet, möglichst niedrig zu halten. Der Ablauf der seelischen Vorgänge wird automatisch durch das Lust-Unlust-Prinzip reguliert, wobei Unlust irgendwie mit einem Zuwachs, Lust mit einer Abnahme der Erregung zusammenhängt.

Das ursprüngliche Lustprinzip erfährt im Laufe der Entwicklung eine Modifikation durch die Rücksicht auf die Außenwelt (Realitätsprinzip), wobei der psychische Apparat erlernt, Lustbefriedigungen aufzuschieben und Unlustempfindungen für eine Weile zu ertragen.

Die topische Betrachtung faßt den seelischen Apparat als ein zusammengesetztes Instrument auf und sucht festzustellen, an welchen Stellen desselben sich die verschiedenen seelischen Vorgänge vollziehen. Nach unseren heutigen Einsichten gliedert sich der seelische Apparat in ein 'Es', das der Träger der Triebregungen ist, in ein 'Ich', das den oberflächlichsten durch den Einfluß der Außenwelt modifizierten Anteil des 'Es' darstellt, und in ein 'Über-Ich', das, aus dem 'Es' hervorgegangen, das Ich beherrscht und die für den Menschen charakteristischen Triebhemmungen vertritt.

---

82   Der Begriff 'genetisch' verweist auch an dieser Stelle nicht auf die Erbanlagen eines Menschen.

83   Vgl. hierzu und zum folgenden Freuds metapsychologische Schriften aus dem Jahre 1915 (in: S. Freud, Studienausgabe Bd. III, S. 69-212) und Freuds eigene Zusammenfassung psychoanalytischer Grundannahmen in: 'Psycho-Analysis' (1926; in: ders., Gesammelte Werke, Bd. 14, S. 299-307); Nageras (1977, Teil III) Einführung in die Terminologie von Freuds metapsychologischen Konzepten und Mentzos' (1984) Einführung in die psychoanalytische Neurosenlehre, der bei seiner Rekonstruktion der psychoanalytischen Theoriearchitektonik neben Freuds grundlegenden Einsichten auch neuere Forschungsbeiträge berücksichtigt.

Auch die Qualität des Bewußtseins hat ihre topische Beziehung, die Vorgänge im Es sind durchwegs unbewußt, das Bewußtsein ist die Funktion der äußersten für die Wahrnehmung der Außenwelt bestimmten Schichte des Ichs" (Freud 1926, 301ff).

Bezogen auf die Anlage-Umwelt-Kontroverse nimmt das psychoanalytische Erklärungsmodell Freuds eine mittlere Stellung ein. Einerseits kennzeichnet die Triebtheorie das Bemühen, innerpsychische Prozesse mit Bezugnahme auf die somatisch-biologische Quelle der hypothetisch rekonstruierten Triebe zu erklären. Andererseits zeigen schon Freuds frühe traumatheoretischen Erklärungsversuche neurotischer Konfliktlösungsstrategien, daß deren Psychodynamik und Psychogenese nicht ohne Berücksichtigung der sozialen Umwelt (insbesondere der 'Objektbeziehungen') und lebensgeschichtlichen Erfahrungen des Einzelnen erklärt werden können (vgl. Mentzos 1984, Teil 1).

Oevermanns soziologische Interpretation der Theorie Freuds zielt nun nicht auf den Nachweis, daß Freuds triebtheoretischer Erklärungsansatz (insbesondere sein Bemühen um eine energetische Erklärung psychischer Prozesse) durch eine Theorie der sozialen Konstitution der psychischen Entwicklung zu ersetzen sei. Die Auseinandersetzung mit immanenten Erklärungsproblemen der Freudschen Theorie zielt vielmehr darauf, zentrale Theoreme einer Theorie der sozialen Konstitution (im Sinne Meads) als nicht weiter von Freud ausgeführte Implikationen seines psychoanalytischen Erklärungsansatzes auszuweisen, um so den Wechselwirkungszusammenhang zwischen biologischen bzw. physiologischen, psychischen *und* sozialen Tatbeständen erklären zu können.

Vier Argumente stehen dabei im Vordergrund:

Ausgehend von der psychoanalytischen Einsicht in die persönlichkeitskonstituierende Funktion des psychischen Konflikts kann erstens gezeigt werden, daß Freuds Traumatheorie[84] einen *Begriff sozialen Handelns*[85] voraussetzt: Dies gilt für den von Freud beschriebenen

---

84   Eine zusammenfassende Darstellung von Freuds Traumatheorie der Neurose, die gleichfalls deren sinntheoretische Komponenten betont, findet sich in: Mentzos 1984, 77ff.

85   Der Sache nach ist mit 'Begriff sozialen Handelns' die kontrafaktisch geltende Normalform sozialen Handelns gemeint, mit anderen Worten: 'sinnadäquates Handeln', wie es sich nach Maßgabe allgemein geltender Regeln der Sozialität und des sozialen Handens theoretisch abstrahieren läßt.

Traumatisierungsvorgang, innerhalb dessen zwischen der Verursachung (traumatische Situation) und der Determinierung der psychischen Reaktion darauf (persönlichkeitsspezifische Herausbildung und Motivierung des Konfliktverarbeitungsmodus) unterschieden werden muß. Denn nicht das traumatische Ereignis als solches und auch nicht der durch dieses Ereignis ausgelöste Affekt entscheidet darüber, ob sich lebensgeschichtlich ein 'pathologischer' Konfliktlösungsmodus herausbildet, sondern die (nur sinntheoretisch rekonstruierbare) Behinderung der Abreaktion und Verarbeitung dieses Affektes.[86]

Daß Freuds Begriff der Affekt- oder Triebabfuhr auf einen Begriff sozialen, sinnadäquaten Handelns verweist und bereits Freuds traumatheoretische Erklärung hysterischer Phänomene[87] neben den energetischen Aspekten des Traumatisierungsprozesses immer auch sinntheoretische Argumente zumindest impliziert, kommt am klarsten in Freuds Beschreibungen der Behandlung hysterischer Phänomene nach Breuers Prinzip der Katharsis (Entladung des aufgestauten Affektes in der Hypnose) sowie in der Begründung der in der Folgezeit entwickelten psychoanalytischen Behandlungstechnik zum Ausdruck.[88]

---

86   Traumata können psychogenetisch sowohl aus Einzelereignissen resultieren als auch aus einer Reihe von ähnlichen, in die gleiche Richtung wirkenden Teilereignissen. Mit Freud lassen sich drei Typen von Traumata unterscheiden: (1) lebensbedrohliche äußere Ereignisse wie z.B. Unfälle, (2) die Biographie des Einzelnen bzw. dessen Identität bedrohende Enttäuschungen oder Ereignisse, die mit Schrecken verbunden sind, und (3) Ereignisse, die je für sich betrachtet harmlos erscheinen mögen, aber beim Einzelnen eine traumatische Wirkung hinterlassen können, wenn sie sich zu Zeiten erhöhter Empfindlichkeit ereignen. Vgl. Oevermanns (1979/80) Vorlesungen vom 18.12.79 und 08.01.80.

87   Diese Schriften aus den Jahren 1892-1899 markieren den Beginn der psychoanalytischen Theoriebildung. Vgl. hierzu: S. Freud, Gesammelte Werke, Bd. 1 und S. Mentzos, Einleitung, in: Breuer/Freud 1895/dt. 1991.

88   Vgl. hierzu bereits deren frühe Fassung in: 'Zur Psychotherapie der Hysterie' (in: S. Freud, Studienausgabe, Ergänzungsband, S. 37-97), einem Beitrag Freuds zu den 'Studien über Hysterie' (Breuer/Freud 1885). Die psychoanalytische Behandlungstechnik ist nach Oevermann – entgegen dem Selbstverständnis Freuds – nicht auf das Nebengleis der Methodik und der psychologischen Hilfsmittel abzuschieben, sondern für das Verständnis des psychoanalytischen Objektbereichs konstitutiv. In diesem Sinne schreibt Oevermann: "Versucht man ..., die Techniken in Begriffen einer soziologischen Interaktionstheorie explizit zu machen, gewinnt man gleichzeitig auf metatheoretischer Ebene einen Zugang zur sozialen Konstitution des psychischen Apparates" (1975, 2; vgl. 1983b, 126-129).

Das *Grundmodell des psychischen Konflikts* – so Oevermanns zweites
zentrale Argument seiner sinntheoretischen Interpretation von Freuds
Traumatheorie – ist nicht als Konflikt zwischen Natur (repräsentiert in
den Trieben) und Kultur (repräsentiert in Ich- und Über-Ich-Funktio-
nen) zu konzeptualisieren, sondern als Unverträglichkeit zwischen
widerstreitenden Vorstellungen bzw. Handlungsentwürfen.[89] Hieraus
folgt, daß die Qualität traumatisierender Ereignisse aus subjektiver
(Sinn-)Interpretation resultiert und nicht als objektiv-äußere Eigenschaft der Ereignisse, die ein Trauma lebensgeschichtlich auslösen, zu
verstehen ist.

Freuds therapeutische Praxis zeigt, daß auch die Ausbildung einer psy-
chopathologischen Symptomatik im Erwachsenenleben psychogenetisch auf die frühe Kindheit seiner Patientinnen und Patienten, insbesondere deren Erleben der eigenen Sexualität, verweist. Angeleitet von
seinen therapeutischen Befunden richtet sich das theoretische Interesse
Freuds entsprechend auf die psychosexuelle Entwicklung des Kindes,
insbesondere dessen infantile Sexualtheorien und deren persönlichkeitskonstituierende Funktion.[90]

Daß die Betonung der sinntheoretischen Komponente in Freuds Werk, auf die
sich Oevermanns Interpretation der Freudschen Psychoanalyse vornehmlich
konzentriert, nicht durchgängig dem Selbstverständnis Freuds folgt, kann auch
für Oevermann als unstrittig angesehen werden. Eine in Teilen vergleichbare
Kritik des Selbstverständnisses Freuds hat auch Habermas (1968a, 300-312)
formuliert. Zu Differenzen in der sinntheoretischen Lesart der Schriften Freuds
vgl. insbesondere Oevermann 1975 und 1979b, Kapitel II.

89 In diesem Zusammenhang ist die bei Freud selbst uneinheitliche Verwendung
    der Begriffe 'Trieb' und 'Triebrepräsentanzen' zu beachten. Die Schriften Freuds
    enthalten auch Aussagen, die nicht zwischen 'Trieb' (bzw. dessen frühen Be-
    griffsäquivalenten) und den (psychischen) 'Triebrepräsentanzen' unterscheiden.
    Vgl. hierzu die editorische Vorbemerkung zu Freud 1915.

90 'Infantile Sexualtheorien' sind dabei durchaus im Sinne sozial-kognitiver Kon-
    zepte zu verstehen, jedoch mit dem gegenüber der sozial-kognitiven For-
    schungstradition innerhalb der kognitiven Entwicklungspsychologie zentralen
    Unterschied, daß erstens der Gegenstand des Erlebens und der aktiven Kon-
    struktionstätigkeit des sich bildenden Subjekts nunmehr die eigene Leiblichkeit
    und triebdynamische Basis der eigenen Bedürfnisstruktur ist und zweitens das
    besondere (nicht ausschließliche!) Interesse der psychoanalytischen Entwick-
    lungspsychologie der Entwicklung von der Geburt bis zum Abschluß des ödipa-
    len Konflikts im Alter von fünf bis sechs Jahren gilt, währenddessen beispiels-
    weise Selmans (1980) Theorie der Entwicklung sozialen Verstehens und Kohl-

Hieran schließt nun Oevermanns drittes Argument an: Wird das Grundmodell des psychischen Konflikts als Unverträglichkeit von zwei Sinnelementen konzeptualisiert und damit die sinntheoretische Komponente in Freuds Traumatisierungskonzept zum Ausgangspunkt einer Erklärung neurotischer Erlebens- und Verhaltensweisen gewählt, muß zwischen einer primären und sekundären Traumatisierung unterschieden werden. Denn im Zusammenhang mit der sexualtheoretischen Annahme von der zentralen Bedeutung der infantilen Sexualität für die Persönlichkeitsentwicklung[91] resultiert daraus das Erklärungsproblem der Freudschen Theorie,

"wie bei eingeschränkter Sinninterpretationskapazität des kindlichen Subjekts traumatisierender Affektstau entstehen kann. Dieses Problem kann systematisch nur mit dem Argument der nachträglichen Sinninterpretation erinnerter beziehungsweise besetzter Infantilszenen unter der Bedingung eines entwickelten, sozial konstituierten Selbst gelöst werden. Die Traumatisierung ist somit erst mit dieser 'sekundären' Traumatisierung aufgrund von Nachträglichkeit vollständig" (1975, 2f).[92]

Freud führt in diesem Zusammenhang eine Drei-Stufen-Theorie der Verdrängung ein, nach der Verdrängung als pathologischer Befund eintritt, wenn infantile Erlebnisse und Vorstellungen als sekundär Unlust produzierende Repräsentanzen im Zuge der Entwicklung im Unbewußten verbleiben und nur vermittelt, z.B. als neurotische Symptome, dem Bewußtsein zugeführt werden. Der objektive Sinn der Szenen, die pathogenen Triebrepräsentanzen zugrundeliegen, bleibt dem sich bildenden Subjekt in diesen Fällen verschlossen. Insbesondere dann, wenn die durch konkrete Bezugspersonen faktisch vollzogene, subjektiv wahrgenommene und szenisch erinnerbare 'stellvertretende Deutung' der Interaktionsabläufe selbst oder der hierin begründeten neurotischen Symptomhandlungen eine sinnadäquate Interpretation und Einsicht systematisch behindert.

---

bergs (1995) Theorie der Entwicklung moralischer Urteilsfähigkeit ihr Hauptaugenmerk auf die sozial-kognitive Entwicklung ab dem fünften Lebensjahr richten.

91   Vgl. hierzu folgende Schriften Freuds: 'Die Sexualität in der Ätiologie der Neurosen' (1898); 'Drei Abhandlungen zur Sexualtheorie' (1905); 'Meine Ansichten über die Rolle der Sexualität in der Ätiologie der Neurosen' (1906) und 'Über infantile Sexualtheorien' (1908), in: S. Freud, Studienausgabe, Bd 3.

92   Zur Illustration dieser These vgl. als Fallbeispiel den Fall 'Katharina' in: Breuer/Freud 1895/1991, 143-153.

Der sinntheoretischen Interpretation psychischer Konflikte, die zu Traumatisierungsprozessen führen können, entspricht ferner, daß der Konflikt zwischen kindlichen Hypothesen über sexuell bedeutsame Vorgänge und deren elterlichen Interpretationen den Verdrängungsprozeß in Gang setzt und nicht (zwingend) ein faktisch erfolgter Eingriff oder dessen explizite Androhung von außen. Auch hier kann Oevermanns zentrale These anknüpfen:

"Diese vom Kind selbst entwickelten 'Hypothesen' lassen sich aber nicht als direkte Hervorbringungen der Triebentwicklung interpretieren, sondern können genetisch nur so erklärt werden, daß sie vom Kind unabhängig von den Erklärungen der Eltern an der latenten Sinnstruktur der Eltern-Kind-Interaktion 'abgelesen' wird, die allerdings triebdynamisch spezifisch initiiert wird" (1975, 3f).

Im Zusammenhang der Freudschen Interpretation des Kastrationskomplexes und dessen Bedeutung innerhalb der ödipalen Phase ist es dann beispielsweise nicht entscheidend, wie und ob Eltern entsprechend gedroht haben, sondern

"entscheidend ist, welche Bedeutung Interaktionen qua latenter Sinnstruktur für das Kind auf der Folie seiner 'phallischen' Hypothese erhalten" (1975, 4).[93]

Pathogene unbewußte Triebrepräsentanzen stellen in dieser Perspektive somit primär Derivate der latenten Sinnstrukturen von erinnerten und nachträglich ausgedeuteten Kindheitsszenen dar und sind nur sekundär als 'abgespaltene Symbole' bzw. 'Exkommunikationen' zu interpretieren (vgl. 1975, 3 und 1979b, 383).[94]

Ich komme nun zu Oevermanns viertem zentralen Argument seiner soziologischen Interpretation von Freuds Psychoanalyse. In Anknüpfung an die späten Schriften Freuds zu einem psychoanalytischen Persönlichkeitsmodell und die konstitutionstheoretische These, daß sich das Ich mit der Übernahme bestimmter Vorstellungen und der Verarbei-

---

93   Zur ödipalen Phase und den kindlichen Phantasien in diesem Entwicklungsabschnitt vgl. Mertens (1994, Bd. 2, Kapitel 5) zusammenfassende Darstellung. Oevermann u.a. (1976b, 378-384) haben zwei innerfamiliale Interaktionsszenen unter dem Gesichtspunkt einer potentiell mißlingenden bzw. gelingenden ödipalen Interaktion analysiert.

94   Hierin deutet sich eine Abgrenzung gegenüber der Freud-Rekonstruktion von Habermas und Lorenzer an; vgl. hierzu Habermas 1968a, 270-278.285.291-299.

116 Strukturtheoretische Erklärung ontogenetischer Entwicklungsprozesse

tung von Vorstellungskonflikten konstituiert,[95] kann Individuierung schließlich als sukzessive Erkenntnis des 'inneren Dinges an sich' konzeptualisiert werden.[96] Dieser Erkenntnisprozeß vollzieht sich in Begriffen des sozial konstituierten Allgemeinen.

Allerdings erweisen sich Freuds Ausführungen zur Bewußtwerdung und der dabei bedeutsamen Rolle des Systems 'Wahrnehmung-Bewußtsein' und der 'Motilität' nach Oevermann als widersprüchlich. Diese Schwierigkeiten innerhalb Freuds Theorie löst Oevermann im Rekurs auf Meads Theorie, in deren Zentrum die interaktionsstrukturellen Voraussetzungen der Bedeutungsentstehung und des Prozesses der Individuierung stehen, und im Rekurs auf Piagets Theorem der aktiven Konstruktionstätigkeit des sich bildenden Subjekts.[97]

"Das Bewußtsein des Subjekts bildet sich von dieser Position aus im Vollzug der Interiorisierung objektiver Sinnstrukturen, das heißt in der praktischen Teilhabe an Interaktion, es wird zum Selbst-Bewußtsein im Vollzug des Prozesses der Erkenntnis der eigenen Antriebsbasis, des 'inneren Dinges an sich' in Begriffen der sozial konstituierten Kategorien des allgemeinen (sic; H.S.)" (1975, 6).

Für das Subjekt selbst ist die eigene Antriebsbasis 'Innen' und 'Außen' zugleich. Freuds Begriff 'inneres Ding an sich' verweist einerseits mit seiner Anspielung auf Kant darauf,

"daß es sich hier um eine eigene, außerhalb des Subjekts im eigentlichen Verständnis dieses Begriffs liegende Realität handelt, die epistemologisch in Relation zum erkennenden Subjekt eine der Realität der Außenwelt vergleichbare Stellung einnimmt" (1990, 61). Andererseits "(ist ...) diese Realität der Innenwelt sowohl bezüglich ihrer

---

95 Zur psychoanalytischen Erklärung der Strukturierung und Differenzierung des Intrapsychischen über Prozesse der Internalisierung und Externalisierung vgl. Mentzos 1984, Kapitel II.

96 'Inneres Ding an sich' kennzeichnet bei Freud den Bereich des Unbewußten. Im Laufe seiner Theorieentwicklung faßte Freud den Begriff des 'Unbewußten' mit Hilfe des Begriffs 'Es' genauer. Zu Freuds Drei-Instanzenmodell (Es, Ich und Über-Ich) vgl. Freud 1923 und 1933, Vorlesung 31.

97 Zur weiteren Erläuterung dieser These s.u. Kapitel 4. – Ich habe bereits darauf hingewiesen, daß die Notwendigkeit einer interaktionstheoretischen Rekonstruktion von Freuds Annahmen zur Bewußtwerdung sowie die Lesart, daß bereits Freuds Theorie eine interaktionstheoretische (und keine reifungstheoretische) Lesart nahelegt, auch von anderen Autoren vertreten bzw. durch neuere Entwicklungen in der psychoanalytischen Theoriebildung gestützt wird. Vgl. hierzu auch Miller 1993, Kapitel 2 sowie die Übersicht zum Stand der Forschung in: Mertens 1991.

Leibgebundenheit als auch in ihrem lebensgeschichtlichen Aufbau an die konkrete Person gebunden, es ist die Realität dieser konkreten Person, also eine besondere Realität, nicht eine allgemeine. Sie hat den eigentümlichen Status eines Innen und Außen zugleich" (ebd., 62). "Sie ist 'Außen', insofern sie die objektive energetische Basis jeden Handelns darstellt, das materielle Substrat der objektiven Motivierung des Handelns. Sie ist 'Innen', insofern sie vom Subjekt nur als das eigene Innere erfahren werden kann und als solches in Begriffen des sozial validierten Allgemeinen auf die Ebene der – Subjektivität konstituierenden – Intentionalität gehoben werden muß, bevor sie Grundlage des Motivverstehens in sozialen Interaktionsprozessen werden kann" (1976a, 42; vgl. 1975, 12 und 1993a, 187).

Diese für die psychoanalytische Theoriebildung konstitutive Unterscheidung zwischen einem Begriff 'innerer' und 'äußerer' Realität hat nun für die Konzeptualisierung des Subjektbegriffs weitreichende Folgen. Das 'Ich' ist als eine Struktur sui generis zu konzeptualisieren, als ein Bildungszentrum, das sich selbst im interaktiven Prozeß mit der inneren und äußeren Realität erzeugt. Die Konstitution des Subjekts vollzieht sich im Prozeß des sukzessiven Auseinandertretens der inneren und äußeren Realität.

Freuds Persönlichkeitsmodell läßt sich in dieser Perspektive folgendermaßen rekonstruieren: Neben dem Unbewußten ('Es') sind das 'Über-Ich' als Sitz der verinnerlichten sozialen Anforderungen, das System 'Wahrnehmung-Bewußtsein' als Sitz der epistemischen Strukturen und das 'Ich' als das verantwortliche, die Last der Entscheidung tragende Handlungszentrum zu konzeptualisieren. Das Ich

"ist genau diese Instanz, die sich als Resultat des Erkennens der eigenen Antriebsbasis selbst erzeugt und als widersprüchliche Einheit operiert: Sie bildet sich auf dem Wege der nachträglichen Sinnauffüllung infantiler Szenen und sie operiert unter dem unversöhnlichen Zwang zur Widerspruchsfreiheit einerseits und zur Realisierung von divergenten Ereignissen als Grundlage für die Konstitution von Erfahrungen andererseits, des Zwanges zur Begründung des praktisch erfolgenden Handelns einerseits und des Zwanges zur Entscheidung auch in jenen Situationen, in denen fertige Begründungen nicht problemlos zur Verfügung stehen, andererseits .... Ihr ist einerseits die endgültige Entsagung aller Hoffnungen auf ein heiles Leben aufgegeben, das scheinbar zu erreichen sei, wenn nur die Antriebsbasis repressionsfrei sich entfalten könnte. Auf der anderen Seite aber konstituiert sie gerade aufgrund ihrer Widersprüchlichkeit, die auszuhalten Identität erst ausmacht, materiale Rationalität und Zukunftsoffenheit und damit eben Geschichte als Gefäß der stetigen Hoffnung auf Veränderung im Sinne von Verbesserung des Kritisierten" (1981a, 29; vgl. ebd. und 1993a, 185-189).[98]

---

98   Diese Rekonstruktion von Freuds Persönlichkeitsmodell findet wiederum Eingang in die an Mead anschließende Rekonstruktion der Krise des eingeschliffe-

In der vorgestellten Fassung einer soziologischen Rekonstruktion als 'Theorie der Individuierung und der sozialen Konstitution von Subjektivität durch Sinninterpretation der eigenen Antriebsbasis und ihrer Geschichte' schließt die psychoanalytische Entwicklungstheorie Freuds somit eine systematische Lücke, die bei der Integration kognitiver und sprachlicher Entwicklungstheorien in die Programmatik einer Theorie der Bildungsprozesse des Subjekts verbleibt. Denn diese thematisieren die Ontogenese praktischer Handlungsfähigkeit und die Herausbildung eines autonomen Handlungszentrums vorrangig unter dem Gesichtspunkt der Voraussetzungen für das Erkennen der physikalischen und sozialen Objektwelt sowie der Befähigung zur intersubjektiven Verständigung. Das Problem der Individuierung des Subjekts und der Konstitution von Subjektivität und Ich-Identität würde damit nur von den Randbedingungen her erfaßt, und das zentrale Erklärungsproblem der Transformation des epistemischen Subjekts in das autonom handlungsfähige, mit sich identische Subjekt bliebe ausgeklammert. Unter Berücksichtigung der hier ausgewiesenen sinntheoretischen Lesart kann Freuds Psychoanalyse dabei auch die paradigmatische Struktur für motivationspsychologische Theorien entnommen werden, deren Gegenstand die psychischen Mechanismen und Bedingungen der Realisierung epistemischer Strukturen im praktischen Handeln sind.

An Freuds Theorie der psycho-sexuellen Phasenentwicklung und dessen These von der zentralen Bedeutung der ödipalen Phase anschließend, interpretiert Oevermann Freuds Werk darüber hinaus auch als Paradigma einer soziologischen Sozialisationstheorie,

"in der der Aufbau der das Gattungsleben sichernden Sexualorganisation und die Individuierung des Subjekts als zwei Seiten derselben Medaille erscheinen. ... Das Primat der Genitalorganisation als Endpunkt der Sexualentwicklung ist für Freud das Ergebnis einer Synthese von Partialtrieben einer vom Standpunkt der Genitalorganisation aus gesehen polymorph perversen anfänglichen Sexualorganisation. Die immanente Schwierigkeit dieser Theorie liegt in Freuds Versuch einer maturationistisch-triebtheoretischen Reduktion dieser Synthese. Es lassen sich jedoch gleichzeitig Argumente dafür herauslösen, daß die Genitalorganisation vor der eigentlichen Reifung der biologischen Fortpflanzungsfunktion als Struktur sinnhaften Handelns mit dem normalen Ausgang der ödipalen Krise vollständig vorliegt.

---

nen Handlungskreises als Bedingung der Entstehung des Neuen (vgl. 1991a, 297-330).

... Die Synthese der Partialtriebe zum Primat der Genitalorganisation ist eine Synthese des Sinns der Handlungs- und Objektbeziehungsmuster in der ödipalen Triade. Hier läßt sich die soziologische Übersetzung der These von der Universalität des Ödipuskomplexes ... systematisch einfügen. Die Aufgabe einer soziologischen Ergänzung der Freudschen Entwicklungstheorie besteht somit wesentlich in der Explikation der Struktur des latenten Sinns ödipaler Interaktionen und ihrer objektiven Bedingungen. Die spezifische Leistung sozialisatorischer Interaktionssysteme beziehungsweise partikularistischer Eltern-Kind-Beziehungen besteht aus dieser Sicht darin, auf der Grundlage objektiv einzigartiger und unverwechselbarer Affektbeziehungen ein System von Probeobjektbeziehungen zur Verfügung zu stellen, in denen sich der objektive Sinn genitaler Sexualität vorgängig konstituieren kann" (1975, 10f; vgl. ebd., 7-11; 1980b, 38 und 1981a, 31).

Diese Überlegungen finden Eingang in Oevermanns Strukturmodell familialer Interaktion, jenes soziologische Komplement der Erklärung ontogenetischer Entwicklungsprozesse, auf das auch Piagets kognitive Entwicklungspsychologie angewiesen ist (s.u. Kapitel 4.4). Im folgenden ist zunächst jedoch Oevermanns Konzeptualisierung des hierbei vorauszusetzenden soziologischen Strukturbegriffs – und in diesem Zusammenhang auch: die Bedeutung von G.H. Meads Werk für Oevermanns Theorieprogramm – zu behandeln.

4. Oevermanns strukturtheoretisches Paradigma in sozialisationstheoretischer Perspektive

Im Rückblick auf die unveröffentlichten Vorarbeiten zu einer Theorie der Bildungsprozesse hält Oevermann als zentrales Ergebnis fest, daß die wechselseitige Integration der kompetenztheoretischen Erklärungsansätze von N. Chomsky und J. Piaget einerseits und der psychoanalytischen Entwicklungstheorie von S. Freud als Paradigma von deren performanztheoretischer Ergänzung andererseits nur auf dem Wege der Verklammerung durch das soziologische Argument einer Theorie der sozialen Konstitution des Subjekts in der Struktur der sozialisatorischen Interaktion möglich ist (1975, 13; 1976a, 34 und 1976b, 396-399).

Die Konstruktionsprinzipien dieser Theorie entlehnt Oevermann der pragmatistischen Theorie G.H. Meads, die er auf der Folie der Errungenschaften der modernen Sprachtheorie rekonstruiert. Im folgenden soll zunächst der Stellenwert von Meads Theorie für die Grundlegung von Oevermanns Theorie- und Forschungsprogramm ausgewiesen und in die Grundzüge von Meads Erklärung der Entstehung von Bedeutung und der sozialen Konstitution des Subjekts eingeführt werden (Kapitel 4.1). Im Vorgriff auf Oevermanns strukturalhermeneutische Rekonstruktion des Meadschen Bedeutungsbegriffs wird dann in einem zweiten Schritt das Konzept der latenten Sinnstrukturen in sozialisationstheoretischer Perspektive eingeführt (Kapitel 4.2). Die konstitutionstheoretische Erklärung von Oevermanns historisch-konkreten Strukturbegriff im Paradigma des genetischen Strukturalismus (Kapitel 4.3) liefert schließlich die begrifflichen Voraussetzungen für die Erklärung der sozialen Konstitution ontogenetischer Entwicklungsprozesse. Oevermann selbst entfaltet dies für innerfamiliale Sozialisationsprozesse. Das Kapitel zu Oevermanns Strukturmodell familialer Interaktion faßt nochmals die zentralen Argumente seiner Theorie der sozialen Konstitution des Subjekts in der Struktur der sozialisatorischen Interaktion zusammen. Es erläutert die Struktureigenschaften der sozialisatorischen Interaktion unter Berücksichtigung von deren phasenspezifischer Aufschlüsselung. Oevermanns strukturgenetische Erklärung der Transformationsbedingungen des innerfamilialen Interaktionssystems, die ihrerseits die Gesetzmäßigkeiten ontogentischer Entwicklungsprozesse konstituieren, führt dabei auch exemplarisch in die Konstruktion von Strukturmodellen im Bezugsrahmen seiner soziologischen Sozialisationstheorie ein (Kapitel 4.4).

4.1 Interaktionsstrukturelle Voraussetzungen der Bedeutungsentstehung und des Prozesses der Individuierung

Unter den Klassikern der Sozialwissenschaften ist insbesondere G.H. Meads Werk als theoriegeschichtlicher Bezugspunkt der genuinen Bemühungen Oevermanns anzusehen.[99] An Meads Grundeinsichten orientieren sich Oevermanns Arbeiten von Anfang an,[100] insbesondere auch seine soziologischen Rekonstruktionen der Theorien Piagets und Freuds. Und wie noch zu zeigen sein wird: Es ist Meads Bedeutungsbegriff, der – neben den Bestimmungen zur Architektonik von Kompetenztheorien – die Methodologie der objektiven Hermeneutik theoretisch begründet.

Die sequenzanalytisch vorgehenden strukturalhermeneutischen Verfahren der objektiven Hermeneutik mit der ihr eigenen analytischen Differenzierung zweier Realitätsebenen – latente Sinnstrukturen protokollierter (Sprech-)Handlungen vs. mentale Repräsentationen der beteiligten Akteure – erweisen sich dabei gerade gegenüber der Realität von Individuierungs- und Bildungsprozessen als methodologische Grundoperation. Denn erst die objektiv-hermeneutische Sequenzana-

---

99   Zu G.H. Meads Werk, dessen Bedeutung als soziologischer Klassiker im Paradigma des genetischen Strukturalismus unumstritten ist, liegen zahlreiche Arbeiten vor: Vgl. Raiser 1971; Joas 1978; 1980a; 1992; Habermas 1981, Bd.2, Kapitel V; Krappmann 1985 und Wagner 1993a; 1993b. Wagners Interpretation, die sich explizit an Oevermanns Theorieprogramm orientiert, steht dabei Oevermanns Mead-Interpretation am nächsten. Von den gängigen Mead-Adaptionen innerhalb der Habermas-Theorieschule grenzt sich Oevermann (1991a, 285, Anm. 5) mit Verweis auf die Grundlegung seines eigenen Theorie- und Forschungsprogramms ab.

100   Vgl. 1965, 166, Anm. 1.

lyse ermöglicht die methodisch kontrollierte Rekonstruktion der objektiven Strukturiertheit sozialisatorischer Interaktionsprozesse: Jener Struktur also, die in ihrer fallweisen Konkretion als potentieller Bildungsgegenstand der Konstruktionstätigkeit eines sich bildenden Subjekts anzusehen ist.

In diesem Sinne habe ich in Kapitel 1 die These vertreten, daß die Methodologie der objektiven Hermeneutik unter Berücksichtigung von Oevermanns Ansatz einer soziologischen Sozialisationstheorie die Möglichkeit eröffnet, Meads Kritik des konventionellen Behaviorismus auf der Grundlage einer sprachtheoretisch fundierten Soziologie auch methodologisch einzulösen.

Mead selbst umschreibt seine methodologische Position als "Standpunkt des Sozialbehaviorismus" (Mead 1934/dt. 1973, Teil I). Mit der Bestimmung des Sachbereichs der Sozialpsychologie, in deren Zentrum die Entwicklung der Identität des Individuums und seines Bewußtseins innerhalb seines Erfahrungsbereiches stehe, grenzt Mead sich nicht nur von der methodologischen Position des klassischen Behaviorismus ab, der sich strikt auf die Beobachtung der äußeren Aspekte des Verhaltens beschränkt. Insofern er fordert, nicht die psychologische Sicht der individuellen Erfahrung einzunehmen, sondern Erfahrung von dem Standpunkt der Gesellschaft, zumindest aber von dem Gesichtspunkt der Kommunikation aus zu betrachten, unterscheidet sich seine Herangehensweise auch von dem konventionellen Verständnis der sozialpsychologischen Betrachtungsweise. Nach Mead

"(untersucht) die Sozialpsychologie die Tätigkeit oder das Verhalten des Individuums, so wie es in den gesellschaftlichen Prozeß eingebettet ist; das Verhalten eines Individuums kann nur in Verbindung mit dem Verhalten der ganzen gesellschaftlichen Gruppe verstanden werden, dessen Mitglied es ist, denn seine individuellen Handlungen sind in größeren, gesellschaftlichen Handlungen eingeschlossen, die über den Einzelnen hinausreichen und andere Mitglieder dieser Gruppe ebenfalls betreffen.
In der Sozialpsychologie konstruieren wir nicht das Verhalten der gesellschaftlichen Gruppe im Hinblick auf das Verhalten der einzelnen Wesen, die diese Gruppe bilden. Vielmehr gehen wir von einem gesellschaftlichen Ganzen, einer komplexen Gruppenaktivität aus, innerhalb derer wir (als einzelne Elemente) das Verhalten jedes einzelnen Individuums analysieren. Das heißt also, daß wir das Verhalten des Individuums im Hinblick auf das organisierte Verhalten der gesellschaftlichen Gruppe erklären, anstatt das organisierte Verhalten der gesellschaftlichen Gruppe aus der Sicht des Verhaltens der einzelnen Mitglieder erklären zu wollen. ...

In der Sozialpsychologie erfassen wir den gesellschaftlichen Prozeß sowohl von innen als auch von außen her. Die Sozialpsychologie ist in dem Sinne behavioristisch, daß sie mit einer beobachtbaren Aktivität beginnt – dem dynamischen gesellschaftlichen Prozeß und den ihn konstituierenden gesellschaftlichen Handlungen –, die untersucht und wissenschaftlich analysiert wird. Sie ist jedoch nicht in dem Sinne behavioristisch, daß die innere Erfahrung des Individuums – die innere Phase dieses Prozesses oder dieser Aktivität – ignoriert wird. Ganz im Gegenteil, sie befaßt sich vornehmlich mit dem Entstehen dieser Art von Erfahrung innerhalb des Prozesses als Ganzem. Nur arbeitet sie bei ihren Untersuchungen darüber, wie eine derartige Erfahrung innerhalb dieses Prozesses entsteht, von außen nach innen, anstatt gleichsam von innen nach außen fortzuschreiten. Die Handlung und nicht der Nervenstrang ist also das grundlegende Datum sowohl der Sozial- wie der Individualpsychologie, wenn sie unter behavioristischen Vorzeichen steht. Sie hat sowohl eine innere wie eine äußere Phase, einen internen wie einen externen Aspekt" (Mead 1934/dt. 1973, 45f).

Auf die Verknüpfungspunkte zwischen der Meadschen Betrachtungsweise und der des interaktiven Konstruktivismus im Sinne Piagets ist in beiden Theorietraditionen häufig hingewiesen worden.[101] Die Implikationen einer systematischen Integration von Meads pragmatistischer Sozialpsychologie und Piagets kognitiver Entwicklungspsychologie wurden jedoch nur von Oevermann zum Anlaß eines vergleichsweise radikalen, methodologischen Perspektivenwechsels genommen. Gegenüber vorliegenden entwicklungspsychologischen Erklärungsansätzen weist Oevermann in seinen Vorarbeiten zu einer Theorie der Bildungsprozesse (1973-1976) nicht nur das Desiderat einer genuin soziologischen Sozialisationstheorie aus, wobei zugleich die in der Soziologie vorherrschenden strukturtheoretischen Paradigmen aus der Sicht der Sozialisationsforschung als hierfür ungeeignet kritisiert werden (1979a). Er nimmt die metatheoretische Integration der Ansätze von Chomsky, Piaget, Freud und Mead darüber hinaus auch zum Anlaß für die methodologische Grundlegung einer hermeneutischen, rekonstruktionslogisch vorgehenden Erfahrungswissenschaft und die Begründung eines historisch-konkreten Strukturbegriffs im Paradigma des genetischen Strukturalismus (1976b; 1979b; 1981a; 1983a; 1991a und 1993a).[102]

---

101 Vgl. u.a. Döbert/Habermas/Nunner-Winkler 1977a; Edelstein/Keller 1982a und Joas 1991.

102 Oevermanns ausführlichste Auseinandersetzung mit den Schriften G.H. Meads findet sich in zwei neueren Texten (1991a und 1993a). Ansonsten rekurriert Oevermann insbesondere an Schlüsselstellen seiner Argumentation und Theorie-

Unter dem Gesichtspunkt der Begründung eines historisch-konkreten Strukturbegriffs läßt sich die Zielsetzung von Oevermanns Rekonstruktion der genannten Erklärungsansätze folgendermaßen zusammenfassen: *Die von Mead beschriebene Grundstruktur des sozialen Aktes,* die jeglicher Bedeutungsgenerierung konstitutionslogisch zugrundeliegt, liefert Oevermann für seinen Ansatz einer soziologischen Sozialisationstheorie das Modell für die Erklärung der sozialen Konstitution ontogenetischer Entwicklungsprozesse und für die dann geforderte Begründung einer materialen soziologischen Strukturanalyse das methodologische Modell hermeneutischer Bedeutungsrekonstruktionen. *Piagets Einsicht in die konstituierende Selbsttätigkeit des sich bildenden Subjekts* liefert Oevermann hierzu die entwicklungspsychologische Präzisierung des strukturalistischen Arguments der sich selbst erzeugenden Autonomie eines Handlungszentrums und *Freuds Psychoanalyse – verknüpft mit Meads zeitphilosophischer Fassung der I-me-relationship –* schließlich das Strukturmodell eines individuierten Subjekts.

In der Perspektive dieses Theorie- und Forschungsprogramms werde ich im folgenden zunächst die Grundzüge von Meads Erklärung der Bedeutungsentstehung und der sozialen Konstitution von Individuierungsprozessen vorstellen.[103] Oevermann selbst beschränkt sich in seinen Ausführungen zu Meads Werk in der Regel auf ausgewählte, für die Grundlegung seiner soziologischen Theoriestrategie besonders interessierende Aspekte und setzt dabei die Kenntnis der Grundbegriffe Meadschen Denkens weitgehend voraus. Vor diesem Hintergrund dienen die folgenden Ausführungen zunächst dazu, jene zentralen Konzepte Meads einzuführen, auf die sich Oevermann in seinen

---

rezeption auf G.H. Meads Werk: so u.a. in seiner Piaget-Rezeption (1974a, 49.51f), Freud-Rezeption (1975, 6) und in der Methodologie der objektiven Hermeneutik (1979b, 380f). Wie auch Wagners (1993a; 1993b) Mead-Interpretation sind die entsprechenden Überlegungen durch die Übernahme einer konsequent strukturalen Perspektive gekennzeichnet. Vgl. hierzu auch Krappmanns Vorwort zu Wagners Studie, in: Wagner 1993a, 9f.

103 Ich stütze mich hierzu auf folgende Schriften Meads: die posthum herausgegebene Vorlesungsnachschrift 'Mind, Self and Society' (Mead 1934/dt. 1973) und die zu Lebzeiten publizierten Aufsätze zur Entwicklung des Konzepts der symbolvermittelten Interaktion (1909; 1910a; 1910b; 1912 und 1913) und dessen Fassung in Meads Spätwerk (1922; 1925 und 1927). Zur Werkentwicklung der Theorie G.H. Meads vgl. Joas 1980a.

interaktions- und subjekttheoretischen Überlegungen bezieht. Nach Erscheinen von Wagners (1993a) Studie zu Meads Werk und mit Verweis auf diese kann ich mich dabei auf eine Skizze der Grundzüge Meadschen Denkens beschränken.

Mead entwickelt seinen Bedeutungsbegriff im Rahmen seines Konzepts symbolvermittelter Interaktion. Kennzeichnend für Meads Ansatzpunkt ist dabei zum einen, von einer kooperierenden Gruppe auszugehen und nicht vom Verhalten des einzelnen Organismus oder Individuums (s.o.). Zum anderen läßt sich Meads Theorie durch eine konsequent evolutionstheoretische Betrachtungsweise kennzeichnen, die darin eine gewisse Wahlverwandtschaft zu den in Kapitel 2 und 3 ausgewiesenen Konstruktionsprinzipien strukturgenetischer Erklärungsansätze erkennen läßt. Im Zusammenhang seiner Theorie des Ursprungs spezifisch menschlicher Kommunikation führt Mead aus, daß Bedeutung (meaning)[104] weder sprachlich konstituiert noch einfach präexistent ist. Unabhängig von der subjektiv-intentionalen Repräsentanz seitens der handelnden Akteure existiert Bedeutung in der objektiven Struktur des aktiven Verhältnisses eines Organismus zu seiner je konkreten Umwelt.

"Die Beziehung zwischen einem gegebenen Reiz – als einer Geste – und den späteren Phasen der gesellschaftlichen Handlung, deren frühere (wenn nicht erste) Phase die Geste darstellt, ist der Bereich, in dem Sinn oder Bedeutung entsteht und existiert. Sinn ist daher die Entwicklung einer objektiv gegebenen Beziehung zwischen bestimmten Phasen der gesellschaftlichen Handlung; er ist nicht ein psychisches Anhängsel zu dieser Handlung und keine 'Idee' im traditionellen Sinne. Die Geste eines Organismus, die Resultante der gesellschaftlichen Handlung, in der die Geste eine frühe Phase darstellt, und die Reaktion eines anderen Organismus auf sie, das sind die relevanten Faktoren in einer dreifachen oder dreiseitigen Beziehung zwischen Geste und erstem Organismus, Geste und zweitem Organismus sowie Geste und anschließenden Phasen der jeweiligen gesellschaftlichen Handlung; diese dreiseitige Beziehung ist die Grundsubstanz von Sinn oder zumindest die Substanz, aus der sich Sinn entwickelt ...

Bewußtsein ist nicht unbedingt für die Präsenz des Sinnes im gesellschaftlichen Erfahrungsprozeß notwendig. Die Geste eines Organismus ruft in jeder gesellschaftlichen Handlung eine Reaktion eines anderen Organismus hervor, die zur Handlung des ersten Organismus und ihrem Ergebnis in direkter Beziehung steht; und sie ist ein

---

104 Meads Begriff 'meaning' wird in der deutschen Übersetzung häufig auch mit dem Begriff 'Sinn' wiedergegeben. So auch in der Übersetzung von 'Mind, Self and Society' (Mead 1934/dt. 1973).

Symbol für das Ergebnis der jeweiligen gesellschaftlichen Handlung eines Organismus (des Organismus, der sie setzt), insoweit ein anderer Organismus (der dadurch
auch in diese Handlung hineingezogen wird) darauf reagiert und somit auf das Ergebnis hinweist. Der Mechanismus des Sinnes ist also in der gesellschaftlichen Handlung
vor dem Auftreten des Bewußtseins des Sinnes gegeben. Die Handlung oder anpas-
sende Reaktion des zweiten Organismus gibt der Geste des ersten Organismus ihren
jeweiligen Sinn" (Mead 1934/dt. 1973, 115-117; vgl. ebd., 115-122).

Indem in Interaktionen mit konkreten Anderen die Aufmerksamkeit
auf das eigene Handeln und damit die objektiven Bedeutungsgehalte
eigener Gebärden (die über die Reaktion des oder der Anderen vermittelt werden) gerichtet wird, ist die Voraussetzung für deren subjektiv-
intentionale Aneignung geschaffen: Wenn ego die Reaktionen alters
auf seine Gebärden antizipierend intentional repräsentiert, können wir
nach Mead von einem Bewußtsein der Bedeutung bei ego sprechen:

"Insofern das Individuum ... sich selbst gegenüber die Haltung eines anderen einnimmt
und insofern es in einem gewissen Sinn in sich selbst die Bestrebung zu der Handlung
erzeugt, die sein Verhalten bei einem anderen Individuum hervorruft, zeigt es sich
selbst die Bedeutung einer Gebärde an" (Mead 1922/dt. 1980, 294).

Mead sieht in der Fähigkeit des 'taking the role of the other' den
Grundmechanismus, der auf der Ebene der Phylogenese aller sprachlichen Kommunikation zugrundeliegt und auf der Ebene der Ontogenese Ich-Identität und Selbstbewußtsein entstehen läßt. Im einzelnen
Individuum führt die Fähigkeit zur Rollenübernahme – der intentionalen Repräsentanz des Verhaltens anderer sowie die Fähigkeit, sich
selbst zum Objekt werden zu können – dabei zur Herausbildung analytisch unterscheidbarer Instanzen, die Mead als 'I' (Ich), 'Me' (Mich)
und 'Self' (Selbst/Ich-Identität) definiert.

Das 'I' benennt postulativ das im Reflexionsakt logisch implizierte
Subjekt, das sich als Objekt selbst erkennen kann. Wie Mead am Beispiel introspektiver Erinnerung darlegt, kann es jedoch nie als 'I' Gegenstand der Erfahrung sein. Auch sich selbst gegenüber begegnet
eine Person sich immer als 'me'.

Das 'me' kennzeichnet die Bedingungen, die einem Handlungsentwurf
zugrundeliegen: als erinnertes 'me' wie auch als antizipierte Haltungen
und Verhaltenserwartungen anderer.[105] Im letzteren Fall verweist

---

105 In Anknüpfung an Meads frühe Schriften zur Begründung seines Konzepts
    symbolvermittelter Interaktion klammert diese Formulierung die zentrale Pro-

Meads Konzept des 'me' auf egos Vorstellungen von dem Bild, das alter von ego hat, sowie dessen Verhaltenserwartungen an das Handeln von ego. Haltungen und Erwartungen anderer können dabei als generalisierte begegnen. Solche definiert Mead als 'generalized other', ein System von Regeln, Normen und Werten, das von einer organisierten Gruppe von Individuen getragen wird und letztlich als 'universe of discourse' begegnen kann, der – als Telos der Sprache innewohnend – aus der Praxis sozialer Kooperation hervorgeht.

Ein Individuum, dessen Handlungsmitte analytisch als 'I' definiert wird, sieht sich in Handlungssituationen in der Regel verschiedenen 'me's' gegenüber. Der für die Bildung der Ich-Identität und die praktische Handlungsfähigkeit notwendige Versuch der Synthetisierung unterschiedlicher 'me's' wird als 'self' definiert. Der Synthetisierungsversuch, der ein 'Self' begründet, muß dabei als prozeßhafte und durchaus spannungsvolle Integration der als 'me' erinnerten, kreativen und teils spontanen, unerwarteten Handlungen des 'I' und jener 'me's' verstanden werden, die ego als Haltungen und Verhaltenserwartungen anderer an sich antizipiert.

In der Mead-Rezeption und unter Berücksichtigung des Symbolischen Interaktionismus wurde dieser Synthetisierungsprozeß im Konzept einer 'balancierenden Identität' entfaltet (Krappmann 1969). Oevermann hingegen stellt mit seiner Denkfigur der 'widersprüchlichen Einheit' nicht den handlungstheoretischen Aspekt eines im Denken über sich und im praktischen Handeln um Konsistenz und Widerspruchsfreiheit bemühten Aktors in den Vordergrund, wie es das Konzept einer 'balancierenden Identität' nahezulegen scheint. Statt dessen versucht Oevermann die (zugrundeliegende) strukturale Komponente des dynamischen Prozesses der Ich-Entwicklung und des Erfahrungszuwachses begrifflich schärfer zu fassen. Unter Einbeziehung von Freuds psychoanalytischem Persönlichkeitsmodell konzeptualisiert Oevermann die Subjektstruktur als dialektische Struktur, als widersprüchliche Einheit, die in dem unauflöslichen Gegensatz von Be-

---

blematik einer Theorie der Dingkonstitution aus. Vgl. hierzu Joas 1980a, Kapitel 7; Krappmann 1985, 165f und Wagner 1993a, Kapitel 6. Auch für die Dingkonstitution gilt die Fähigkeit der Rollenübernahme als konstitutiv; vgl. Mead 1927/dt. 1983, 218ff und das Manuskript 'Das physische Ding' aus Meads Nachlaß (deutsche Fassung in: Mead 1983, 225-243).

gründungs- und Entscheidungszwang, von Verpflichtung zur Konsistenz und Widerspruchsfreiheit und der Notwendigkeit, divergente Erfahrungen zuzulassen, besteht (vgl. 1981a, 28f; 1991a, 297-330 und 1993a, 153-189).

Mit Hilfe von Oevermanns Konzept der latenten Sinnstrukturen sollen nun die von Mead ausgewiesenen interaktionsstrukturellen Voraussetzungen der Bedeutungsentstehung und des Individuierungsprozesses präzisiert werden.

4.2 Das Konzept der latenten Sinnstrukturen in sozialisationstheoretischer Perspektive

Mit der interaktionstheoretischen Einsicht in die objektive Strukturiertheit sozialisatorischer Interaktion sowie in die für die humane Ontogenese konstitutive Bedeutung von deren sprachlich vermittelter Repräsentanz gelingt Oevermann einerseits die Konzeptualisierung des sozial konstituierten Gegenstandes von Prozessen der reflektierenden Abstraktion: die objektiven latenten Sinnstrukturen sozialisatorischer Interaktionen unter Berücksichtigung von deren jeweiligen typischen Konfiguration. Unter Bezugnahme auf die Freudsche Psychoanalyse kann Oevermann andererseits ausweisen, weshalb gerade den latenten Sinnstrukturen innerfamilialer Interaktionsverläufe eine persönlichkeitskonstituierende und mit Blick auf die handlungspraktische Realisierung epistemischer Strukturen lebensgeschichtlich folgenreiche Funktion zukommt. Des weiteren kann mit der Freudschen Psychoanalyse begründet werden, weshalb den – durch formale Regeln des Sprechhandelns konstituierten – latenten Sinnstrukturen innerfamilialer Interaktionsverläufe selbst bei eingeschränkter Sinninterpretationskapazität auf seiten des Kleinkindes eine sozialisatorische Wirkung zukommen kann. Denn die latenten Sinnstrukturen innerfamilialer Interaktionsverläufe sind als qua Handlungserfolg emergente Eigenschaft zumindest affektiv bedeutsam und entfalten – vermittelt

durch das 'Triebschicksal' des Einzelnen – ihre persönlichkeitskonstituierende Wirkung.[106]
Oevermanns Theorie der sozialen Konstitution des Subjekts in der Struktur der sozialisatorischen Interaktion zielt auf die Erklärung der universellen Gesetzmäßigkeiten in der Ausbildung epistemischer Strukturen wie auf die Erklärung des Individuierungsprozesses und der Ausbildung individueller Differenzen. Der notwendigen Differenzierung von mindestens drei Erklärungsebenen der Subjektentwicklung (s.o. Kapitel 2.3) korrespondiert dabei die analytische Differenzierung von Ebenen der sozialisatorischen Interaktion. Oevermann unterscheidet die quasi-universellen Konstitutionsbedingungen der Sozialisation von den Spielräumen für gesellschaftlich-historische, subkulturelle und familienspezifische Variationen von Strukturmerkmalen sozialisatorischer Interaktion (1976b, 373) bzw. in einer späteren Fassung dieser Unterscheidung: die allgemeinen Strukturen sozialisatorischer Interaktion und die lebensweltspezifische Typik ihrer fallweisen Geschichte (1979a, 146).

Um den Stellenwert des Konzepts der latenten Sinnstrukturen für die Sozialisationstheorie richtig zu verorten, gilt es zunächst, sich nochmals die methodologische Problemstellung, die der Kompetenz-Performanz-Unterscheidung korrespondiert, zu vergegenwärtigen:

"Die Analyse individueller Differenzen kann theoretisch zureichend immer nur im Bezugsrahmen einer expliziten Rekonstruktion der universellen Strukturen des Gattungssubjekts vorgenommen werden, wie umgekehrt diese universellen Strukturen, da sie in reiner Form empirisch sich nicht manifestieren, immer nur durch die Interpretation der fallweisen individuellen Erscheinungsweise hindurch rekonstruiert werden können. Die Analysen von universell-invarianten Strukturen und lebensgeschichtlich wie historisch gebundenen einzelnen Handlungen oder Handlungsketten stehen also in

---

106 Zum hier verwendeten psychoanalytischen Begriff des 'Triebschicksals' vgl. Mertens Erläuterung des Konzepts: "Die Rede von den Triebschicksalen war eine großartige Verdichtung für alle Entwicklungslinien im libidinösen und aggressiven Bereich, deren Manifestationen sich als sinnlich sexuelles Begehren und aggressives Verhalten zeigt, wie es sich in Auseinandersetzung mit den Bezugspersonen in der Kindheit geformt hat. Der Trieb zeigt sich dabei nach Freud niemals in seiner ersten, gleichsam unverstellten Natur, sondern immer nur in seiner gesellschaftlich und sozial bearbeiteten zweiten Natur" (Mertens 1991, 89). So verstanden impliziert Oevermanns (1979b, 413) Verwendung des Begriffs 'Triebschicksal' keineswegs einen 'Rückfall' hinter seine interaktionstheoretische Grundlegung der Sozialisationstheorie.

einem komplementären Verhältnis zueinander. Die Analyse einer dieser Ebenen allein ohne die Fundierung im genannten Komplementärverhältnis hinge in der Luft" (1979a, 152; vgl. 1976a, 36 und 1981a, 32).

Das von Oevermann in seiner Methodologie der objektiven Hermeneutik ausgewiesene Konzept der latenten Sinnstrukturen läßt sich nun nicht einer der analytisch zu unterscheidenden Erklärungsebenen einer Theorie der Bildungsprozesse zuordnen. Latente Sinnstrukturen sozialer Abläufe sind – methodologisch betrachtet – zunächst der primäre *Gegenstand empirischer Analysen* und nicht identisch mit dem Gegenstand der soziologischen *Theoriebildung*. Letzteres soll die obige These, daß die objektiven latenten Sinnstrukturen sozialisatorischer Interaktionen als sozial konstituierter Gegenstand von Prozessen der reflektierenden Abstraktion anzusehen sind, gerade nicht nahelegen. Ich will dies kurz am Beispiel von Oevermanns soziologischer Rekonstruktion der Piagetschen Position eines interaktiven Konstruktivismus erläutern.

Der kompetenztheoretisch interessierende Mechanismus der fiktiven Bedeutungsinterpretation und -zuschreibung von seiten sozialisierter Personen, der die sprachliche und kognitive Entwicklung konstituiert (s.o. Kapitel 3.2), läßt sich nur dann empirisch untersuchen, wenn es gelingt, eine Differenz zwischen Sinninterpretationskapazitäten des Kindes und den objektiven Bedeutungsstrukturen der sozialisatorischen Interaktion (im Sinne von Meads Begriff der Bedeutung) material auszuweisen. In einem zweiten Schritt ist dann retrospektiv anhand von Folgeanalysen im Rahmen einer Längsschnittuntersuchung oder aber prospektiv unter Bezugnahme auf Ergebnisse der entwicklungspsychologischen Theoriebildung[107] der Nachweis zu führen, daß die rekonstruierten, interaktiv emergierenden Strukturen praktischen Handelns für das Kind gleichwohl entwicklungsbedeutsam waren bzw. (im Sinne der vorliegenden Erkenntnisse kognitiver und psychoanalytischer Entwicklungspsychologie) sein können: entwicklungsbedeutsam, insofern sie als (re-)konstruierte, interiorisierte Strukturen künftig die praktische *Handlungsfähigkeit* des sich bildenden Subjekts konstituieren. Wobei unter 'praktischer Handlungsfähigkeit' immer

---

107 Den zweiten Weg wählen Oevermann u.a. in der Darstellung ihrer materialen Analysen in 1976b, 374-384.

auch die lebensgeschichtlich mehr oder weniger realisierte, sukzessive Befähigung zur 'Autonomie' gemeint ist.

Gelingt dieser Nachweis (mit Hilfe objektiv-hermeneutischer Verfahrensprinzipien), kann beispielsweise im Rahmen von innerfamilialen Interaktionsanalysen untersucht werden, welche *Struktureigenschaften familialer Interaktion* gewährleisten, daß unabhängig von den Vorausstattungen des sich bildenden Subjekts fortlaufend Strukturen praktischen Handelns konstituiert werden, die dessen Sinninterpretationskapazität übersteigen und – da die konkreten Handlungsfolgen im Rahmen familialer Interaktion für das Kind immer auch affektiv bedeutsam sind – zum Anlaß der selbsttätigen (Re-)Konstruktionstätigkeit werden können. Gegenstand der soziologischen Theoriebildung sind dann beispielsweise die fraglichen *Struktureigenschaften familialer Interaktion*, die sich theoretisch aus den Einzelfallanalysen abstrahieren lassen (vgl. 1976a, 43; 1976b, 397ff und 1980b, 33-53).

Methodologisch betrachtet wird die sozialisationstheoretisch interessierende objektive Strukturiertheit sozialer Abläufe in Begriffen latenter Sinnstrukturen rekonstruiert. Insofern die wissenschaftlich interessierte Analyse eines sozialen Ablaufs *erkenntnislogisch* nicht von Verstehensoperationen der konkret involvierten Akteure unterschieden werden kann, gilt die Realitätsebene der latenten Sinnstrukturen vice versa für die beteiligten Akteure wie für die wissenschaftlichen Interpreten als eigenständige, analytisch unterscheidbare Primärebene sozialer Wirklichkeit. Der Verstehens- bzw. der (Re-)Konstruktionsprozeß bezieht sich in beiden Fällen auf diese Primärebene sozialer Wirklichkeit. Die *handlungslogische* Differenz, das ist für das Verständnis individueller Bildungsprozesse entscheidend, ist jedoch darin zu sehen, daß die wissenschaftliche Analyse eine methodisch kontrollierte, intersubjektiv nachvollziehbare Rekonstruktion der latenten Sinnstrukturen eines Ablaufs vorzuweisen hat, während es für das sich bildende Subjekt kennzeichnend ist, daß es die latenten Sinnstrukturen eines Ablaufs nicht als solche (vollständig) zu vergegenwärtigen bzw. nachträglich zu (re-)konstruieren sucht. Der individuelle Bildungsprozeß (bzw. Konstruktionsprozeß) zeichnet sich entsprechend nicht dadurch aus, daß in ihm idealiter versucht wird, eine Deckungsgleichheit zwischen latenten Sinnstrukturen sozialisatorisch bedeutsamer Interaktionsszenen und deren subjektiv intentionalen Repräsentanzen herzustellen. Dieser Grenzfall einer retrospektiv vollständig aufgeklärten

Handlungspraxis bzw. Lebensgeschichte ist empirisch nicht vorstellbar. Selbst die handlungsentlastete wissenschaftliche Analyse vermag die latenten Sinnstrukturen sozialer Abläufe nur approximativ zu erschließen.

Dies ändert jedoch nichts an dem Umstand, daß die latenten Sinnstrukturen auch für das sich bildende Subjekt als sozial konstituierter Gegenstand von Prozessen der reflektierenden Abstraktion anzusehen sind. Denn auch die Ausbildung kollektiv geteilter Bewußtseinsstrukturen und persönlichkeitsspezifischer Dispositionen im individuellen Bildungsprozeß setzt erkenntnislogisch diese Realitätsebene latenter Sinnstrukturen als *Möglichkeitsraum* der mentalen Repräsentierbarkeit voraus. Die (Re-)Konstruktionstätigkeit des Kindes (wie auch die des wissenschaftlichen Interpreten einer Interaktionsszene) bezieht sich primär auf diesen Möglichkeitsraum der mentalen Repräsentierbarkeit und nicht, zumindest nicht unmittelbar, auf jene Deutungs- und Handlungskonzepte oder gar psychischen Dispositionen der für das Kind relevanten Bezugspersonen, auf die sich die konkrete Strukturierung eines sozialen Ablaufs immer auch rückführen läßt. Würden die kollektiv geteilten Deutungs- und Handlungskonzepte als unmittelbarer Gegenstand von Prozessen der reflektierenden Abstraktion angesehen werden, würde das Piagetsche Theorem der aktiven Konstruktionstätigkeit des Subjekts letztlich reduktionistisch im Sinne sozialer Lerntheorien umgedeutet. Die Entstehung des Neuen könnte so ebensowenig erklärt werden wie die Herausbildung individueller Differenzen des Sinnverstehens.

Diese in Teil II zu präzisierenden methodologischen Überlegungen müssen berücksichtigt werden, damit Oevermanns Verwendung des Konzepts der latenten Sinnstrukturen im Zusammenhang seiner sozialisationstheoretischen Beiträge nicht im Sinne von Metaphysik- oder Ontologisierungsvorwürfen mißverstanden wird. Sie vermögen auch, die (zumindest mich) zunächst mitunter verwirrende sozialisationstheoretische Verwendung des Begriffs latenter Sinnstruktur in Plural- und Singularform und dessen methodologische Verwendung zur Beschreibung der Struktur sowohl eines einzelnen Interaktes als auch einer für eine Handlungs- bzw. Lebenspraxis typischen Interaktfolge aufzuklären.

Zwar muß diesbezüglich konstatiert werden, daß Oevermann die strukturtheoretische Konzeptualisierung seines Theorie- und Forschungsprogramms erst im Zusammenhang und im Anschluß an seine methodologischen Schriften präzisierte.[108] Gleichwohl läßt sich meines Erachtens auch für die sozialisationstheoretische Inanspruchnahme des Konzepts der latenten Sinnstrukturen in den siebziger Jahren zeigen, daß sie die theoretisch entscheidende Differenz zwischen der objektiven Strukturiertheit sozialer Abläufe als konstitutionslogischer (universeller) Voraussetzung der Herausbildung epistemischer Bewußtseinsstrukturen und von Individuierungsprozessen allgemein und deren in Begriffen latenter Sinnstrukturen rekonstruierbaren soziohistorischen Konkretion als Voraussetzung für die Herausbildung sozio-historischer und individueller Differenzen im Bildungsprozeß andererseits gleichwohl stringent durchhält. Insofern gelingt es Oevermann bereits in dieser frühen Phase der Begründung eines historisch-konkreten Strukturbegriffs im Paradigma des genetischen Strukturalismus, die Dialektik von Besonderem und Allgemeinem, Historizität und Universalität weder psychologistisch noch soziologistisch zu vereinseitigen.

Zwei Schlüsselstellen aus Beiträgen, die beide 1976 publiziert wurden, sollen dies illustrieren. Zunächst zitiere ich eine Passage aus dem Beitrag 'Beobachtungen zur Struktur der sozialisatorischen Interaktion. Theoretische und methodologische Fragen der Sozialisationsforschung':[109]

"Erziehungsziele, Erziehungseinstellungen und Erziehungspraktiken der Eltern, Rollendefinitionen der Familienmitglieder, usw. – klassische Variablen der Sozialisationsforschung – erfassen den realen Sozialisationsprozeß nur an der Oberfläche. Die

---

108 Den Beginn dieser Werkphase markieren insbesondere die beiden publizierten Beiträge 1979a und 1979b, die beide unbestreitbar auf die 'Vorarbeiten zu einer Theorie der Bildungsprozesse' in den Jahren 1973-1976 und die in diesen Jahren durchgeführten Analysen im Zusammenhang des Forschungsprojektes 'Elternhaus und Schule' (1968b) verweisen (vgl. 1976b). Die sukzessive Ausarbeitung der strukturtheoretischen Konzeptualisierung in den achtziger und frühen neunziger Jahren dokumentieren insbesondere die Beiträge 1981a; 1983a; 1986; 1991a und 1993a.

109 In dieser publizierten Fassung eines Vortrags aus dem Jahre 1974 werden auch erstmals materiale Analysen zusammenfassend vorgestellt, die nach den seinerzeit ausgearbeiteten Verfahrensprinzipien der objektiven Hermeneutik durchgeführt wurden.

Struktur der konkreten sozialisatorischen Interaktion konstituiert sich relativ unabhängig von den Motiven, Dispositionen und Intentionen der beteiligten Personen als objektive Struktur sozialer Differenzierung und als objektive Struktur eines latenten Sinnzusammenhangs. Die *latente Sinnstruktur der sozialisatorischen Interaktion* deckt sich nur zum Teil mit den innerpsychischen Repräsentationen des sozialen Geschehens im Bewußtsein der beteiligten Subjekte. Sie wird von diesen nur in Ausschnitten und in verschiedenen Graden der Artikuliertheit ihrer objektiven Elemente realisiert, bestimmt aber real den Sozialisationsprozeß auch unabhängig von dieser innerpsychischen Realisierung. Indem sie für das Kind – bezogen auf dessen jeweilige Interpretationskapazität – 'überschüssig' strukturiertes Erfahrungsmaterial vorgeben, das im Verlaufe der Lebensgeschichte nachträglich mit subjektivem, der objektiven Struktur adäquatem Sinn aufgefüllt wird, beeinflussen die latenten Sinnstrukturen den Bildungsprozeß des Subjekts unabhängig von dessen entwicklungsstandspezifischer Kapazität der Sinninterpretation. Entsprechend muß eine soziologische Sozialisationstheorie die dafür konstitutiven spezifischen Strukturmerkmale der sozialisatorischen Interaktion analysieren" (1976b, 372f).

Als zweite Schlüsselstelle zitiere ich eine Passage in den 'Programmatischen Überlegungen zu einer Theorie der Bildungsprozesse und zur Strategie der Sozialisationsforschung'. Nach einer zusammenfassenden Darstellung seiner Argumentationsstrategie, mit der er ausweist, daß immanente Erklärungsprobleme entwicklungspsychologischer Erklärungsansätze auf das Desiderat einer komplementären soziologischen Sozialisationstheorie verweisen, resümiert Oevermann:

"In dem Maße, in dem der zur Entwicklungspsychologie komplementäre soziologische Ansatz der sozialen Konstitution der Struktur der Entwicklung in der objektiven Struktur der sozialisatorischen Interaktion in der Programmatik einer Theorie der Bildungsprozesse ausgeführt werden könnte, ließe sich auch das systematische Problem der Erklärung der Logik der Entwicklung von seinen idealistischen Konnotationen befreien und in einer Soziologie der objektiven Strukturen zur Lösung bringen.

Schon an anderer Stelle ist umrissen worden (vgl. 1976a, 39f.42; H.S.), inwiefern für den Prozeß der Individuierung des Subjekts auf der Folie der Lösung des Problems des Erkennens der eigenen Antriebsbasis, also für die auf die Ausstattung des Organismus mit Subjektivität hinführende Entwicklung, die These der sozialen Konstitution in der Struktur der sozialisatorischen Interaktion entscheidend wird. Für den sozialen Konstitutionsprozeß stehen hier weniger die Struktureigenschaften der Interaktion im Vordergrund, die die Intersubjektivität schlechthin bedingen, als die objektiven latenten Sinnstrukturen, die wahrscheinlich wesentlich über formale Eigenschaften des Sprachhandelns vermittelt und durch die sozialisatorische Interaktion relativ unabhängig von der jeweiligen Sinninterpretationskapazität sowohl der Eltern als auch der Kinder konstituiert werden. Diese objektiven Bedeutungsstrukturen determinieren die Entwicklung des Kindes über das Ausmaß hinaus, in dem das kindliche Subjekt die Bedeutungen und den objektiven Sinn von Interaktionen jeweils entziffern kann. Damit konstituieren sie objektiv den Sinn von Verhaltensweisen und Reaktionen, die durch die Strebungen der Antriebsbasis und die unmittelbare Bedürftigkeit des Individuums unmittelbar und zunächst unbegriffen hervorgetrieben werden" (1976a, 45).

Mit dieser Überlegung verknüpft Oevermann seine Thesen zur Integration der Freudschen Psychoanalyse in die Programmatik einer kompetenztheoretisch fundierten Theorie der Bildungsprozesse mit den zentralen Einsichten, die er bereits in seinen frühen Schriften herausarbeitet.[110] Die sukzessive Umwandlung von objektiven Verhaltensantrieben in subjektiv verfügbare Intentionen wird primär durch den Prozeß der stellvertretenden Deutung der latenten Sinnstrukturen sozialisatorischer Interaktionen mediatisiert. Dieser Prozeß der 'stellvertretenden Deutung' vollzieht sich im Sinne von Meads Modell der triadischen Struktur des sozialen Aktes fortlaufend.

Oevermanns These, die sozio-historische Strukturiertheit sozialisatorischer Interaktion und deren latente Sinnstrukturen konstituierten sich relativ unabhängig von den Motiven, Erwartungen, Dispositionen und Intentionen der an ihr konkret beteiligten Akteure, negiert dabei nicht deren Bedeutung für die Strukturierung sozialer Abläufe und für die Mediatisierung der Wirkung latenter Sinnstrukturen. Denn Oevermann bestreitet nicht, daß subjektive Entwürfe, Definitionen und Konstruktionen – vermittelt über die Antizipationen zukünftiger Interakte – an konkreten Sequenzpositionen eines sozialen Ablaufs dessen weitere Verlaufsrichtung und damit dessen objektive Strukturiertheit mitbestimmen. Er weist jedoch darauf hin, daß die Konstitutionsbedingungen der latenten Sinnstrukturen eines sozialen Ablaufs nicht auf innerpsychische Repräsentanzen der beteiligten Akteure reduziert werden können und diese Überlegung nicht nur bezogen auf das Kleinkind, das noch nicht über die entsprechenden Bewußtseinsstrukturen verfügt, Geltung beanspruchen kann. Subjektiv-intentionale Repräsentanzen vermitteln die situative Wirkung der objektiven Bedeutungsstrukturen konkreter Handlungsverläufe, ohne sie im empirischen Normalfall vollständig zu realisieren (vgl. 1976b, 384f).

Interaktionsverläufe konstituieren somit analytisch von den mentalen Repräsentanzen der beteiligten Subjekte unterscheidbare allgemeine Strukturen von Bedeutungen bzw. Bedeutungsmöglichkeiten. Diese können von den beteiligten Akteuren in der konkreten Handlungssi-

---

110 Vgl. zum folgenden insbesondere 1976b und 1979b.

tuation unterschiedlich realisiert werden. Im Falle des Vorliegens eines protokollierten sozialen Ablaufs bzw. anhand von – ebenfalls als Text begreifbaren – Erinnerungsspuren[111] gilt dies auch nachträglich sowohl für die beteiligten Akteure, die ihrem Handeln zunächst nicht realisierte Bedeutungen abgewinnen können, als auch für andere kommunikationsfähige Subjekte, die den protokollierten Interaktionsverlauf interpretieren.

Daß die beteiligten Akteure im Einzelfall bestimmte Handlungsmöglichkeiten bzw. Verstehensmöglichkeiten einer sozialen Situation (oder auch einer Erinnerung) nicht realisieren, charakterisiert die Akteure oder aber die situativ-kontextuellen Rahmenbedingungen der Interaktionssituation in ihrer Besonderheit. Die Bestimmung des Besonderungs- und Individuierungsgrades einer Handlungspraxis orientiert sich in den objektiv-hermeneutischen Analysen entsprechend an den sequentiell ausweisbaren Diskrepanzen zwischen den latenten Sinnstrukturen einer Handlungsfolge einerseits und den von den Akteuren in der konkreten Handlungssituation realisierten (bzw. qua intuitiver Urteile der Angemessenheit realisier- und kommunizierbaren) Bedeutungen andererseits.

Es ist für den empirischen Normalfall allgemein kennzeichnend, daß die an einer Interaktion beteiligten Subjekte deren latente Sinnstrukturen nicht vollständig realisieren. Oevermann unterscheidet drei Typen von Einflußfaktoren, die die Differenz zwischen subjektiv-intentionalen Repräsentanzen und latenter Sinnstruktur (eines einzelnen Interaktes oder eines konkreten sozialen Ablaufs) bedingen (vgl. 1979b, 383-387 und 1983b, 135f.149ff):
1. entwicklungsstandsspezifische Einschränkungen der Sinninterpretationskapazität,[112]

---

111 Zu Oevermanns Verständnis des Freudschen Konzepts der 'Erinnerungsspuren' vgl. 1993a, 133.

112 "Die entwicklungsstandspezifischen Verkürzungen in der subjektiv-intentionalen Realisierung von latenten Sinnstrukturen *können*, aber *müssen* nicht verzerrende Wirkung haben, sie bedingen vielmehr primär Vereinfachungen. Die latente Sinnstruktur wird um so weniger explizit intentional realisiert, je niedriger der Entwicklungsstand ist. Die durch Faktoren der ontogenetischen Entwicklung bedingte Differenz zwischen subjektiv-intentionaler Repräsentanz und latenter Sinnstruktur liegt in der Dimension des Grades der Explizitheit von Bedeutungsstrukturen ...."

2. pathologisch restringierende Faktoren auf der Ebene der Lebensgeschichte und/oder der Gesellschaftsgeschichte[113] und

3. Faktoren, die das praktische (Alltags-)Handeln ökonomisieren, indem sie Bedeutungsentschlüsselung und Motivverstehen auch unter Handlungsdruck gewährleisten.[114]

Im frühen Entwicklungsalter nehmen Kinder die Bedeutungen der sozialisatorischen Interaktionen naturgemäß nur sehr reduziert wahr, weil ihnen für eine differenzierte Rekonstruktion die auf Sozialisation zurückgehenden Interpretationsvoraussetzungen fehlen. Aber sie perzipieren den Sinn der Interaktionen noch naturwüchsig unverzerrt, gewissermaßen 'affektiv wahrheitsgemäß'. Verzerrungen in der Wahrnehmung treten erst später potentiell als Folge der Übernahme restringierender, ideologischer oder neurotoider sozialer Normen und Deutungen auf und bilden den Ansatzpunkt für mögliche pathologische Entwicklungen" (1979b, 384). Vgl. hierzu Oevermanns Ausführungen zum Typus der Beziehung zwischen einer 'overprotective mother' und ihrem Kind in: 1979b, 385.

113 "Latente Sinnstrukturen können durch pathologisch restringierende Faktoren als systematisch verzerrte, fragmentierte oder verschobene Lesarten intentional repräsentiert sein. Auf der Ebene der Lebensgeschichte bezeichnen wir diese Faktoren als Neurosen und Psychosen, auf der Ebene der Gesellschaftsgeschichte als Ideologien, Dogmen, Mythen oder was auch immer .... Sie sind dafür verantwortlich, daß Fehlleistungen, Kompromißbildungen und Symptomhandlungen produziert werden und ihr objektiver Sinn nicht entziffert werden kann" (1979b, 385).

114 Diesem Typus werden abkürzende Verfahren der Bedeutungsentschlüsselung und des Motivverstehens zugeordnet, die die praktische Handlungsfähigkeit auch unter Handlungsdruck sichern helfen und als Strategien der Entschlüsselung der wahrscheinlichsten Lesart fungieren. Dieser Typus von Faktoren "sichert, daß in der Regel und unter den soziohistorisch wahrscheinlichen Kontextbedingungen die latente Sinnstruktur von praktischem Handeln 'richtig' und unverzerrt dechiffriert wird, obwohl im Hinblick auf Letzteres in Rechnung gestellt werden muß, daß die ökonomisierenden Faktoren selbst auf kritisierbare, den Zeitgeist und die Ideologien einer gesellschaftlichen Entwicklungsstufe artikulierende Annahmen, zum Beispiel auf tiefsitzenden epochenspezifischen Deutungsmustern aufruhen. Aber innerhalb des soziokulturellen Bezugsrahmens einer gesellschaftlichen Entwicklungsstufe sichern diese ökonomisierenden Faktoren das unverzerrte, im Kern richtige Verständnis des Sinns einer Interaktion, jedoch auf einer Stufe sehr geringer Explikation. Darin drückt sich aus, daß die Kritisierbarkeit dieser Entschlüsselungen gering ist. Die Interpretationen erfolgen gewissermaßen naturwüchsig, reflexionsentlastet. Sie geraten an ihre Grenze unter unwahrscheinlichen Kontextbedingungen, dann, wenn die Geltung einer unwahrscheinlichen Lesart zum Verständnis des Sinns einer Handlung wichtig wird, wenn zum Beispiel die üblichen Interpretationen einer typischen Handlung angesichts der Lockerung von soziohistorisch gebundenen Vorausset-

Die Wirkung der latenten Sinnstruktur eines konkreten Interaktionsablaufs auf das sich bildende Subjekt erfolgt nicht nur relativ unabhängig von den Motiven, Erwartungen, Dispositionen und Intentionen der sozialisierten Bezugspersonen eines Kindes, sondern auch unabhängig von der rudimentär ausgebildeten Sinninterpretationskapazität des Kindes.[115] Oevermann faßt sie unter drei Gesichtspunkten zusammen:

"a) Die latente Sinnstruktur einer konkreten Interaktion gibt dem Handeln des Kindes eine von diesem nicht oder nur wenig deutlich antizipierte, emergente Bedeutung, die wiederum nur undeutlich, 'in terms' der affektiven Qualität der Eltern-Kind-Beziehung, aber prinzipiell erfahrungserweiternd im Rahmen der jeweils gegebenen Sinninterpretationskapazität abgespeichert wird und die Erfahrung späterer Interaktionsszenen strukturiert. Der latente Sinn der konkreten Interaktion vermittelt dem Kind eine neue Erfahrung über die Bedeutung seines Handelns, die es subjektiv auf dem Niveau von dessen objektiver Struktur nicht hätte intendieren können. Die latente Sinnstruktur der sozialisatorischen Interaktion sichert gleichsam die Entwicklung und Erfahrungserweiterung des sich bildenden Subjekts, indem sie Unbekanntes, noch nicht Erfahrenes – so paradox das klingen mag – in einer erinnerbaren Struktur fixiert. b) Objektiv in ihrem Ausgangskontext sinnähnliche spätere Interaktionsszenen werden tendenziell nach der Struktur des Sinns vorausgehender Szenen antizipiert und erfahren. Ihre latente Sinnstruktur kann mithin ein 'Stück weiter' realisiert werden. Interaktionsszenen werden niemals als vollständig neu erfahren, sondern immer nach dem Bilde vorausgehender Szenen interpretiert. c) In dem Maße, in dem objektiv sinnähnliche spätere Szenen subjektiv in ihrer Bedeutung differenzierter erfaßt werden können, erschließt sich auch sukzessive der objektive Sinn vorausgehender und mit geringerer Sinninterpretationskapazität erlebter Szenen. Die Erinnerungsspuren als Chiffren der latenten Sinnstruktur früherer Szenen werden nachträglich ausgedeutet und in Erfahrung umgesetzt" (1976b, 389; vgl. 1979/80, Vorlesung vom 05.02.80 und 1980b, 44f.47ff).

Es ist bereits mehrfach darauf hingewiesen worden, daß Oevermann psychische Prozesse und Strukturen nicht als Derivat sozialer Strukturen ansieht, sondern mit Piaget von der aktiven Konstruktionstätigkeit des sich bildenden Subjekts ausgeht. Anders als die universalistischen Erklärungsansätze der kognitiven Entwicklungspsychologie zielt sein Theorieprogramm jedoch auch auf die Erklärung differentieller Ent-

---

zungen und Geltungsbedingungen brüchig geworden sind" (1979b, 386f; vgl 1983b, 150).

115 Zur kognitionspsychologischen Differenzierung dieser These und zur hierzu notwendigen Differenzierung grundlegender Repräsentationsformen des Denkens (Handlungswissen, Vorstellungswissen und begriffliches Wissen) sowie der grundlegenden Unterscheidung zwischen primärem und sekundärem Bewußtsein vgl. Seiler 1993.

wicklungsverläufe und deren sozialer Konstitution. Entsprechend gilt Oevermanns Forschungsinteresse im Rahmen des Projektes 'Elternhaus und Schule' auch der Erklärung pathogener Sozialisationsverläufe. Die wechselseitige Integration von kognitiver und psychoanalytischer Entwicklungspsychologie im Bezugsrahmen einer Theorie der sozialen Konstitution des Subjekts fundiert dabei auch das Modell der Erklärung pathogener Sozialisationsprozesse:

"In dem Maße ..., in dem auf seiten der Eltern aufgrund von neurotischer Abwehr, von normativen Restriktionen oder von Beziehungsproblemen in der Ehe die triebdynamisch bedingten Motivierungen des Kindes einer sinnadäquaten Interpretation entzogen werden, bleiben sie auch für das Kind mit großer Wahrscheinlichkeit uninterpretiert, tendenziell traumatisch. Es werden dann Interaktionsabläufe verhindert oder unwahrscheinlich, in deren latenter Sinnstruktur sie ihren angemessenen objektiven Ausdruck finden. Insofern jedoch auch die unbewußten Motive der Eltern gegen ihre Intention in der objektiven Struktur ihrer Kommunikationssymbolik sich niederschlagen, eröffnet sich dem Kind die Chance, nicht zwangsläufig die Eltern in ihrer neurotischen Abwehr beerben zu müssen. Es kann die latente Sinnstruktur der erinnerten Interaktionsszenen nachträglich erfolgreich entziffern, wenn andere Bedingungen, die hier nicht analysiert werden können, erfüllt sind" (1976b, 384).[116]

Bezogen auf die psychoanalytische Entwicklungstheorie verweist Oevermanns Modell der Erklärung pathogener Sozialisationsprozesse somit auf zwei notwendige soziologische Theoriekomplemente: ein Strukturmodell familialer Interaktion, das die soziale Konstitution des Individuierungsprozesses und die Ausbildung individueller Differenzen erklärt,[117] und ein gleichfalls kommunikationstheoretisch ansetzendes Strukturmodell therapeutischen Handelns, innerhalb dessen die Bedingungen von Heilungs- und Emanzipationsprozessen ausgewiesen werden.[118]

---

116   Vgl. hierzu die beiden materialen Analysen in 1976b, 378-384, in denen Oevermann u.a. das Beispiel einer tendenziell traumatischen ödipalen Interaktion dem einer gelungenen ödipalen Interaktion gegenüberstellen.

117   Vgl. in diesem Zusammenhang auch Oevermanns Interpretation der Freudschen Traumtheorie, in: 1993a, 153-163.

118   Eben dies sind die beiden theoretischen Bezugspunkte des Projektantrages 'Struktureigenschaften sozialisatorischer und therapeutischer Interaktion (1980b). Zu der in diesem Zusammenhang interessierenden These von dem dialektischen Verhältnis von Ausdrucksgestalt und Lebenspraxis vgl. zusammenfassend 1986, 48ff; des weiteren Oevermanns verstreute Ausführungen zur Strukturlogik therapeutischen Handelns und dem 'Selbstheilungspotential', das der Struktur der Versprachlichung von Handlungen und Erfahrungen innewohnt.

Die letztlich gesellschaftsstrukturelle Fundierung der Subjektkonstitution zeigt sich dann, wenn nach Bedingungsfaktoren differentieller
Abläufe sozialisatorischer Interaktionen gefragt wird. Durchaus im
Sinne des von Oevermann in seinen frühen Schriften vertretenen
'Mehr-Ebenen-Ansatzes' haben materiale Analysen die sozialisatorisch
wirksamen Variablen, die objekttheoretisch Fragestellungen der Soziologie, Sozialpsychologie und der Entwicklungspsychologie zuordenbar sind, in ihrem komplexen Zusammenhang zu berücksichtigen.
Für Oevermanns Analysen zu innerfamilialen Interaktionsverläufen
folgt daraus, die je besondere Strukturierung der Eltern-Kind-Kom-
munikation, die als Basis der je individuellen Ausprägung des Entwicklungsverlaufs angesehen wird, auf der Folie der sozialstrukturellen und soziokulturellen Kontextuierung des familialen Interaktionssystems abzubilden:

"Die detaillierte Rekonstruktion der individuellen Besonderheit eines Falles führt uns
paradoxerweise erst dazu, das Allgemeine der sozialen Konstitution von Bildungsprozessen und ihrer gesellschaftsstrukturellen Fundierung herauszulösen. Es wird dadurch
möglich, das, was sich an Gesellschaftlich-Allgemeinem oder subkulturell Spezifi-
schem in den Interaktionen einer Familie manifestiert, von dem zu sondern, was die
Familie als auf Dauer angelegtes, unspezifisches Interaktionssystem in seiner indivi-
duell-konkreten Geschichte an Besonderheiten ausgebildet hat" (1976b, 395; vgl.
1976a, 50f und 1979b, 396f).

"... Grundsätzlich haben wir zwischen den rekonstruierten Fallstrukturen, in denen die
Individuierung des Falles in allgemeiner Form zur Explikation kommt, und jenen
allgemeinen Strukturen unterschieden, die als institutionalisierte Rollenmuster, als
milieuspezifisches Handlungsmuster, als epochenspezifische Deutungsmuster, als
gesellschaftsspezifische Strukturen der Rationalität oder gar als universell gültige
Strukturen von (Sprech-)Handlungen jeweils in der Strukturierung des Falles mitwir-
ken und von ihm repräsentiert werden" (1980b, 27; vgl. 1979b, 387ff.412-415).

Die Ausbildung individueller Differenzen im Rahmen von allgemeinen Prozessen der Individuierung sind in dieser Perspektive also nicht
nur durch die je spezifische Eltern-Kind-Beziehung als sozial konstituiert anzusehen, sondern auch durch sozialstrukturell induzierte Handlungszwänge und Kommunikationsformen sowie durch historisch
spezifische Deutungsmuster. Deren Wirkungen auf die Triebschick-
sale und Biographien werden zum einen über die stellvertretende
Deutung des objektiven Sinns von Handlungsbeiträgen (des Kindes)
durch bereits sozialisierte Bezugspersonen und zum anderen durch die
eigenständige nachträgliche Ausdeutung von Interaktionsszenen in

Begriffen des sozial konstituierten Allgemeinen durch das sich bildende Subjekt selbst vermittelt (vgl. 1976a, 40.42).

4.3 Die Einführung eines historisch-konkreten Strukturbegriffs im Paradigma des genetischen Strukturalismus

Oevermanns Theorie der sozialen Konstitution ontogenetischer Entwicklungsprozesse liegt auf der konstitutionstheoretischen Erklärungsebene eine systematische Verknüpfung der pragmatistischen (Mead, Peirce) und strukturalistischen Perspektive (Chomsky, Piaget, Lévi-Strauss) zugrunde.[119] Er gelangt darüber zu einem Begriff objektiver sozialer Strukturen, der zwei Richtungen der Reduktion vermeidet: die Reduktion auf mentale Repräsentanzen oder Bewußtseinsstrukturen einerseits und die auf quasi-vorsoziale, darin verdinglichte Strukturen, die den handelnden Subjekten letztlich äußerlich blieben, andererseits.[120] Erst ein solchermaßen gekennzeichnetes strukturtheoretisches Paradigma schafft die begrifflichen Voraussetzungen dafür, psychische Prozesse und Strukturen weder als Ergebnis inhärent psychobiologisch strukturierter Entwicklungsprozesse, denen gegenüber soziale Faktoren als kontingente Randbedingungen erscheinen, noch ausschließlich als Derivate sozialer Strukturen zu explizieren.

In der begrifflichen Konstruktion dieses Strukturbegriffs rekurriert Oevermann primär auf die in der rationalistischen Sprachtheorie explizierten Konstruktionen des Regelbegriffs und der regelerzeugten sozialen Gebilde. Diese integriert er in seine Konzeptualisierung des

---

119 Während C.S. Peirce bereits in den Vorarbeiten zu einer Theorie der Bildungsprozesse in einzelnen Passagen als Bezugstheoretiker benannt wird (vgl.1975; 1976a; 1983a, 273f; ferner 1979b, 390f und 1986, 51f), bezieht sich Oevermann erst in den achtziger Jahren zustimmend auf C. Lévi-Strauss' Strukturalismus (vgl. 1983a und 1986; eine kritische Bezugnahme auf Lévi-Strauss' Theorie bzw. den französischen Strukturalismus findet sich in: 1973c, 20; 1979a, 148 und 1981a, 32f).

120 Vgl. 1979a, 147f.154f; 1983b, 115f und 1984b, 3.

von Mead bereits eingeführten Begriffs objektiver Interaktionsbedeutungen (s.o. Kapitel 4.1):

"In einer spezifischen Auslegung der Bedeutungstheorie von Mead (gehen wir) von einem Begriff der Bedeutung als interaktiv emergenter, objektiver sozialer Struktur aus, die ihrerseits als Voraussetzung für die Konstitution von Intentionalität gelten muß. Selbstverständlich verweist diese objektive Bedeutung auf Intentionen und selbstverständlich kann die interaktive Emergenz von Bedeutung konkret nicht ohne die Intentionalität von Subjekten gedacht werden, jedoch handelt es sich bei der Intention, die der regelerzeugten objektiven Bedeutung eines Interaktionstextes sinnlogisch äquivalent oder synonym ist, um die Intention des idealisierten, transzendental konstruierten verallgemeinerten Subjekts des 'universe of discourse', im Meadschen Verständnis gewissermaßen um den absoluten Anderen, den 'generalized other' des die Bedeutung konstituierenden Regelsystems und daher um nichts anderes als eine Paraphrase der objektiven Bedeutung selbst, von der die Intention eines konkreten individuierten Handlungssubjekts kategorial strikte zu trennen ist. Um eine theoretisch bedeutsame Vorstellung von der Konstitution dieses Subjekts zu gewinnen, muß man mit Mead die Konstitution von objektiven Interaktionsbedeutungen schon als gegeben unterstellen" (1979b, 380f).[121]

Konstitutivum eines so gefaßten Begriffs sozialer Struktur ist deren Sequentialität:[122] Eine im praktischen Handeln emergierende Interaktionsstruktur, die für ein beteiligtes Subjekt zugleich zum Gegenstand von Prozessen der rekonstruktiven Interiorisierung werden kann, ist der Sache nach dann immer zu verstehen als Strukturiertheit der Selektion aus objektiven Bedeutungsmöglichkeiten der im praktischen Handeln konkret vorliegenden Relation Organismus-Umwelt.

Für die hermeneutische Rekonstruktion eines Interaktionsprozesses resultiert daraus, daß dessen Besonderung nur auf der Folie gedankenexperimenteller Konstruktionen allgemein geltender Bedeutungs-

---

121 Diese Bestimmungen verweisen zum einen darauf, daß eine soziologische Sozialisationstheorie mit explanativen Kategorien anzusetzen hat, die die universellen Strukturbedingungen von sozialer Interaktion zur Geltung bringen können, zum anderen auf eine von George Herbert Mead her zu entwickelnde Theorie der Evolution von gattungsspezifischen Interaktionsstrukturen. Im Zusammenhang der entsprechenden evolutionstheoretischen Fundierung einer Theorie der Bildungsprozesse interessiert den weiteren Oevermanns Aneignung der beiden Klassiker des französischen Strukturalismus: Marcel Mauss und Claude Lévi-Strauss (vgl. Oevermann 1983a; 1984b und 1986, 27-34.56-59).

122 Zum Strukturbegriff Oevermanns, der zahlreichen Mißverständnissen ausgesetzt ist, vgl. insbesondere dessen zusammenfassende Darstellung seiner strukturtheoretischen Konzeption in 1983a, 269-275; 1991a und 1993a; ferner 1979a, 147f; 1979b, 422-427; 1981a und 1986.

bzw. Handlungsmöglichkeiten abgebildet werden kann, die situativ-kontextuell als pragmatisch angemessen, sinnvoll bzw. vernünftig gelten können. Im Falle der 'Abweichung' von einer regelgeleiteten Handlungspraxis erfordert die rekonstruktive Bestimmung eines Handlungsverlaufs dessen kontrastive Abbildung auf der Folie allgemein geltender Situations- und Handlungsstrukturierungen (im Sinne von begründbaren 'Normalformen' sozialen Handelns) sowie die Explikation von dessen objektiver Motivierung. Denn

"Regelgeleitetheit erlaubt im Unterschied zu bloßer Regularität Abweichung. Von Abweichung können wir in einem soziologisch signifikanten Sinne, also im Unterschied von Abweichung in der Bedeutung der Diskrepanz zu einem Norm- oder Durchschnittswert, erst sprechen, wenn wir unterstellen können, daß eine abweichend-handelnde Instanz auch nach der Abweichung den Sinn der Regel oder Norm, von der abgewichen worden ist, explizieren kann. Andernfalls läge keine Abweichung, sondern bloß eine Verhaltensänderung vor ....

Daraus folgt allgemein für die Soziologie, daß die Struktur eines Handelns nur begriffen werden kann, wenn seine konkrete Erscheinungsweise seiner Normalform gegenübergestellt wird" (1979a, 154; vgl. 1993a, 114f).

Die terminologische Unterscheidung von 'Regelabweichung' und 'Verhaltensänderung' ist in der Frontstellung zu behavioristischen Erklärungsansätzen und zu solchen der konventionellen Rollentheorie von besonderem Interesse. Erstere vermögen diese Differenz nicht zu explizieren, insofern eine 'Abweichung' in behavioristischer Perspektive das Ergebnis der Modifikation oder Löschung einer Reiz-Reaktions-Verknüpfung (vgl. ebd., 154) darstellen würde. Die Abgrenzung gegenüber der 'konventionellen Rollentheorie' ist darin zu sehen, daß erst eine strukturgenetische Perspektive, die kategorial zwischen kulturell universellen Regeln und Strukturierungsprinzipien sozialen Handelns einerseits und historisch-gesellschaftlich gebundenen Normen, Regel- und Wissenssystemen andererseits unterscheidet, der Tendenz konventioneller Rollentheorien begegnen kann, sozio-historisch ausgebildete und normierte Verhaltenserwartungen zu hypostasieren und den Grenzfall totaler Institutionen unter der Hand zum Normalfall zu stilisieren.[123]

Eine sozialisationstheoretischen Fragestellungen angemessene Erklärung der Strukturiertheit praktischen Handelns muß von daher die

---

123 Zur Kritik der Grundannahmen konventioneller Rollentheorie vgl. zusammenfassend Habermas 1974a, 187-190.

Bezugsebenen situativ-kontextueller, sozio-historischer bis hin zu letztlich universell geltenden Regeln und Strukturierungsprinzipien sozialen Handelns durchschreiten, will sie die Besonderung einer Handlungspraxis explanativ ausweisen. Deren jeweilige Besonderheit setzt logisch das Vorhandensein einer historisch ausgebildeten bzw. individuierten Handlungsinstanz ('Lebenspraxis') voraus. Auf diese kann jedoch nur über die sukzessive Rekonstruktion von Handlungsabläufen, in denen sie sich ihrer strukturellen Möglichkeit nach als 'autonom' strukturierende Handlungsinstanz objektiviert, rückgeschlossen werden.

Die situativ-kontextuelle wie sozio-historisch spezifische Einbindung sozialer Abläufe ist dabei notwendig zu berücksichtigen. Rückschlüsse auf die 'autonome' handlungspraktische Realisierung von Bewußtseinsstrukturen (und darüber vermittelt auch auf Prozesse der Individuierung und der Vergesellschaftung) lassen sich – so eine der zentralen Grundannahmen der objektiven Hermeneutik – erst im Zusammenhang des Nachweisens einer sich reproduzierenden und darin fallspezifischen Strukturiertheit von Handlungsfolgen begründen: Sofern diese für die interessierende Lebenspraxis mit Bezug auf heterogene Inhalte und Handlungsprobleme ausweisbar ist! Nur wenn dies in voneinander unabhängig durchgeführten Analysen gezeigt werden kann, sind Besonderheiten einer Handlungspraxis – im Sinne von (lebens-) geschichtlich angeeigneten impliziten Handlungs- und Deutungsstrategien – der interessierenden Lebenspraxis selbst zuschreibbar und nicht den Erfordernissen bzw. Zwängen einer konkreten Handlungssituation, die durch das Interaktionssystem der beteiligten Akteure, die institutionelle Einbindung der Handlungssituation u.s.w. vermittelt werden.[124]

Die materiale Analyse der fallspezifischen Konfiguration eines sozialen Ablaufs und darüber vermittelt die von Bewußtseinsstrukturen setzt somit zwingend voraus, daß sie explizit im Zusammenhang mit und in Bezug auf die objektive Strukturiertheit der protokollierten Handlungssequenzen und -probleme durchgeführt wird. Dies gilt nicht nur für die hermeneutisch-rekonstruktive Analyse der Handlungspraxis eines Aktors, sondern auch für die höher aggregierter sozialer Sy-

---

124 Zu sozialen Zwängen in struktural-hermeneutischer Perspektive und zu unterscheidbaren Typen sozialer Zwänge vgl. 1991a, 278f.

steme, die in theoretischer Perspektive gleichfalls als 'Lebenspraxen' abstrahierbar sind (vgl. 1981a).

4.3.1 Konstitutionstheoretische Bestimmungen zum Konzept der objektiven bzw. latenten Bedeutungs- und Sinnstrukturen

Methodologisch folgt aus den bereits vorgestellten Bestimmungen zur Gegenstandskonzeptualisierung, daß die rekonstruktive Bestimmung der Strukturiertheit einer interessierenden Handlungspraxis nur in Begriffen objektiver Bedeutungsstrukturen bzw. in Begriffen latenter Sinnstrukturen erfolgen kann, die durch sprachtheoretisch explizierbare Regeln der Bedeutungsgenerierung konstituiert sind. Der damit unterstellte Zusammenhang zwischen objektiv-hermeneutischer Textinterpretation und sozialwissenschaftlicher Strukturanalyse ist in der Grundannahme von der Textförmigkeit sozialer Wirklichkeit begründet:

"Jedes Handeln (ist) als *Text* protokollierbar und entsprechend (kann) seine objektive Bedeutungsstruktur aufgrund der geltenden sprachtheoretisch explizierbaren Regeln bestimmt werden. Von dieser Rekonstruktion, die unabhängig von der subjektiven Disposition des Handelnden und des Handlungspartners gedankenexperimentell gilt, sind dann die subjektiv intentional repräsentierten Bedeutungen der beteiligten Handlungssubjekte systematisch zu unterscheiden. Das bedeutet, daß soziale Strukturen soziologisch immer nur in Begriffen der objektiven Bedeutungsstrukturen bestimmt werden können, die von dem Handeln, zu dem sie Anlaß geben, konstituiert werden. Dies gilt auch für die sogenannten objektiven Lebensbedingungen oder materiellen Substrate von Handeln und auch für Sozialstrukturen im Sinne von Konstellationen auf der Ebene von Produktionsverhältnissen. Das Aggregierungsniveau sozialer Strukturen hat auf diese Bestimmungen keinen Einfluß" (1979a, 154; vgl. 1991a, 292).

Für materiale Analysen folgt aus diesen Bestimmungen, daß strukturalhermeneutische Interpretationen von Protokollen einer interessierenden Handlungspraxis (= Texte) methodologisch zumindest die folgenden vier Analyseebenen zu differenzieren haben:[125]

---

125 Dies gilt sowohl für protokollierte Handlungssequenzen, z.B. innerfamiliale Interaktionen, als auch für die Analyse von Interviewtexten.

"a) Die Deutung der objektiven Bedeutungsstruktur eines Textes oder eines Textelements als die Ebene der Realität von möglichen, d.h. prinzipiell subjektiv repräsentierbaren Bedeutungen oder Lesarten.

b) Die Ebene der Bedeutungen, die von einem Subjekt, das vom Text als Sprecher oder Hörer betroffen ist, subjektiv intentional realisiert werden bzw. auf seiten dieses Subjekts kommunizierbar mental repräsentiert sind.

c) Die Ebene der Struktur eines Falles eines individuierten Handlungs- oder Interaktionssystems, wie er durch die Rekonstruktion fallspezifischer Sequenzen von Textproduktionen auf der Ebene a) und die Identifikation des Verhältnisses von b) zu a) erschließbar ist.

d) Die Ebene der Genese dieser Struktur, die den Fall als individuierten in synchronischer Betrachtung bestimmt. Auf dieser Ebene wird die 'Geschichte' des Falles rekonstruiert" (1980a, 19f).

'Objektiv' sind die methodisch primär interessierenden Sinnstrukturen zu nennen, weil sie – in erkenntnistheoretischer Perspektive – durch allgemein geltende bedeutungsgenerierende Regeln konstituiert werden, die sprachtheoretisch explizierbar und nicht auf Konstitutionsleistungen eines empirisch-konkreten Subjekts reduzierbar sind. Sie sind analytisch strikt zu unterscheiden von subjektiven Dispositionen der beteiligten Akteure, insbesondere von dem subjektiv gemeinten Sinn, den Akteure den jeweiligen (Sprech-)Handlungen zuschreiben würden. Konstitutionstheoretisch sind sie zurückzuführen auf die Struktur einer Interaktion als elementarster Form von Handeln.

In erkenntnistheoretischer wie sozialisationstheoretischer Perspektive sind objektive Sinnstrukturen einer konkreten (Sprech-)Handlungsfolge als 'latente' zu kennzeichnen, weil ihnen faktisch keine manifeste Wirkung zukommen muß. Der diesen Bestimmungen korrespondierenden Konzeptualisierung sozialer Realität zufolge müssen latente Sinnstrukturen einer emergierenden Handlungspraxis von den beteiligten Akteuren also weder subjektiv-intentional realisiert werden, noch müssen sie als innerpsychische Repräsentanzen der beteiligten Akteure identifizierbar sein, noch muß ihnen zwingend eine empirische Wirkung zugeschrieben werden.[126]

---

126   "Der *Begriff* der sozialen Realität von latenten Sinnstrukturen ist *nicht* an das Kriterium ihrer Wirksamkeit in der konkreten Situation der Produktion des Textes oder einer konkreten Situation seiner Wahrnehmung gebunden, sondern allenfalls an das Kriterium seiner prinzipiellen Wirksamkeit in *irgendeiner* denkbaren Situation. Gleichwohl zielt die begriffliche Konstruktion auf die

Aus der Grundannahme von der Textförmigkeit sozialer Wirklichkeit folgt methodologisch, daß die strukturtheoretische Analyse einer Handlungs- bzw. Lebenspraxis material an textförmige Protokolle jener sozialen Abläufe gebunden ist, in denen sie sich objektiviert:[127]

"Bevor in den Geistes-, Kultur- und Sozialwissenschaften die Frage behandelt werden kann, was jemand, eine Person, eine Gruppe, eine Organisation oder eine Institution mit einer Handlung beabsichtigte und bezweckte bzw. welche Funktion diese erfüllte oder was sich an Dispositionen der handelnden Subjektivität aus ihr herauslesen läßt, muß ... beantwortet worden sein, was diese Handlung objektiv nach geltenden Regeln der Bedeutungserzeugung bedeutet. Der methodologisch spezifische Gegenstand der objektiven Hermeneutik besteht daher in objektiven bzw. latenten Bedeutungs- und Sinnstrukturen von *Ausdrucksgestalten*. Bei näherer Betrachtung nimmt man nämlich die objektiven bzw. latenten Bedeutungs- und Sinnstrukturen nicht den Handlungen oder Äußerungen von Handlungssubjekten selbst ab, sondern den *Spuren oder Protokollen*, die sie hinterlassen haben. Diese Spuren oder Protokolle konstituieren für die Methodologie der objektiven Hermeneutik die methodisch einzig greifbare Datenebene .... Dahinter steht, dem methodisch direkten Zugriff schon entzogen, die Welt der beobachtbaren – und das heißt auch: protokollierbaren – Handlungen und Äußerungen, die ihrerseits wiederum auf die dahinter stehende, und dem methodisch direkten Zugriff erst recht entzogene Welt der 'Subjektivität', der subjektiven Dispositionen also, d.h. der Affekte, Emotionen, Motive, Vorstellungen und psychischen Prozesse der Informationsverarbeitung, verweisen. Im Sinne der Romantik kann man diese Spuren und Protokolle generell als *Ausdrucksgestalten* bezeichnen. Immer drückt sich in ihnen eine je historisch konkrete *Lebenspraxis* aus" (1993a, 112f; vgl. 1986, 45-55).

Objektive Bedeutungsstrukturen bzw. latente Sinnstrukturen werden eingeführt als analytisch eigenständige Realitätsebene von Bedeutungsmöglichkeiten (vgl. 1979b, 368.381). Als rekonstruierbare Erfahrungstatsachen sind objektive Bedeutungsstrukturen bzw. latente

---

Analyse gerade jener Wirkungen der latenten Sinnstrukturen ab, die über die subjektiv intentionale Realisierung nicht vermittelt sind, also in den Bereich von Wirkungen fallen, die durch Unbewußtes vermittelt sind" (1979b, 369). Die dabei zugrundegelegte Konzeption des Unbewußten umfaßt neben dem Freudschen Begriff des Unbewußten auch Chomskys Konzept eines 'tacit knowledge' und Lévy-Strauss' Begriff des sozialen Unbewußten.

127 Zur Konzeption der latenten Sinnstrukturen in konstitutionstheoretischer Perspektive und zum Textbegriff in der Methodologie der objektiven Hermeneutik vgl. insbesondere 1979b; 1986 und 1993a, 112-144.

Sinnstrukturen kategorial zu unterscheiden von mentalen Repräsentationen.[128]

"Es sind nicht Konstitutionsleistungen des Subjekts ..., sondern es sind die interaktionsstrukturinhärenten Regeln verschiedenen Typs (syntaktische Regeln, pragmatische Regeln, Regeln der Sequenzierung von Interaktionen, Regeln der Verteilung von Redebeiträgen, usf.), die interaktionstextgenerativ die latenten Sinnstrukturen konstituieren. Allerdings setzt dies Argument entsprechend Kompetenzen auf seiten der handelnden Subjekte voraus. Aber diese Kompetenzen kennzeichnen die Subjekte nicht qua individuierte, konkrete Subjekte, sondern als Gattungssubjekte" (1979b, 370f).

Die zitierte Bestimmung der Konstitutionsbedingungen der latenten Sinnstrukturen ist meines Erachtens jedoch zu restriktiv, wie anhand einer anderen Passage in demselben Beitrag belegt werden kann. In ihr stellen Oevermann u.a. klar heraus, daß es Regeln unterschiedlichen Typs und unterschiedlicher gattungsgeschichtlicher oder historischer Reichweite der Geltung sind, die latente Sinnstrukturen konstituieren:

"Die latenten Sinnstrukturen einer Interaktion werden konstituiert im Zusammenspiel aller jener Regeln, die an der Erzeugung des Textes beteiligt sind. Es sind dies die universellen und einzelsprachspezifischen Regeln der sprachlichen Kompetenz auf den Ebenen der Syntax und der Phonologie, die Regeln einer kommunikativen oder illokutiven Kompetenz, die etwa in einer Universalpragmatik oder im Rahmen der Sprechakttheorie zu bestimmen wären, die universellen Regeln einer kognitiven und moralischen Kompetenz und die das sozio-historisch spezifische Bewußtsein des sozialisierten Subjekts konstituierenden institutionalisierten Normen, lebensweltspezifischen Typisierungen und Deutungsmuster" (1979b, 387).

Auch diese Spezifikation der bedeutungsgenerierenden Regeln, die latente Sinnstrukturen konstituieren, scheint zunächst für das Verständnis jener Textpassagen zu restriktiv, in denen Oevermann den Begriff 'latente Sinnstruktur' als Synonym der 'objektiven Strukturiertheit von sozialen Abläufen' bzw. der 'typischen fallspezifischen Konfiguration von Interaktionssequenzen' verwendet. Die Begriffsverwen-

---

128 "Die mentalen Repräsentationen von Welt (... stellen) jeweils bezogen auf die
rekonstruierte latente Sinnstruktur eines Interaktionstextes einen Ausschnitt dar.
Auf diese Ebene, die in sich noch einmal zu differenzieren ist – unter anderem
im Hinblick auf das ... Problem der Differenzierung von psychischen Instanzen –
gehören auch die subjektiv-intentionalen Repräsentanzen und die darin nur reduziert sich manifestierenden, das Urteil der Angemessenheit von Handeln
steuernden kollektiven Deutungsmuster" (1979b, 382). Zur Frage der psychischen Repräsentanzen vgl. 1979b, 354-378 sowie Oevermanns Replik (1983b)
auf Terhart (1981).

dung erweist sich jedoch als konsistent, wenn Oevermanns Unterscheidung von '*konkreten* latenten Sinnstrukturen, die die Struktur eines konkreten historischen Falles ausdrücken', und '*allgemeinen* latenten Sinnstrukturen' berücksichtigt wird.[129] Neben den bereits angeführten Konstitutionsbedingungen allgemeiner latenter Sinnstrukturen umfassen die Geltungsbedingungen der konkreten latenten Sinnstrukturen auch solche, die analytisch auf die jeweilige Geschichte der interessierenden Handlungs- bzw. Lebenspraxis sowie deren Situierung in einem sozio-kulturellen Milieu verweisen. Im Falle von Interaktionsanalysen wären dies beispielsweise die konkreten Individuierungsgeschichten der beteiligten Akteure und die Besonderungsgeschichte des Interaktionssystems (z.B. das einer Familie) auf der Folie von dessen sozio-kultureller Einbettung.

In neueren Schriften führt Oevermann in diesem Zusammenhang eine terminologische Unterscheidung von 'objektiver Bedeutungsstruktur' und 'latenter Sinnstruktur' ein, die zuvor häufig – und damit auch in den in dieser Arbeit zitierten Passagen – synonym verwendet wurden:

"Die latente Sinnstruktur einer einzelnen Äußerung werden wir später als objektive Bedeutungsstruktur bezeichnen, und wir werden dann den Terminus 'latente Sinnstruktur' für die objektive Bedeutung von fallspezifischen Sequenzen reservieren. Das ist aber nur eine pragmatische terminologische Regelung ohne systematischen Wert" (1989, 6f).

Ihrem Selbstverständnis nach gelten objektiv-hermeneutische Verfahren der Sinnrekonstruktion als Grundoperationen des sozialwissenschaftlichen Messens. Je nach objekttheoretisch jeweils leitender Fragestellung ist zu berücksichtigen, daß sie eine 'soziologisch-strukturtheoretische Form der Datenerzeugung' darstellen und die materiale Bearbeitung der leitenden Fragestellung auf anschließende explizite Schlußfolgerungsschritte angewiesen bleibt.[130]

---

129   Vgl. hierzu 1979b, 412-427; 1983a, 254 und 1986, 37f.
130   Vgl. u.a. 1979a, 165; 1979b, 352.376f und 1986, 22.47f. Zum Status objektiv-hermeneutischer Interpretationen vgl. 1979b, 390f.

4.3.2 Parameter der Sequenzierung sozialer Abläufe

Oevermanns soziologisch-strukturtheoretisches Paradigma basiert auf zwei Grundannahmen: der Sinnstrukturiertheit sozialer Wirklichkeit und der Regelgeleitetheit sozialen Handelns. Für seine strukturtheoretische Konzeptualisierung ist dabei zweierlei charakteristisch: Er faßt die Regelgeleitetheit sozialen Handelns in einem hierarchischen Modell von Fundierungsschichten, innerhalb dessen sich Regeln und Normen sozialen Handelns analytisch nach der Kritisierbarkeit ihres materialen Gehalts und der Reichweite ihrer sozialen Geltung unterscheiden lassen; und er konzeptualisiert die Sinnstrukturiertheit sozialer Abläufe als interaktiv emergente Struktur. Nicht die individuelle Aktion, sondern die Interaktion wird dabei – ganz im Sinne der Theorie G.H. Meads – als elementare Form von Handeln begriffen:

"Analytische Grundeinheit der soziologischen Strukturanalyse kann nicht das Einzelhandeln sein, das mit Hilfe der Kategorie des subjektiv gemeinten Sinns von bloßem Verhalten geschieden wird, sondern muß – da Regelgeleitetheit, wie schon Wittgenstein gezeigt hat, in sich Sozialität bedeutet – die soziale, sequentierte Kooperation sein, die von der Handlungstheorie fälschlicherweise als Koordination von Einzelhandlungen verstanden wird. So wie die Einzelhandlung schon immer eine Abstraktion von der Praxis der sozialen Kooperation darstellt, so gilt der objektiven Hermeneutik der subjektiv gemeinte Sinn als Derivat des schon immer objektiv gegebenen Sinns einer immer schon durch Regeln der Bedeutungsgenerierung koordinierten Sequenz von Einzelhandlungen, einer sequenzierten sozialen Kooperation also. –... Von dieser Voraussetzung her (wird) es erst möglich, einen Begriff von Lebenspraxis und damit auch von Subjektivität konstitutionstheoretisch so zu fassen, daß er ... in einer Explikation der Bedingungen der Möglichkeit von Lebenspraxis, die immer historisch konkret ist, besteht" (1993a, 115f; vgl. 1979a, 161f und 1979b, 379f).

Die interaktiv emergierende, sozio-historische Konkretion eines sozialen Ablaufs wird in dieser Perspektive durch zwei Parameter strukturiert:

"*Zum einen* durch die Menge aller Regeln, die bei Gegebenheit einer beliebigen Sequenzstelle, d.h. bei Gegebenheit einer bestimmten Äußerung oder Handlung, determinieren, welche Handlungen oder Äußerungen regelgerecht angeschlossen werden können und welche regelgerecht vorausgehen konnten. ... Der *zweite Parameter* von Sequenzierung besteht in den Determinanten der Selektionsentscheidung der jeweils handelnden Instanz, also der je konkreten Lebenspraxis. Deren Fallstrukturiertheit (Identität) bildet sich ab in der Charakteristik, mit der sie die nach Regeln eröffneten Optionen von 'objektiver Vernünftigkeit' selegiert und in 'praktische Vernünftigkeit' überführt" (1991a, 271).

Während die allgemein, nicht notwendig universell geltenden Regeln, die regelgerechte Anschlußmöglichkeiten generieren, auf den Bezugsrahmen einer allgemeinen Theorie des Handelns verweisen, stehen die Determinanten der Selektionsentscheidungen im Mittelpunkt der empirischen Rekonstruktion sozio-historischer Handlungspraxen bzw. gesellschaftlich vermittelter Individuierungsprozesse. Die Strukturiertheit eines historisch-konkreten sozialen Ablaufs wird damit immer als Ergebnis eines Individuierungs- oder Bildungsprozesses verstanden:

"Allgemeine, allerdings mit unterschiedlicher historischer und kultureller Reichweite geltende Regeln entwerfen den Spielraum *möglicher* sinnstrukturierter sozialer Verläufe. Der *konkrete*, praktische Verlauf innerhalb dieses Spielraums ist eine Funktion der besonderen Fallstruktur, die wir nun bezeichnen können als jene Gesetzlichkeit, die eine über einen gewissen Zeitraum sich erstreckende erkennbare Regelmäßigkeit in der Selektion von Möglichkeiten erklärt. Die Quelle der Geschichtlichkeit sind also letztlich diese fallspezifischen Gesetzlichkeiten, in anderen Worten: die konkreten Selektionsentscheidungen der Lebenspraxis. Welche Optionen nämlich konkret gewählt werden, ist nicht vorweg determiniert, sondern grundsätzlich in die Entscheidungsautonomie der konkreten Lebenspraxis gestellt. Diese Lebenspraxis 'bildet' sich in ihrer fallspezifischen Strukturgesetzlichkeit, in dem sie Entscheidungen vollzieht" (1991a, 271).

4.3.3 Die Historizität von Oevermanns Strukturbegriff

Der methodologische Begriff der Fallstrukturiertheit und die Grundannahme, derzufolge sich die Lebenspraxis in ihrer fallspezifischen Strukturgesetzlichkeit 'bildet', in dem sie Entscheidungen vollzieht, reformuliert in strukturtheoretischer Begrifflichkeit, was Oevermann in seinen Vorarbeiten zu einer Theorie der Bildungsprozesse des Subjekts – u.a. in seinem Strukturmodell eines autonom handlungsfähigen, mit sich identischen Subjekts – für individuelle Bildungsprozesse im einzelnen ausgewiesen hat. Die von Oevermann (1983a; 1991a und 1993a) gegenüber seinen Kritikern vehement vertretene These, daß erst die Methodologie der objektiven Hermeneutik (verstanden als Vorschlag für eine Methodologie des genetischen Strukturalismus) und der ihr komplementäre Strukturbegriff eine streng wissenschaftliche Thematisierung von Subjektivität im besonderen und von Individuierungs- und Bildungsprozessen im allgemeinen ermöglicht, findet ihre Begründung darin, daß die methodisch rekonstruierte Fallstruktur(iertheit) immer als ein Allgemeines und Besonderes zugleich verstanden wird:

"Besonderes ist die Fallstruktur, weil sich ... darin die nicht auf anderes reduzierbare Selektivität der konkreten Lebenspraxis äußert, ja äußern muß, und weil sie selbst das Resultat eines individuellen Bildungsprozesses ist, der seinerseits als eine Verkettung solcher Selektionsentscheidungen zu interpretieren ist. Besonderes ist die Fallstruktur auch in der Hinsicht, daß sie der gesetzmäßige Ausdruck einer Instanz ist, die konstituiert ist durch das strukturelle Potential von Entscheidungsautonomie und insofern grundsätzlich die Quelle offener Zukunft darstellt. Allgemeinheit nun kommt der Fallstruktur in mehrfacher Hinsicht zu. Zum ersten dadurch, daß sie sich der Allgemeinheit der bedeutungsgenerierenden Regeln und des durch sie eröffneten Spielraums bedient, gewissermaßen mit ihnen operiert und sie ausdrückt. Zum zweiten stellen die durch Selektion geformten fallspezifischen Verläufe in sich wiederum jeweils einen Anspruch auf allgemeine Geltung und Begründbarkeit erhebende praktische Antwort auf praktische Problemstellungen dar. Und zum dritten drückt die fallspezifische Struktur des Verlaufs immer auch eine exemplarische Realisierung eines allgemeineren, einbettenden Milieus und dessen Bewegungsgesetzlichkeit aus" (1991a, 272; vgl. 1983a, 273ff).

Nun mag gerade die strukturtheoretische Begrifflichkeit Oevermanns, bei aller – von den Kritikern meines Erachtens nicht erreichten – Prägnanz der sozialisations- und konstitutionstheoretischen Argumentation, Anlaß zu bleibender Skepsis bieten. Insbesondere die Verwendung des Gesetzesbegriffs durch Oevermann in Begriffspaaren wie 'fallspezifische Struktur(ierungs)gesetzlichkeit' (einer Lebenspraxis) oder, wie in seiner Studie zu Délacroix, die Rede von 'individueller Lebensgesetzlichkeit' (1986/87, 20) scheinen den theorieprogrammatischen Absichten auf den ersten Blick zuwiderzulaufen und die Vielfalt menschlichen Erlebens und Handelns unzulässig zu verkürzen. Dieser vordergründige Eindruck[131] wird jedoch korrigiert, wenn Oevermanns

---

131 Mit diesen Verständigungsproblemen aufgrund der strukturtheoretischen Begrifflichkeit befindet sich Oevermann im übrigen in prominenter Gesellschaft: Damit mußte sich Chomsky auseinandersetzen, obwohl dessen Kritik am behavioristischen Modell der Sprachentwicklung ebenso wie sein Anspruch, eine explanative Sprachtheorie müsse die kreative Funktion der Sprache erklären können, theoriegeschichtlich gerade die Voraussetzung dafür schaffen, die in der Sprachfähigkeit begründete, strukturelle Möglichkeit der Autonomie des Subjekts in einem Strukturmodell des Spracherwerbs zu erklären. Ähnliches gilt auch für Piagets kognitive Entwicklungspsychologie und genetische Erkenntnis-

Ausführungen zu den strukturtheoretischen Unterscheidungen von Diachronie und Synchronie, Reproduktion und Transformation sowie Kontinuität und Diskontinuität berücksichtigt werden (vgl. hierzu u.a. 1980b, 27-30; 1985a, 186-205 und 1991a, 274-276). Dann zeigt sich nämlich, daß manch statisch oder soziologistisch anmutende Begriffswendung das leitende (bei Oevermann: soziologische) Untersuchungsinteresse und die komplementären analytischen Unterscheidungen widerspiegelt (und nicht ein Theorieprogramm, in dem das Subjekt kategorial angeblich nicht zu seinem Recht komme).

Diesen Zusammenhang illustriert das folgende Zitat aus der Studie von Oevermann und Simm 'Zum Problem der Perseveranz in Delikttyp und modus operandi' (1985a): Der von der objektiven Hermeneutik verwendete Strukturbegriff

"(unterscheidet) zwischen der *Reproduktion* und der *Transformation* einer jeweils gegebenen Fallstruktur und (vermag) darin die Phänomene von relativer Konstanz oder relativer Veränderung im Handeln oder Verhalten eines gegebenen Falles, zumal einer Person, klarer zu fassen. Die *Transformation* einer Fallstruktur bezeichnet den kontinuierlichen Prozeß ihrer Entwicklung und Veränderung, mit Bezug auf den die *Reproduktion* jeweils die Prozesse der Sicherung und Aufrechterhaltung entwickelter Strukturmuster, z.B. einer biographisch herauskristallisierten Identitätsformation einer bestimmten Lebensphase meint. Die Reproduktion einer Fallstruktur ist also immer in deren langfristige Transformation eingebettet und stellt insofern mit Bezug darauf eine Abstraktion dar. Die Transformation einer Struktur ist gleichwohl analog zur Reproduktion durch eine Strukturierungsgesetzlichkeit gekennzeichnet, die die Spielräume der Veränderbarkeit einer Fallstruktur angibt. In welchem Grade diese Spielräume tatsächlich ausgefüllt werden, eine Person beispielsweise ihre Verhaltensweisen und Dispositionen ändert, ist jeweils vom Eintreten neuer Bedingungen in der äußeren und inneren Wirklichkeit der Person abhängig, also zukunftsoffen und doch vorgeprägt. Je nach tatsächlich sich zukunftsoffen vollziehender Transformation ändert sich deren Strukturierungsgesetzlichkeit selbst potentiell, indem neue Erfahrungen emergieren, die jedoch retrospektiv immer zugleich als determinierte oder motivierte integriert werden. Prozesse der Sozialisation, der Bildung und der Individuierung lassen sich allgemein als *Prozesse der Strukturtransformation* darstellen, die durch die allgemeine Dialektik von Emergenz und Determination in der Zeitlichkeit historischer Bildungsprozesse geprägt sind.

... Ob ein Handlungsablauf eher als Transformation oder als Reproduktion einer Struktur zu fassen sei, ist immer nur eine Funktion des für die Analyse gewählten Bezugspunktes. Beispielsweise ist die lebenszyklische Veränderung eines individuellen Lebens mit Bezug auf Identitätsentwürfe und Selbstbilder bestimmter biographi-

---

theorie mit Blick auf die Erklärung der Ontogenese logischer und moralischer Urteilsfähigkeit.

scher Phasen als Transformation zu werten. Diese kann jedoch ihrerseits in dem Maße, in dem sie typisierten sozialen Karrieren entspricht, wiederum als Reproduktion eines institutionalisierten Lebensentwurfs auf höherstufiger Ebene angesehen werden. *Mit anderen Worten: Konstanz oder Veränderung im Verhalten, Wiederholung oder Variabilität in der Wahl von Handlungszielen und Durchführungsmodi ist nicht eine Frage substantieller Eigenschaften oder objektiv feststellbarer Merkmale von Handeln*, sondern eine Funktion des Blickwinkels in der Analyse. Erst in einem strukturalistischen Modell von Handeln, gepaart mit einer sinntheoretischen Fundierung, in der die Strukturiertheit von Handeln *als regelerzeugte Sinnstrukturiertheit* gefaßt ist, entgehen wir, indem jedes Handeln oder jede Lebensäußerung *zugleich Transformation und Reproduktion* einer Fallstruktur sein kann, immer aber in *nicht-zufälliger, systematisch motivierter und rekonstruierbarer Weise diese Fallstruktur qua Textförmigkeit gültig zum Ausdruck bringt, der verdinglichenden* Betrachtung einer Fragestellung, in der zu entscheiden ist, ob ein Handeln Wiederholung bedeutet oder nicht, ob es 'perseverant' sei oder nicht" (1985a, 194f).

Andererseits gilt es in der Rezeption der Schriften Oevermanns aber auch, die Stringenz der strukturtheoretischen Konzeptualisierung des Gegenstandsbereichs nicht mit objekttheoretisch geforderten (Teil-) Theorien und deren empirischer Überprüfung zu verwechseln. Unbestritten ist, daß den strukturtheoretischen Konzepten im Bezugsrahmen empirischer Analysen generell ein heuristischer Status zukommt, der sich in der Aufschlüsselung der sozialen Wirklichkeit material bewähren muß. Die in der Sache begründeten Schwierigkeiten, *objekttheoretisch* angemessene generative Strukturmodelle zu formulieren, verweist dabei darauf, daß zwischen der Kritik an konkreten empirischen und theoretischen Rekonstruktionen einerseits und der Kritik an der strukturtheoretischen Gegenstandskonzeptualisierung und Begrifflichkeit, die diese anleiten, unterschieden werden muß. Die strukturtheoretische Gegenstandskonzeptualisierung und die Integration zentraler Grundannahmen und Begriffe der Klassiker strukturtheoretischen Denkens in Oevermanns Theorie- und Forschungsprogramm, lassen sich entsprechend schwerlich als Indizien dafür heranziehen, daß das Subjekt in dieser Konzeption einer 'historischen Strukturanalyse' (1991a, 293) bzw. 'historisch-dialektischen Strukturanalyse' (1983a, 272) eskamotiert würde.

Daß Oevermann in seinem Ansatz einer soziologischen Sozialisationstheorie im Gegensatz hierzu gerade die konstitutionstheoretischen und methodologischen Voraussetzungen für die Thematisierung und materiale Erforschung von Individuierungsprozessen und Subjektivität bzw. sozio-historischer Besonderung expliziert, soll im weiteren Ver-

lauf dieser Arbeit weiter präzisiert werden: anhand von seinem Strukturmodell familialer Interaktion in soziologisch-strukturtheoretischer
Perspektive und im zweiten Teil dieser Arbeit dann im Anschluß an
seine strukturalhermeneutische Grundlegung der Sozialwissenschaften
in der Methodologie der 'objektiven Hermeneutik'.

4.4 Das Strukturmodell familialer Interaktion

In den metatheoretisch orientierten Vorarbeiten zu einer Theorie der
Bildungsprozesse des Subjekts führt Oevermann den Nachweis, daß
die entwicklungspsychologischen Beiträge zur Erklärung ontogenetischer Entwicklungsprozesse notwendig auf ein soziologisches Komplement verweisen. Als zentrale Aufgabe einer entsprechenden soziologischen Sozialisationstheorie wird die Analyse jener Struktureigenschaften der sozialisatorischen Interaktion angesehen, die auch bei
noch nicht ausgebildeten 'Kompetenzen' auf seiten des sich bildenden
Subjekts gewährleisten, daß Interaktionsstruktur(ierung)en generiert
werden, anhand derer sich die generativen Regelstrukturen praktischer
Handlungsfähigkeit (re-)konstruieren lassen, deren Interiorisierung
ontogenetische Entwicklungsprozesse kennzeichnet (s.o. Kapitel 3).

In ihrem Projektantrag 'Struktureigenschaften sozialisatorischer und
therapeutischer Interaktion' fassen Oevermann und Konau (1980b) die
in den siebziger Jahren ausgearbeitete Theorie- und Forschungsstrategie eigens zusammen. Im folgenden Zitat wird dabei implizit auch
deutlich, daß auf die fraglichen objektiven Struktureigenschaften der
naturwüchsigen sozialisatorischen Interaktion nicht unmittelbar rückgeschlossen werden kann, sondern dies einen theoretischen Abstrahie-
rungsprozeß auf der Grundlage objektiv-hermeneutischer Interaktionsanalysen voraussetzt:[132]

---

132 Ich zitiere im folgenden ausführlich aus den Vorbemerkungen zu dem Projektantrag. Denn werkgeschichtlich kommt dem leider nicht veröffentlichten
Manuskript insofern ein besonderer Stellenwert zu, weil in ihm der Zusammenhang zwischen dem von Oevermann begründeten strukturtheoretischen Paradigma und der Methodologie der objektiven Hermeneutik einerseits und deren
jeweiliger Erklärungsbeitrag zur Lösung systematischer Grundlagenprobleme
einer Theorie der Bildungsprozesse des Subjekts andererseits zentral thematisch

"Ausgehend von dem Nachweis, daß die ernst zu nehmenden Theorien der Ontogenese auf der explanativen Ebene ohne die Ergänzung um eine soziologisch-interaktionstheoretische Komponente nicht auskommen können, in der die soziale Konstitution individueller Bildungsprozesse einschließlich ihrer stufenförmigen Systematik zur Geltung gebracht wird, steht im Zentrum dieser Programmatik der Versuch, die objektiven Struktureigenschaften der naturwüchsigen sozialisatorischen Interaktion auf den verschiedenen ontogenetischen Entwicklungsstufen und letztlich in ihrer eigenen Entfaltungssystematik zu rekonstruieren. Eine empirische Einlösung dieses Programms ist nur mit Hilfe einer Datenbasis möglich, die aus Protokollen natürlicher sozialisatorischer Interaktionen des dominanten Typs besteht und das heißt in unserer Gesellschaft: aus Protokollen von innerfamilialen Interaktionen. Erfahrungen in der Herstellung und vor allem in der Auswertung von einer solchen Datenbasis haben zur Entwicklung einer spezifischen Interpretationsmethodologie geführt, die wir als 'objektive Hermeneutik' vorläufig bezeichnet haben ...

(... Das beantragte Projekt ist) auf eine Einbettung in eine langfristig angelegte Sammlung und Kumulation von Fallrekonstruktionen angewiesen, eine Konsequenz der genannten methodologischen Orientierung .... Welche Fragestellungen im einzelnen auch immer untersucht werden, die Programmatik des dem Projekt langfristig zugrundeliegenden Forschungsvorhabens macht als Normalform der Datenbasis jeweils intensive Fallanalysen und -rekonstruktionen erforderlich. Die Analyse jedes Einzelfalles wiederum muß im engen Verbund mit vorausgehenden Fallanalysen stehen, weil nur in einer Kumulation von Fällen eine progressive Theorieentwicklung denkbar ist. ...

Die Kombination theoretischer und methodologischer langfristiger Perspektiven einerseits und einer Kumulation von Fallrekonstruktionen als Datenbasis andererseits hat inzwischen zur Bearbeitung weiterer ... Forschungsfragen geführt:

- zu einem theoretischen Modell der Struktur sozialisatorischer Interaktionssysteme und ihrer historisch-familialen Ausprägungsformen. Dieses Modell steht mehrfach im Gegensatz zur üblichen rollentheoretischen Betrachtung in der Familiensoziologie.

- zu einer Betrachtung, in der die Struktur der Sozialbeziehungen innerhalb der naturwüchsigen sozialisatorischen Interaktionssysteme in ihrer kommunikativen Realisierung nicht nur als ein Typ institutionenspezifischer Kommunikation erscheint, sondern als grundlegende Form von Interaktion und elementarer intersub-

---

ist. Insofern ersteres im Mittelpunkt von Oevermanns Schriften *seit 1979* steht und zweiteres vorwiegend Thema in Oevermanns sozialisationstheoretischen Schriften *bis 1979* ist (vgl. jedoch 1991a und 1993a), dient die im folgenden zitierte Passage auch als weiterer Beleg für meine Lesart des werkgeschichtlichen Zusammenhangs der Schriften Oevermanns: Dieser läßt sich gerade mit Bezug auf den – im Zentrum der Kritik an Oevermann stehenden – historischen Strukturbegriff und der diesem komplementären Methodologie der objektiven Hermeneutik ausweisen. Vgl. unter diesem Gesichtspunkt insbesondere die publizierten Beiträge 1973a; 1976a; 1976b; 1979a und 1979b mit der im folgenden zitierten Passage; ferner 1981a und die Vorlesungsmitschrift 1979/80.

jektiver Verständigung überhaupt. Allerdings als eine Struktur, die einen Typus der zwanglosen Verständigung ganz anderer Art konstituiert, als ihn Habermas und seine Epigonen vor Augen haben.

- zu einer Konzeption, in der die spezifische Leistung der sprachlichen Komponente der kommunikativen Realisierung von elementaren Beziehungsformen besonders hervorgehoben und herausgearbeitet werden soll. Insofern stellt unsere Forschungsrichtung eine komplementäre Bewegung zur Entwicklung der linguistischen Forschung dar. Während sich letztere bemüht, zu einer allgemeinen Konzeption von Strukturen des Handelns vorzustoßen, um darin (die(?); H.S.) Einbettung für die spezifisch sprachlichen Erscheinungen zu gewinnen, interessieren wir uns als Soziologen, die schon immer von einem allgemeinen handlungstheoretischen Bezugsrahmen, welcher spezifischen Ausprägung auch immer, ausgegangen sind, für die besonderen Leistungen und Funktionen der sprachlichen Symbolorganisation, um Ansätze zur Erklärung für Phänomene sozialen Handelns zu gewinnen" (1980b, 4ff).

In den vorangegangenen Kapiteln wurden die zentralen Grundannahmen von Oevermanns Theorie der sozialen Konstitution des Subjekts in Auseinandersetzung mit komplementären entwicklungspsychologischen Theorien diskutiert: die Ergänzung von Piagets Modell der Konstruktionstätigkeit des sich bildenden Subjekts durch ein – an Meads Modell der triadischen Struktur des sozialen Aktes anschließendes – Modell der objektiven Strukturen (bzw.: Strukturiertheit) des Handelns, in die das sich bildende Subjekt eingelassen ist (a), die soziologische Grundannahme, daß die Strukturen der sozialisatorischen Interaktion (bzw.: die Strukturen des dialogischen Interaktionshandelns) als das die Konstruktionstätigkeit Fundierende anzusetzen sind (b), und die in der These von der 'stellvertretenden Deutung' explizierte Beobachtung, daß sozialisierte Bezugspersonen den Handlungen eines Kleinkindes stets mehr Intentionalität unterstellen, als entwicklungspsychologisch angenommen werden kann, und gerade diese fiktive Bedeutungsinterpretation und -zuschreibung funktional gewährleistet, daß für das Kleinkind entwicklungsstimulierende Strukturen praktischen Handelns realisiert werden (c).

Unter Einbeziehung des Konzepts der latenten Sinnstrukturen lassen sich diese Grundannahmen von Oevermanns soziologischer Sozialisationstheorie nun folgendermaßen zusammenführen:

"Die soziale Konstitution der Ontogenese realisiert sich jeweils darin, daß die je nach Entwicklungsphase verschieden strukturierten Interaktionen, an denen das aufwachsende Kind handelnd beteiligt ist, als Interaktionstexte Sinnstrukturen objektiv konstituieren, relativ unabhängig davon, ob das Kind (oder die übrigen Beteiligten) sie vollständig oder auch nur 'sinngemäß' antizipiert haben oder aktuell dekodieren. Damit erhalten die Interaktionen jeweils eine erfahrbare abgeschlossene Strukturiertheit, auf die zumindest die Erwachsenen, also in der Regel die Eltern auf der Grundlage ihres vollständigen Bedeutungsverständnisses weiterhin reagieren. Die latenten Sinnstrukturen liegen somit objektiv als erfahrbare sinnstrukturierte Gegenstände vor, die von dem durch Konstruktionstätigkeit sich bildenden Subjekt jeweils nur noch rekonstruiert werden müssen. Auf diese Weise erhält das in Interaktionsketten eingebettete Handeln des Kindes *immer* ein sehr viel höheres Maß an Strukturierung und pragmatischer Einpassung und Leistungsfähigkeit als es aufgrund zeitgleicher kognitiver Eigenleistung des Bewußtseins, affektiver Sensibilität und semantisch-pragmatischen Wissens erreichen könnte: Die objektiven Sinnstrukturen strukturieren gewissermaßen stellvertretend. Insofern die objektiven Handlungsmöglichkeiten des sich bildenden Subjekts, seine objektiven Antriebe und Bedürfnisse sowie die Widerständigkeit der äußeren physikalischen und sozialen Realität, auf die sie jeweils auftreffen, im in Interaktionsketten eingebetteten Handeln des Kindes sich entäußern und objektivieren, werden sie vermittels der latenten Sinnstrukturierung für das Kind erfahrbar. ...

Die spezifische Leistung naturwüchsiger sozialisatorischer Interaktionssysteme – in der Regel in der Erscheinung von Familien – bestünde gemäß diesem Theorieprogramm darin, in der Form des 'als ob' Interaktionsstrukturen und Verständigungsformen zu erzeugen, die sich in ihrer objektiven Struktur in nichts von Handlungen unterscheiden, die tatsächlich durch entsprechend strukturhomologe, generativ wirkende Kompetenzen erzeugt worden sind. Die konstruktivistische Entfaltung von solchen Kompetenzen könnte gerade als ein sukzessiver Prozeß der reflexiven abstrahierenden (Piaget) Rekonstruktion und Interiorisierung dieser objektiv qua Kapazität des Interaktionssystems erzeugten Handlungsstrukturen gefaßt werden. In dieser Auffassung kommt dem naturwüchsigen sozialisatorischen Interaktionssystem eine elementare vergesellschaftende Bedeutung zu, die bisher in keiner soziologischen Strukturtheorie, auch nicht und erst recht nicht in der Marxschen, angemessen erfaßt werden konnte" (1980b, 44f).

Die spezifische Bedeutung der Versprachlichung der sozialisatorischen Interaktion ist dann (d) darin zu sehen, daß

"die latenten Sinnstrukturen in ihrer Funktion der überschüssigen Strukturierung ohne die spezifische Leistung der sprachlichen Symbolorganisation gar nicht Realität werden könnten. Dies hat im Grunde schon G.H. Mead erkannt und gerade von ihm können wir auch lernen, daß aus dieser Annahme noch nicht gefolgert werden kann, daß die Struktur humaner Interaktion eine spracherzeugte sei. Vielmehr scheint die Bedeutung der Sprache oder der Versprachlichung darin zu bestehen, daß latente Interaktions- und Handlungsmöglichkeiten erst in der spezifischen Strukturierungsleistung von Sprache sich objektivieren und damit wirkende Realität werden. In der humanen Ontogenese zeigt sich diese Strukturierungsleistung zunächst darin, daß die schon immer sprachmächtige Pflegeperson die zunächst ausschließlich auf biologisch angeborenen Reflexschemata sich gründenden Interaktionen mit dem Neugeborenen von vornherein auf die Ebene einer wie indirekt auch immer versprachlichbaren Bedeutungsstrukturierung hebt, bis die ersten sprachlichen Äußerungen des Kleinkindes selbst hinzukommen, die dann geradezu explosionsartig die Möglichkeiten der Intentionalitätsunterstellungen anwachsen lassen und damit die Individuierungschancen erheblich erhöhen ....

Mit Hilfe der Kontexte transzendierenden, strukturierenden Leistung der Sprache als solcher (wird) das Entwicklungspotential der sozialisatorischen Interaktion relativ unabhängig davon, was die beteiligten Handelnden bewußtseinsmäßig antizipieren und entschlüsseln, erheblich erhöht" (1980b, 50f; vgl. ebd., 51-53).

Der Grundgedanke der sozialen Konstitution ontogenetischer Entwicklungsprozesse durch die latenten Sinnstrukturen sozialisatorischer Interaktionen erfährt in dem Strukturmodell familialer Interaktion nun insofern eine zentrale Erweiterung, als dieses beansprucht, die *Gesetzmäßigkeit* der Entwicklungsstufen bzw. -phasen der Ontogenese zu erklären. (Die Annahme von diskontinuierlichen Entwicklungsverläufen der Ontogenese ist zumindest in der kognitiven und psychoanalytischen Entwicklungspsychologie unstrittig.) Theoriestrategisch bedarf es hierzu einer Aufschlüsselung von Stufen und Phasen der Entfaltung von *Struktureigenschaften der sozialisatorischen Interaktion*, die ihrerseits den Rahmen für die Erzeugung entwicklungsrelevanter latenter Sinnstrukturen abgeben. Dies soll nun in diesem Kapitel präzisiert werden.

Bezogen auf die analytisch unterscheidbaren Erklärungsebenen einer Theorie der Bildungsprozesse des Subjekts (s.o. Kapitel 2.3 und 2.4) zielt Oevermanns Strukturmodell familialer Interaktion auf die soziologische Erklärung sowohl der universellen Bedingungen der Entfaltung universeller Strukturen des epistemischen Subjekts als auch des Prozesses der Individuierung und der Ausbildung praktischer Handlungsfähigkeit. Oevermanns mit Rekurs auf die kognitive und psychoanalytische Entwicklungspsychologie formuliertes Strukturmodell des autonom handlungsfähigen, mit sich identischen Subjekts und das im folgenden thematische Strukturmodell familialer Interaktion verweisen insofern wechselseitig aufeinander.

Die in einer Anmerkung formulierte These zur theoriearchitektonisch des weiteren zu berücksichtigenden wechselseitigen Integration evolutions- und sozialisationstheoretischer Theorieprogramme markiert dabei die beanspruchte allgemeine Bedeutsamkeit dieses Strukturmodells für die Entwicklungspsychologie und Soziologie. Im Zusammenhang seiner konstitutionstheoretischen Erklärung der Grundannahme regelgeleiteten Handelns (vgl. 1986, 23-34) führt Oevermann aus:

"Theoriearchitektonisch (... ist) an dieser Stelle eine allgemeine Theorie der objektiven Strukturiertheit von humaner Sozialität gefordert. Wesentliche Elemente dafür liegen – u.a. durch die Verbindung von G.H. MEAD's Sozialphilosophie und SEARLE's Sprechakttheorie und durch die Analysen von LEVI-STRAUSS zum Inzesttabu und zum Verwandtschaftsatom – vor und lassen sich zur Synthese bringen. Sie harrt noch der Ausarbeitung. Sie würde zeigen, daß natürlich die elementare Strukturierungsgesetzlichkeit von Sozialität nicht einfach als ein Satz von Regeln vorgestellt werden kann, sondern daß diese Regeln ihrerseits auf ein materiales Reproduktionsproblem bezogen sein müssen, von dessen Dynamik sie die sinnlogische Seite darstellen. Man gelangt dann zu einer soziologisch-strukturalen Explikation der elementaren Strukturierungsgesetzlichkeit der ödipalen Triade und deren Verzahnung in den minimalen positionalen Verwandschafts-Relationen von drei Generationen. Diese Explikation wird dieses Strukturgebilde mit seiner Reproduktionsgesetzlichkeit, für deren naturgeschichtliche Entstehung die Familialisierung der Vater-Position den entscheidenden Schritt bedeutet, als eine realdialektische Einheit und als Quelle dialektischen Denkens erweisen" (1986, 31, Anm. 12; vgl. 1979b, 380f und 1979/80, Vorlesung vom 29.01.80).

Auch die These von der elementaren Strukturierungsgesetzlichkeit der ödipalen Triade verweist wiederum auf die für Oevermanns Argumentation typische Verschränkung von konstitutionstheoretischer und strukturgenetischer Erklärung individueller Bildungsprozesse: dem Versuch also, Fragen der Entwicklungslogik *und* Entwicklungsdynamik nicht voneinander abzugrenzen, wie das beispielsweise in Kohlbergs (1984) und Habermas' (1976a; 1983b) Theoriebeiträgen der Fall ist, sondern das Erklärungsproblem der Entstehung des Neuen selbst ins Zentrum der Theorieentwicklung zu stellen.

Es würde den Rahmen dieser Arbeit übersteigen, im folgenden die von Oevermann anvisierte Integration der Theorien G.H. Meads, C. Lévi-Strauss' und einer interaktionstheoretisch ergänzten psychoanalytischen Entwicklungspsychologie zu rekonstruieren. Ich beschränke mich daher auf die Darstellung von Oevermanns Strukturmodell familialer Interaktion. Dessen sozialisationstheoretischer Erklärungsbeitrag zu Grundlagenproblemen einer Theorie der Bildungsprozesse des Subjekts kann mit Rekurs auf die in Kapitel 3 vorgestellten Überlegungen auch unabhängig von dem Nachweis der Geltung obiger These begründet werden. Ich gehe dabei von der im Paradigma des genetischen Strukturalismus als allgemein unstrittig anerkannten Annahme aus, daß die Entwicklungsphase zwischen dem vierten und sechsten Lebensjahr, die Freud aus der Perspektive des Kindes als 'ödipale' bezeichnet, tatsächlich für individuelle Bildungsprozesse von zentraler, wenn nicht sogar lebensgeschichtlich entscheidender Bedeutung ist:[133] letzteres insbesondere mit Bezug auf die *performanztheoretische* Fragestellung, welche psychischen und sozialen Bedingungen für die handlungspraktische Realisierung epistemischer Bewußtseinsstrukturen ('Kompetenzen') verantwortlich sind.

Ich entfalte Oevermanns Strukturmodell der familialen Interaktion zunächst in vier Argumentationsschritten, um dann in einem fünften Schritt die Verknüpfung von dessen Grundannahmen mit den bereits eingeführten Überlegungen zur sozialen Konstitution ontogenetischer Entwicklungsprozesse vorzustellen.[134]

(1) Zur Kennzeichnung innerfamilialer Beziehungen rekurriert Oevermann auf Parsons Gegensatzpaar 'Diffusität vs. Spezifität', mit dem dieser eine von zunächst fünf, dann vier universellen Orientie-

---

133 Vgl. hierzu beispielsweise – unter Berücksichtigung der unterschiedlichen forschungsstrategischen Interessen – Döbert/Habermas/Nunner-Winkler 1977a. Zur neueren psychoanalytischen Sicht der ödipalen Entwicklungsphase, in der neben Erkenntnissen der kognitiven Entwicklungspsychologie auch interaktionstheoretische Überlegungen berücksichtigt werden, vgl. Mentzos 1984, 99-101 und Mertens 1994, Bd. 2, Kapitel 5.

134 Vgl. zum folgenden 1976b, 387f; 1979a, 162ff; 1979/80 (insbesondere die Vorlesungen vom 29.01.80 und 05.02.80); 1980b, 33-39 und 1987. Zur Kontextuierung des Strukturmodells innerhalb der allgemeinen Theorieentwicklung zur familialen Sozialisation vgl. Kreppner 1978; 1980 und 1991. Dabei wird deutlich, daß Oevermanns Strukturmodell familialer Interaktion die von Kreppner (1991) ausgewiesenen Veränderungen in der Vorstellung von Familie als Sozialisationsinstanz berücksichtigt. Kreppner faßt diese wie folgt zusammen: "Erstens wird die Familie nicht mehr nur als statisches System, sondern als sich veränderndes dynamisches System verstanden, das sich notwendigen Veränderungen durch Wandlung bestehender Strukturen anzupassen versucht. Zweitens wird Familie als spezifischer Kontext innerhalb der allgemeineren Umwelt mit ihren Rahmenbedingungen als wesentliche Einflußquelle in Ergänzung zur genetischen Ausstattung des individuellen Kindes verstanden; drittens repräsentiert die Familie und die in ihr vorgefundenen Beziehungsformen für das Kind die wesentliche Basis für die Interiorisierung von grundlegenden Mustern zwischenmenschlichen Umgangs" (Kreppner 1991, 323). Dies impliziert jedoch nicht, daß die von Kreppner berichteten Weiterentwicklungen in der Theoriebildung ihrerseits mit Oevermanns Strukturmodell familialer Interaktion und dem zugrundeliegenden soziologisch-strukturtheoretischen Paradigma konvergieren.

rungsalternativen (pattern variables)[135] des Handelns faßt. Kriterium
für *diffuse* Sozialbeziehungen ist es, daß in ihnen im Prinzip jedes
Thema zugelassen ist und derjenige, der eine Thematik ausgrenzen
will, die Begründungspflicht hierfür trägt. Im Gegensatz hierzu gilt für
spezifische Sozialbeziehungen, daß die Menge zulässiger Themen ein-
grenzbar ist und derjenige die Begründungspflicht zu tragen hat, der
den Bereich dessen, was thematisiert werden kann, erweitern möchte.
Spezifische Sozialbeziehungen sind rollenförmig organisiert. Die für
sie typischen Handlungsabläufe und -muster lassen sich in ihrer Besonderheit mit Verweis auf Rollendefinitionen bzw. die Definitionen
von Rollenerwartungen, denen die Akteure praktisch folgen, erklären:
"Diffuse Sozialbeziehungen ... sind individuiert und personalisiert,
spezifische Sozialbeziehungen institutionalisiert und institutionell
gemäß gültigen Rollendefinitionen gleichförmig und vorhersehbar"
(1987, 3).[136]

Dies heißt aber nicht, daß die personalisierten, individuierten diffusen
Sozialbeziehungen empirisch nicht auch durch Gleichförmigkeiten
charakterisiert sind, deren Allgemeinheit sich soziologisch rekonstruieren läßt. Die Gleichförmigkeiten beziehen sich kategorial jedoch
nicht auf die in der Rollentheorie thematischen kulturellen Inhalte und
sozialen Normen:

---

135 Diese von Parsons in 'The Social System' und 'Toward a General Theory of
     Action' eingeführten Orienterungsalternativen sind: 'Diffusität vs. Spezifität',
     'Affektivität vs. Neutralität', 'Partikularismus vs. Universalismus' und 'Zuschrei-
     bung vs. Leistungsorientierung'. Das anfangs des weiteren eingeführte Gegen-
     satzpaar 'Selbstorientierung vs. Kollektivitätsorientierung' wird nach Einführung
     des Vierfunktionen- bzw. AGIL-Schemas in 'Working Papers in the Theory of
     Action' von Parsons nicht mehr verwendet.

136 Mit der Begriffswahl 'diffuse vs. spezifische Sozialbeziehungen' wird bereits
     Oevermanns Kritik an dem Begriff 'diffuse Rollenbeziehungen' berücksichtigt.
     "Die Rede von diffusen Rollenbeziehungen (ist) ein Widerspruch in sich. Durch
     institutionalisierte Rollenerwartungen regulierte Beziehungen sind per se spezi-
     fisch(, H.S.) diffuse, thematisch nicht eingrenzbare Sozialbeziehungen, können
     nicht gleichzeitig rollenmäßig organisiert sein, sofern man an einem entschei-
     denden Kriterium der Rollentheorie festhalten will, wonach das konkrete Perso-
     nal der Rollenträgerschaft auswechselbar ist" (1980b, 33f). Zu der hieran an-
     schließenden Kritik an der *rollentheoretischen* Analyse des Familiensystems,
     deren zugrundeliegenden Sozialbeziehungen idealtypisch als diffuse zu charak-
     terisieren sind, vgl. 1979a, 163ff; 1980b, 33ff und 1987, 2ff.

"Sie bestehen nicht nur in der Regelmäßigkeit der Verständlichkeit bedingenden und Verständigung erzeugenden einzelnen sprachlichen Ausdrücke, sondern auch in der Regelgemäßheit der Verknüpfung und Organisation eines sequentiellen Ablaufs von Interakten. Diese Gleichförmigkeiten werden durch rekonstruierbare Regeln erzeugt, die viel allgemeiner und grundlegender sind als jeweils historisch konkrete und spezifische Rollendefinitionen und Rollenmodelle. Ja, die jenseits komplexer Rollenmuster in fundamentaler Weise Sozialität und Verständigung erzeugenden Regeln der Interaktion wirken auch in rollenförmigen Sozialbeziehungen ungeschmälert, sie können durch Rollendefinitionen gar nicht ersetzt werden, vielmehr arbeiten diese mit den Regeln. Rollen sind letztlich nur soziale bzw. institutionen- und gesellschaftsspezifische Spezialfälle von Regeln" (1987, 3f).

(2) Nach Oevermann erfüllen nur zwei Arten von Sozialbeziehungen (strukturtheoretisch!) das Kriterium der Diffusität in reiner Form: Gattenbeziehungen (bzw. allgemeiner formuliert: auf Langfristigkeit angelegte heterosexuelle Beziehungen) und Eltern-Kind-Beziehungen. Alle anderen Beziehungsformen, auf die das Kriterium diffuser Sozialbeziehungen gleichwohl zutreffen kann, stellen strukturtheoretisch betrachtet keine eigenständigen, sondern letztlich 'Anlehnungen' an diese elementaren Beziehungsformen dar. Hierunter fallen Beziehungen zwischen guten Freunden und Freundinnen, homosexuelle Paarbeziehungen, Sozialbeziehungen in außeralltäglichen Gesinnungsgemeinschaften und – mit Verweis auf die für sie typische Gleichzeitigkeit von Spezifität und Diffusität – therapeutische Beziehungen.[137]

(3) Auf Langfristigkeit angelegte heterosexuelle Beziehungen ('Gattenbeziehungen') und Eltern-Kind-Beziehungen behandelt Oevermann strukturtheoretisch als zwei eigenständige, elementare Beziehungsformen. Sie beide verschränken sich zum System der Kernfamilie: Sie konstituieren das innerfamiliale Interaktionssystem.

Beiden Beziehungsformen gemeinsam ist das umfassende und übergeordnete Prinzip der Nicht-Substituierbarkeit des Personals. Dieses Prinzip bzw. diese Struktureigenschaft diffuser Sozialbeziehungen läßt sich in vier Strukturmerkmale zerlegen, die für die Eltern-Kind- und die Gattenbeziehung gleichermaßen gelten:

"1. Die Beziehungen sind prinzipiell, d.h. der Regel oder dem idealisierten Erwartungsmodell nach durch Unkündbarkeit des Partners gekennzeichnet. Beziehungen

---

137 Lediglich die Geschwisterbeziehung zwischen nicht erwachsenen Kindern stellen einen Sonderfall dar, was Oevermann jedoch nur anmerkt und nicht im einzelnen entfaltet (vgl. 1987, 10).

dieser Art können nicht mit der Voreinstellung zeitlicher Limitierung eingegangen
werden. Wenn das der Fall ist, liegt eine Täuschung oder eine Instrumentalisierung,
also eine Strukturveränderung vor.

2. Für diese Beziehungen gilt eine spezifische Form der Vertrauensbildung, die derjenigen in institutionalisierten Rollenbeziehungen widerspricht. Während in letzteren die
Vertrauenssicherung an die Einhaltung prinzipiell explizierbarer und standardisierba-
rer allgemeiner Kriterien gebunden ist, würde diese Form in den genannten Sozialbeziehungen des sozialisatorischen Interaktionssystems zum Gegenteil führen.

3. Beide Beziehungen haben eine auf Organlust und Bedürfnisbefriedigung bezogene
Körperbasis, deren Anerkennung konstitutiv ist.

4. Beide Beziehungen gründen sich auf extrem belastbare, wechselseitige affektive
Bindungen (1979a, 162; vgl. 1987, 5-10).[138]

(4) Für das Verständnis der Dynamik innerfamilialer Beziehungs-
und Kommunikationsstrukturen ist nun die Logik der Beziehungsstruktur diffuser Sozialbeziehungen von entscheidender Bedeutung:

"Die Logik dieser Beziehungsstruktur konstituiert einen unteilbaren Anspruch auf den
Beziehungspartner. Seine Doppelmitgliedschaft in einer weiteren Beziehung dieses
Typs kann im Grunde nicht zugelassen werden. Genau das liegt aber in der entwickelten Interaktionstriade Mutter-Vater-Kind vor. Jedes Mitglied dieser Triade gehört
somit zwei konkurrierenden Beziehungen mit der Struktur der Nicht- Substituierbar-
keit des Personals an, so daß das sozialisatorische Interaktionssystem als widersprüchliche Einheit dargestellt werden kann" (1979a, 162f).

---

138   Während sich Oevermann in dem publizierten Beitrag 1979a auf die Auflistung
der gemeinsamen Strukturmerkmale beschränkt, diskutiert er in seinem Vortrag
1987 auch die Differenzen zwischen den beiden Beziehungsformen: "Die grundlegende Differenz zwischen der Gattenbeziehung und der Eltern-Kind-Beziehung hat natürlich wesentlich mit dem Altersunterschied und der Hilflosigkeit
des aufwachsenden Kindes zu tun. ... Zentral ist das folgende: Die Gattenbeziehung bildet insofern strukturell das Gegenteil zur Eltern-Kind-Beziehung, als
diese inzestuös ist und jene erklärtermaßen nicht-inzestuös, diese ein asymmetri-
sches Verhältnis zwischen autonomiefähigen und grundsätzlich nicht-autonomen
Subjekten bedeutet, jene grundsätzlich, d.h. jenseits der jeweils historisch und
kulturell spezifischen Ausprägungen und Selbstverständnisse ein symmetrisches
Reziprozitätsverhältnis zwischen zwei autonomiefähigen Subjekten, dieses also
als symbiotisches beginnt, in dem an die Stelle von reziproker Anerkennung
Verschmelzung und Stellvertretung tritt, jenes als Dialog zwischen zwei unabhängigen, jeweils autonomen Formen der Lebenspraxis" (1987, 9). Zu Oevermanns Diskussion antizipierter Einwände gegen sein Strukturmodell familialer
Interaktion vgl. 1987, 6f.

Das Interaktionssystem der Familie erweist sich also in seinem Strukturkern als widersprüchliche Einheit von drei sich im Prinzip wechselseitig auschließenden Dyaden: der Mutter-Vater-Beziehung, der Mutter-Kind-Beziehung und der Vater-Kind-Beziehung.

"Der Zusammenhalt des familialen Interaktionssystems ergibt sich ... sowohl aus der affektiven Solidarität der jeweiligen Einzelbeziehungen als auch aus den kompensierenden Reaktionen auf die immanenten Spannungen: Die Verabsolutierung einer diffusen Einzelbeziehung ruft zwangsläufig die Gegenreaktion der anderen Beziehungen hervor, die mit gleichem Ausschließlichkeitsanspruch gefordert werden. Daher wird die Ausschließlichkeitstendenz jeder Einzelbeziehung durch jene der anderen Beziehungen automatisch eingegrenzt. Von widersprüchlicher Einheit, (der ein dynamisches Gleichgewicht entspricht,) können wir in diesem Zusammenhang also deshalb sprechen, weil einerseits die Gleichzeitigkeit der Mitgliedschaft in zwei Beziehungen dieser Struktur den konstitutiven Regeln solcher Beziehungsstrukturen widerspricht, andererseits gerade dieser Widerspruch die Familie als geschlossenes sozialisatorisches Interaktionssystem strukturell erst konstituiert" (1980b, 37).

Dieses widersprüchliche Strukturgebilde familialer Interaktion läßt sich aus zwei Gründen auch als 'ödipale (Interaktions-)Triade' bezeichnen:

Zum einen, weil es in der Perspektive des Kindes erst in dem von Freud als ödipale Phase bezeichneten Entwicklungsabschnitt als widersprüchliche Einheit vollständig ausgeprägt vorliegt. Mit der Veränderung der Objektbeziehungen im Übergang von den dyadischen zu den Dreiecksbeziehungen stellt sich dem Kleinkind ab dem vierten bzw. fünften Jahr die schwierige und konfliktuös erfahrene Aufgabe, die ödipale Konstellation und die eigenen darauf bezogenen Strebungen in ihrer Widersprüchlichkeit erleben und schließlich durch die Internalisierung der beiden verschiedenen und teilweise gegensätzlichen Verhaltensmodelle, die mit dem Vater und der Mutter identifiziert werden, sowie durch die Integration der Erfahrungen der eigenen Person in den Interaktionen mit ihnen, überwinden zu können: als Voraussetzung für die Ausbildung eines sukzessiven Verständnisses des eigenen Selbst und der Verhaltensweisen und -erwartungen Anderer.

Die widersprüchliche Einheit des Strukturgebildes familialer Interaktion läßt sich des weiteren auch deshalb als 'ödipale (Interaktions-) Triade' bezeichnen, weil in ihr die interaktionsstrukturellen Voraussetzungen der Überwindung des ödipalen Konflikts zu sehen sind:

"In soziologischer Sicht besteht der ödipale Charakter dieser Phase gerade darin, daß die aus der primären Mutter-Kind-Beziehung stammenden Ausschließlichkeitsansprüche an die Eltern-Kind-Beziehung noch nicht aufgegeben sind, die nach dem Geschlechtsmerkmal vorzunehmende Ausdifferenzierung der Elternfiguren unter dem Gesichtspunkt der ebenfalls mit Ausschließlichkeitsanspruch ausgestatteten Gattenbeziehung jedoch schon abgeschlossen ist. Unter diesen Voraussetzungen äußert sich die widersprüchliche Einheit der Interaktionstriade im offenen ödipalen Konflikt" (1980b, 37f).

Die Strukturlogik der ödipalen Triade

"(ist) zwar einerseits als widersprüchliche Einheit grundsätzlich nicht auflösbar, (setzt) andererseits aber eine weitertreibende Dynamik frei, gewissermaßen eine sozialisatorische Bewegungsgesetzlichkeit der zweiten Geburt, die ihren Höhepunkt genau zum für die Psychoanalyse ödipalen Zeitpunkt der Ausdifferenzierung von mütterlichem und väterlichem Modell hat. Dieser Höhe- oder Scheitelpunkt des vollständigen Miteinanderverzahnens aller drei Dyaden, der dem entfalteten Modell entspricht, muß einerseits in jeder Ontogenese erst auf der Grundlage der ursprünglichen Mutter-Kind-Symbiose ausgebildet werden, er wird andererseits durch notwendig in ihm erzwungene Ablösung verlassen. Es ist als ob das sich bildende Subjekt im Durchgang durch diese Strukturlogik und von ihrer Dynamik angetrieben, diese verinnerlichte und sie dadurch zum Stillstand brächte" (1987, 11).

Hierin ist schließlich auch der entwicklungspsychologische und sozialisationstheoretische Anknüpfungspunkt für Oevermanns These zu sehen, daß die Triadenstruktur des sozialisatorischen Interaktionssystems eine zentrale universale Struktur der Vergesellschaftung und der sozialen Konstitution der Struktur des erkenntnis- und reflexionsfähigen Subjekts der menschlichen Gattung darstellt (1980b, 37). Eine These, die ihrerseits natürlich nicht unterstellt, daß mit der Überwindung des ödipalen Konflikts bereits jene epistemischen Bewußtseinsstrukturen und Strukturen praktischer Handlungsfähigkeit ausgebildet vorliegen, die beispielsweise von der kognitiven und sozialkognitiven Entwicklungspsychologie als Bezugspunkt ontogenetischer Entwicklungsprozesse ausgewiesen werden. Die im Prozeß der Internalisierung der Strukturiertheit ödipaler Interaktionen[139] ausgebildeten Bewußtseins- und Persönlichkeitsstrukturen sind jedoch – so interpretiere ich Oevermanns These – als elementare Strukturen zu verstehen, ohne die sich auch die nach der ödipalen Phase noch zu vollziehenden

---

139 Deren psychodynamische Komponente rekonstruiert die psychoanalytische Entwicklungstheorie; die kognitive Komponente dieses Internalisierungsprozesses wäre noch auszudifferenzieren.

kognitiven und sozialkognitiven Entwicklungsprozesse letztlich nicht angemessen verstehen lassen: Das Strukturprinzip der ödipalen Triade ist somit nicht nur für die Ausbildung einer Geschlechtsidentität und die Über-Ich-Bildung konstitutiv. Es ist

"gesellschaftskonstitutiv, auch konstitutiv für humanes Handeln, nämlich für die Vermittlung der Fähigkeit in 'Dreieckskonstellationen' handeln zu können, das ist auch konstitutiv für dialektisches Denken, also konstitutiv für den gesamten Erkenntnisapparat. ... Deswegen ist die Klärung dessen, was die Struktur der ödipalen Triade ist, für alle Entwicklungstheorien, ... auf die Genese welcher Leistungen und Fähigkeiten eines Individuums auch immer sie sich konzentrieren, ganz entscheidend" (1979/80, Transkript der Vorlesung vom 29.01.1980, S. 6).

Mit anderen Worten: Es stellt "die materiale Strukturbasis für die Konstitution dialektischen Denkens, gewissermaßen selbst eine real-dialektische Elementarstruktur dar" (1980b, 37).

(5) Auch die Erklärung der Transformationsprozesse des innerfamilialen Interaktionssystems geht von der Annahme aus, daß sich das innerfamiliale Interaktionssystem in ihrem Strukturkern als widersprüchliche Einheit erweist und dadurch unter ständigem Druck zur Entwicklung und Veränderung stehe. Die theoretische Rekonstruktion der Systematik dieser dynamischen Entwicklung schließt dabei zugleich eine Lücke in der soziologischen Erklärung der stufen- bzw. phasenweisen Entwicklungsprozesse, so wie sie in der kognitiven und psychoanalytischen Entwicklungspsychologie beschrieben werden.

Wenn erstens gezeigt werden kann, daß die Struktureigenschaften der sozialisatorischen Interaktion die Emergenz praktischer Handlungsverläufe gewährleisten, die die Sinninterpretationskapazität des sich bildenden Subjekts übersteigen und von daher entwicklungsstimulierende kognitive Konflikte sozial konstituieren, dann liefert die phasenspezifische Aufschlüsselung der Struktureigenschaften der sozialisatorischen Interaktion und die Erklärung der Transformationsbedingungen familialer Beziehungs- und Kommunikationsstrukturen zweitens den Ansatz für eine soziologische Erklärung der Gesetzmäßigkeiten des stufenförmigen Verlaufs der Ontogenese. Letzteres bedarf jedoch noch des empirischen Nachweises, wobei die vorgestellten Studien von Oevermann u.a. (1976b) die genannte Theoriestrategie als aussichtsreich erscheinen lassen.

Die phasenspezifische Aufschlüsselung von Struktureigenschaften der sozialisatorischen Interaktion hat Oevermann in ihren Grundzügen

bereits Mitte der siebziger Jahre (1976a, 44 und 1976b, 396-399) vorgestellt und in seinem Strukturmodell familialer Interaktion schließlich konsequent strukturtheoretisch rekonstruiert (1979a, 163f; 1980b,
33-39.46-49 und 1987). Oevermann unterscheidet – aus der Perspektive des Kindes – drei Phasen: die vorödipale, ödipale und nachödipale
Phase, wobei die Interaktionstriade, wenn auch nicht in der Perspektive des Kindes, bereits in der vorödipalen Phase schon immer als
widersprüchliche Einheit vorliegt und die konkrete Strukturierung der
Kommunikations- und Beziehungsverhältnisse konstituiert:

"Zu Beginn der Entwicklung ist nur die Mutter von der Doppelmitgliedschaft aktuell
betroffen. Gleichwohl ist die Interaktionstriade schon hier an die Lösung des Problems
wie von Geburt an in der Mutter-Kind-Beziehung intersubjektive Verständigung
gesichert werden kann, latent beteiligt. Von seiten des Kindes liegen als Voraussetzungen angeborene Schemata des Lächelns, Schreiens, Saugens, Klammerns und
Blickverfolgens vor, deren Funktion ausschließlich in der Regulierung der Beziehung
von sozialen Objekten besteht. Es handelt sich hier um phylogenetische Restbestände
dessen, was mit *Mead* als angeborene Gestenkommunikation bezeichnet werden kann.
Von seiten der Mutter müssen die zunächst ausschließlich biologisch programmierten
Äußerungen für die Ontogenese 'richtig' verstanden werden; nicht nur, damit das biologische Überleben durch geeignetes Pflegeverhalten gesichert ist, sondern auch,
damit – auf dem Wege fiktiver Bedeutungszuschreibung – die Interaktion zwischen
Mutter und Kind eine die Antizipationsleistungen des Kindes weit überschreitende,
Entwicklung vorantreibende objektive Bedeutungsstrukturierung erhält. Von seiten
der Mutter wird das durch eine narzistische Objektbesetzung und eine funktionale
Regression auf die Erinnerungsspuren der eigenen Kindheit gesichert. Daraus entsteht
jedoch das Folgeproblem, wie die pathologischen Konsequenzen einer solchen Regression vermieden werden können, ohne daß dafür die unplausible Voraussetzung
von besonderen Ich-Leistungen gemacht werden muß, die die künstlerische Persönlichkeit wahrscheinlich auszeichnen. An dieser Stelle greift die konkurrierende Gattenbeziehung als kontrollierende und motivierende Instanz ein und sorgt dafür, daß
aus der Regression auf die Wünsche der Kindheit kein Dauerzustand wird.

Wenn durch diese Verständigungssicherung am Ende der ersten Phase durch soziale
Überformung und adressatenspezifische Ausrichtung der genannten Schemata für das
Kind die mütterliche Pflegefigur als objektiv besonderes, permanentes soziales Objekt
kontrastiv zum 'Fremden' ausgegliedert und damit eine stabile, objektiv individuierte
Beziehung in Gang gesetzt ist, ist die Doppelmitgliedschaft der Mutter in zwei konkurrierenden Beziehungen ein wichtiger Grund für die Einführung des Vaters als
relevanter Bezugsperson und damit zur Vervollständigung der Interaktionstriade. Die
damit zugleich erreichte volle Entfaltung der 'widersprüchlichen Einheit' setzt ihrerseits die für den Abschluß dieser dritten Phase wichtigen Bedingungen der Ablösung
vom partikularistischen innerfamilialen Interaktionssystem" (1979a, 163).

Im Falle eines 'normalen' Sozialisations- und Entwicklungsverlaufs
vollzieht sich die rationale Lösung des ödipalen Konflikts "durch die

sukzessive Transformation des Kindes in die Struktur eines autonom handlungsfähigen, mit sich identischen Subjekts ..., das latent qua Handlungskompetenz schon auf die Integration in eine neue Familie, an der es als Gatte partizipieren wird, vorbereitet ist" (1980b, 38; vgl. 1975, 10f; 1976a, 42 und 1981a, 31).

Mit dieser Argumentationsfigur (und der darin zum Ausdruck kommenden soziologischen Perspektive)[140] komme ich zum Ende meiner Rekonstruktion von Oevermanns Theorie der Bildungsprozesse des Subjekts. Oevermanns Arbeiten führen nicht nur exemplarisch in jene entwicklungspsychologischen und sozialisationstheoretischen Grundlagenprobleme ein, die unabhängig von der Wahl des Theorieparadigmas und der jeweiligen Forschungsperspektive einer Lösung zugeführt werden müssen. Sie begründen darüber hinaus einen eigenständigen soziologisch-strukturtheoretischen Ansatz, der die hierzu geforderte, schwierige Integration von kognitiver und psychoanalytischer Entwicklungspsychologie auf der einen und einer soziologischen Sozialisationstheorie auf der anderen Seite konsequent berücksichtigt. Sozialisationstheorie und Gesellschaftstheorie stehen dabei im Verhältnis einer logischen Interdependenz zueinander und verweisen beide auf eine evolutionstheoretisch ansetzende Theorie universeller Strukturen der Intersubjektivität und der Sozialität.

---

140 Nach Oevermann (1976a) hat die soziologische Theoriebildung im Gegenstandsbereich einer Theorie der Bildungsprozesse stets zwei grundsätzliche Bezüge zu berücksichtigen; beide kommen in dem obigen Zitat indirekt zum Ausdruck: "Die Bildung bzw. Sozialisation des Subjekts bezeichnet *ein universelles Problem der Gattung und ein allgemeines Systemproblem der Gesellschaft.* Jede Form der gesellschaftlichen Organisation muß, da die Ausformung des erwachsenen Exemplars der Gattung auf der Ebene humaner Verhaltenssysteme nicht oder nur teilweise biologisch vorprogrammiert ist, in irgendeiner Weise auf dieses Problem antworten und für diese Antworten institutionalisierte Organisationsformen finden. Das Problem der Sozialisation stellt sich immer in zwei grundsätzlichen Bezügen: Im Hinblick auf die Reproduktion der Gattung und im Hinblick auf die Überlebensfähigkeit des einzelnen Exemplars (in diesem Fall der einzelnen Person); sozialisationstheoretisch enger gesehen: im Hinblick auf die Ausbildung der Handlungsfähigkeit des Subjekts als vollwertigen Mitglieds der Gesellschaft und im Hinblick auf die Sicherung der Autonomie und Identität des einzelnen" (1976a, 35).

Im Unterschied zu – zumindest anfänglichen – Tendenzen in der entwicklungspsychologischen Erforschung sozialer Kognition, die ebenfalls auf eine wechselseitige Integration der Theorietraditionen von J.
Piaget und G.H. Mead zielt, impliziert dies für Oevermann nicht, Fragen nach der Strukturgenese bzw. der Entwicklungsdynamik auszuklammern und sich auf die formallogische Rekonstruktion der Stu-
fenabfolge ontogenetischer Entwicklungsprozesse (verstanden als logischer Notwendigkeit) zu beschränken. Im Gegenteil: das Erklärungsproblem der Entstehung des Neuen scheint geradezu Movens der
Theorieentwicklung wie auch der Auswahl der Forschungsfelder zu
sein. Auf die in diesem Zusammenhang herauszuarbeitenden Verknüpfungspunkte zwischen Oevermanns sozialisationstheoretischen,
professionalisierungstheoretischen, religionssoziologischen und kunst-
soziologischen Beiträgen kann an dieser Stelle nur verwiesen werden;
sie bleiben in dieser Arbeit unberücksichtigt. Im nun folgenden zweiten Teil wende ich mich statt dessen den methodologischen Schriften
Oevermanns zu.

Der theoretischen Begründung von Oevermanns Strukturbegriff korrespondiert auf seiten materialer Analysen notwendig eine einzelfallrekonstruktive Vorgehensweise, deren methodologische Begründung die
Schriften zur objektiven Hermeneutik leisten. Die hierbei im Mittelpunkt stehende Konzeption objektiver Bedeutungsstrukturen bzw.
latenter Sinnstrukturen wurde bereits in sozialisationstheoretischer
und konstitutionstheoretischer Perspektive eingeführt. Die Verfahrensprinzipien der strukturalen, objektiven Hermeneutik benennen nun die
Voraussetzungen einer intersubjektiv nachprüfbaren, ihre kritischen
Maßstäbe material ausweisenden hermeneutischen Einzelfallrekon-
struktion. Primärer Gegenstand entsprechender Analysen sind – methodologisch gesehen – die objektiven Bedeutungsstrukturen bzw.
latenten Sinnstrukturen jener Protokolle, in denen sich die jeweils
interessierende Handlungs- bzw. Lebenspraxis gültig objektiviert.[141]

---

[141] Kapitel 5-8 stellen eine überarbeitete und erweiterte Fassung meines Beitrages
'Oevermanns methodologische Grundlegung rekonstruktiver Sozialwissenschaften. Das zentrale Erklärungsproblem und dessen Lösung in den forschungspraktischen Verfahren einer strukturalen Hermeneutik' in: Garz/Kraimer 1994, 23-72
dar.

Teil II

Die strukturalhermeneutische Grundlegung der Sozialwissenschaften in der Methodologie der 'objektiven Hermeneutik'

5. Das methodologische Erklärungsproblem

Oevermanns Konzeptualisierung der sozialen Wirklichkeit und die theoretische Begründung der Methodologie einer strukturalen 'objektiven Hermeneutik' gehen von der Regelgeleitetheit sozialen Handelns und der darin implizierten Sinnstrukturiertheit von sozialen Abläufen und Objektivationen aus.[141] Sozialem Handeln liegt eine objektiv latente Sinnstruktur zugrunde, die durch bedeutungsgenerierende Regeln konstituiert wird.[142] Deren sozialwissenschaftliche Rekonstruktion ist auf die Inanspruchnahme allgemein geltender bedeutungsgenerierender Regeln verwiesen und kann nicht ein vorgängiges Wissen um den subjektiven Sinn, den die beteiligten Akteure ihrer Handlung zu-

---

141 Zur wissenschaftstheoretischen Einordnung dieser Position sinnverstehender Sozialwissenschaft vgl. Habermas 1970/71, 11-20; ders. 1971, 395-399; ders. 1976, 363-379 und ders. 1983a, 29-38.

142 "Der Sinnbegriff, mit dem hier operiert wird, bezieht sich nicht ... auf ein in sich normatives, praktisch gebrauchtes Konzept für erfülltes oder praktisch-ethisch vernünftiges Leben .... Im Unterschied zu einem solchen funktionalistischen – und d.h. nicht strukturalistischen – Sinnbegriff, wie er in den Handlungstheorien unterschiedlicher Provenienz üblich ist, bezieht sich der Sinnbegriff der objektiven Hermeneutik auf Sinn als intelligiblen Zusammenhang möglichen Seins, wobei unterstellt ist, daß dieser intelligible Zusammenhang, zugleich immer eine hypothetische Konstruktion von erfahr- oder denkbarer Welt, durch Regeln algorithmisch zwingend erzeugt ist. ... Diese Kategorie von Sinn verweist konstitutionstheoretisch notwendig auf das grundlegende Modell regeleiteten Handelns" (1993a, 114; vgl. u.a. 1976b, 384ff.390f; 1979b und 1993a, 114ff; s.o. Kapitel 4.3.1).

schreiben (würden), unterstellen. Auch das Verständnis dessen, was
die Akteure ihren Handlungen und den Handlungen anderer zuschreiben, setzt de facto eine sukzessive Entschlüsselung der objektiven
Sinnstrukturen ihrer Äußerungen und Handlungspraxis voraus. Dies
gilt für die Alltagspraxis ebenso wie für die sozialwissenschaftliche
und damit methodisch kontrollierte hermeneutische Rekonstruktion
sozialer Handlungen.[143]

Das Erkenntnisinteresse hermeneutisch-rekonstruktiver Sozialwissenschaften ist es, die Regeln und Strukturen zu analysieren, die einer
interessierenden Handlungs- bzw. Lebenspraxis zugrundeliegen (vgl.
1979a, 155).[144] Forschungspraktisch läßt sich dies nur ausschnittsweise und in Abhängigkeit von den forschungsleitenden Fragestellungen realisieren. Wie im folgenden ausgeführt wird, muß die sozialwissenschaftliche Rekonstruktion der jeweils interessierenden Regeln und
Strukturierungsprinzipien sozialen Handelns dabei notwendig auf ein
'implizites Wissen' um Regeln der Sozialität und des sozialen Handelns rekurrieren, über das Interpreten und Interpretinnen als sozialisierte Subjekte verfügen.

Diese Wissensbestände sind in materialen Analysen nicht restlos ausweisbar. Das zentrale theoretische Erklärungsproblem einer hermeneutisch-rekonstruktiven Methodologie lautet darum: Wie läßt sich
sozialisatorisch erworbenes (implizites) Wissen um geltende Regeln
der Sozialität und des sozialen Handelns im Interpretationsprozeß methodisch kontrolliert sichern? Anders gewendet: läßt sich die notwendige Inanspruchnahme eines 'Vorverständnisses' (im Sinne Gadamers)
methodisch kontrollieren?

Vor dem Hintergrund der forschungspraktischen Alternativen zur Sicherung des Wissens um geltende Regeln der Sozialität und des sozia-

---

143 Über bedeutungsgenerierende Regeln (unterschiedlicher Geltungsreichweite)
     verfügen wir als sozialisierte Subjekte im Sinne eines 'tacit knowledge'
     (Chomsky). Abhängig von ihrer Geltungsreichweite ist die Gesamtheit dieser
     bedeutungsgenerierenden Regeln nicht nur reflexiv vergegenwärtigbar, sondern
     auch veränder- und kritisierbar. Zur Unterscheidung der beiden hier interessie-
     renden Typen von Regeln s.u. Kapitel 6.2.

144 Zur Zielsetzung hermeneutisch-rekonstruktiver Sozialwissenschaften vgl. auch
     Habermas 1970/71, 16-19; ders. 1971b, 397ff; ders. 1976b, 363-379; Garz 1984
     und Brumlik 1986a, 42ff.

len Handelns werde ich Oevermanns Theorie der Geltungsbegründung objektiv-hermeneutischer Sinnrekonstruktionen und seine Begründung forschungspraktischer Verfahren im Rahmen einer 'hermeneutischen Kunstlehre' behandeln. Dabei werden die unterschiedlichen forschungsstrategischen Zielsetzungen innerhalb der Theorieprogramme hermeneutisch-rekonstruktiver Sozialwissenschaften in ihren Konsequenzen für die Methodologie zu vergegenwärtigen sein. Anders als beispielsweise explanative Sprachtheorien, deren Ziel die Explikation konstitutiver und universell geltender Regeln ist, zielt die Anwendung objektiv-hermeneutischer Verfahren auf die Entfaltung sozio-historischer Typenbildungen und Objekttheorien.[145] Die Methodologie der objektiven Hermeneutik hat entsprechend zu zeigen, daß sie das Besondere, sei es individual- oder sozio-historisch spezifisch, auf der Folie des Allgemeinen (letztlich des Universellen) rekonstruieren kann. Als Testfall für die methodologische Grundlegung objektiv-hermeneutischer Verfahren ist anzusehen, ob sie Fälle kreativer und reflexiver Regelveränderungen ebenso explanativ ausweisen können wie Fälle individual- oder kollektiv-pathologischen Handelns. Ich behandele die skizzierte Problemstellung in zwei Schritten: Zunächst werde ich Oevermanns Argumentationsstrategie auf der theoretischen Begründungsebene vorstellen (Kapitel 6) und in einem zweiten Schritt die grundlegenden Verfahrensprinzipien der objektiven Hermeneutik in der Perspektive meiner Fragestellung diskutieren (Kapitel 7 und 8). Ziel ist es, die objektive Hermeneutik als Methodologie einer dialektischen Strukturanalyse auszuweisen, auf die eine Theorie der Bildungsprozesse des Subjekts ebenso angewiesen ist wie materiale Analysen einer historisch gerichteten Gesellschaftstheorie.

---

145 Vgl. 1979b, 388f.396f; 1986, 37f; 1991a und 1993a; in werkgeschichtlicher Perspektive vgl. ferner: 1973a, 65-68.

6. Das Modell der Geltungsbegründung objektiv-hermeneutischer Sinnrekonstruktionen

Unabhängig von der objekttheoretischen Fragestellung gilt die Rekonstruktion der objektiven Bedeutungsstruktur einer (Sprech-)Handlung[146] bzw. der latenten Sinnstruktur einer Interaktfolge als Grundoperation sozialwissenschaftlicher Analyse. Nur genau die bedeutungsgenerierenden Regeln, die objektive Bedeutungsstrukturen bzw. latente Sinnstrukturen konstituieren, können auch eindeutig das Verfahren ihrer Dechiffrierung sichern. Kriterium für die Gültigkeit objektiv-hermeneutischer Sinnrekonstruktionen sind somit genau jene Regeln unterschiedlicher Geltungsreichweite, die in der Realität selbst an der Erzeugung der latenten Sinnstrukturen beteiligt waren.[147]

Als sozialisierte Subjekte verfügen wir mehr oder weniger über diese Regeln. Wie *genau die* Regeln rekonstruiert oder methodisch in Anspruch genommen werden, die die konkrete Sinnstruktur einer zu analysierenden Handlungs- bzw. Lebenspraxis konstituieren, ist das Erklärungsproblem einer hermeneutischen Rekonstruktionsmethodologie. Denn erst deren Kenntnis *oder* methodische Inanspruchnahme – als Ziel des Rekonstruktionsprozesses – gewährleistet die *wissen-*

---

146 Im folgenden werde ich abkürzend auch dann den Begriff der (Sprech-)Handlung verwenden, wenn nicht versprachlichte Handlungen bzw. Ausdrucksformen menschlicher Praxis gemeint sein können. Methodologisch ist entscheidend, daß aufgrund des konstitutionslogischen Verhältnisses von Sprache und Handeln jedes Handeln – ggf. in Form der sprachlichen Paraphrase – als Text protokollierbar ist und damit einer sprachlichen Explikation zugeführt werden kann. Oevermann verweist in diesem Zusammenhang auf die Implikationen des Bedeutungsbegriffs bei G.H. Mead (s.o. Kapitel 4.1) und J.R. Searles (1971) These von der prinzipiellen sprachlichen Ausdrückbarkeit jeder Bedeutung und Ausdrucksintention.

Zum Textbegriff in der Methodologie der objektiven Hermeneutik und der damit zusammenhängenden These von der 'Textförmigkeit sozialer Wirklichkeit' vgl. u.a. 1979b, 368f.378. 380ff; 1986, 45-55 und 1993a,119-123.

147 Zum Konzept der objektiven Bedeutungsstrukturen bzw. latenten Sinnstrukturen s.o. Kapitel 4.3.1.

schaftliche Geltung des Untersuchungsergebnisses.[148] Die darin enthaltene Zirkularität weist Oevermann in seiner Rekonstruktion der Architektonik von Kompetenztheorien als grundlegenden erkenntniskonstitutiven Zirkel jeglicher Erfahrungswissenschaft aus.[149] Zur systematischen Begründung rekurriert Oevermann in erster Linie auf Erkenntnisse moderner Sprachtheorie, insbesondere auf die Arbeiten von Noam Chomsky und John R. Searle.

6.1 Der grundlegende erkenntniskonstitutive Zirkel jeglicher Erfahrungswissenschaft und dessen forschungslogische Implikationen

Chomsky konnte für eine Theorie linguistischer Kompetenz exemplarisch zeigen, daß komplementär zur theoretischen Annahme ihn interessierender universalgrammatischer Regeln methodologisch alles mit der Voraussetzung eines unabhängigen intuitiven Urteils der Grammatikalität von Äußerungen steht und fällt.[150] Konkret-empirisch ist dieses intuitive Urteil mehr oder weniger getrübt; dies gilt für die wissenschaftliche Praxis ebenso wie für die alltägliche. Von daher bedarf der wissenschaftliche Rekonstruktionsprozeß zu bestimmender Vorkehrungen, damit nicht aufgrund eines (stark) getrübten intuitiven Urteils der Angemessenheit und daraus resultierender falscher Datenbasis falsche Regelrekonstruktionen resultieren.

Ziel linguistischer Theoriebildung sind Strukturbeschreibungen empirisch vorfindbarer sprachlicher Äußerungen. Vor der Theoriebildung muß jedoch zunächst eine relevante Datenbasis durch eine Operation der Bewertung konstituiert werden, indem grammatische von ungram-

---

148 Zur Wissenschaftlichkeit einer Textinterpretation im Vergleich zu Verfahren der Alltagspraxis und der therapeutischen Professionen vgl. 1983b und 1993a, 125-129.

149 Zur entsprechenden Kennzeichnung des erkenntniskonstitutiven Zirkels vgl. Habermas 1967, Kap. 7-8; ders. 1976b, 376f und ders. 1981, Bd. 1, Kap. I.4.

150 Vgl. zu den folgenden Ausführungen insbesondere 1979a, 148-156; 1979b, 387-391; 1983a, 244-247; 1983b, 133-138 und 1986, 22-44. Zur paradigmatischen Bedeutung von Chomskys Theorie linguistischer Kompetenz s.o. Kapitel 2.1.

matischen Sätzen geschieden werden. Denn Datengrundlage einer
Theorie linguistischer *Kompetenz* können nur Äußerungen sprachkompetenter Sprecher-Hörer sein, die vor dem Hintergrund faktischen
Sprachgebrauchs in der empirischen Wirklichkeit als Äußerungen
eines idealisierten Sprecher-Hörers gelten:

"Die von der Grammatiktheorie rekonstruierten Strukturen formulieren ... bezogen auf
die empirische Wirklichkeit des Sprachgebrauchs ein idealisiertes Modell von Grammatikalität, ein Modell jedoch, das den empirischen Ereignissen des Sprechens – auch
dann, wenn es sich um ungrammatische Äußerungen handelt – als reale Bedingung der
Möglichkeit zugrundeliegt. Die Theorie *Chomskys* formuliert demnach kontrafaktisch
geltende Regeln. Dieses idealisierte Modell expliziert die Kompetenz des 'native speaker', die diesem als praktisch wirksames Regelbewußtsein im Sinne eines 'tacit knowledge' zugeschrieben werden kann. Davon zu unterscheiden ist die Performanz im
konkreten Sprachgebrauch, die unter dem Einfluß aller möglichen Störfaktoren und
von Faktoren, die die situative Einbettung einer konkreten Äußerung berühren, die
Möglichkeiten der Kompetenz mehr oder weniger realisiert" (1979a, 151).

Forschungslogisch ist nun entscheidend, wie eine relevante Datenbasis
gewonnen wird, das heißt im Falle einer Theorie der linguistischen
Kompetenz: wie grammatische von ungrammatischen Sätzen vorab
geschieden werden können. Da ein äußeres Verhaltenskriterium, wie
Chomsky zeigen konnte, diese Abgrenzung prinzipiell nicht leisten
kann, ohne die angestrebte Ebene theoretischer Explikation vorgängig
zu verunmöglichen,

"(steht) als einzige Möglichkeit der Rekurs auf das intuitive Urteil der Angemessenheit des Subjekts/Objekts zur Verfügung, dessen Handeln untersucht wird – im Falle
der Grammatiktheorie das intuitive Grammatikalitätsurteil des 'native speaker'"
(1979a, 149).

Die auf der Basis eines zuverlässigen intuitiven Urteils der Grammatikalität abgrenzbaren, grammatisch wohlgeformten Sätze gelten in
dieser Perspektive sowohl als unabhängige Datenbasis für eine Rekonstruktion von Regeln als auch für eine kritische Überprüfung vorliegender Regelexplikationen. Unter Berücksichtigung von Oevermanns Bestimmungen zur Extrapolation der von Chomsky ausgehenden Architektonik von Kompetenztheorien auf den sozialwissenschaftlichen Gegenstandsbereich kann dies als ein Beispiel der unhin-
tergehbaren Zirkularität jeglicher Erfahrungswissenschaft interpretiert
werden (vgl. 1979a, 149f und 1986, 25f).

Für die wissenschaftliche Analyse gilt, ebenso wie für die Alltagspraxis, daß intuitive Urteile der Grammatikalität getrübt sein können. Die Möglichkeit einer falschen Regelexplikation auf der Grundlage getrübter Urteile kann daher prinzipiell nicht ausgeschlossen werden. Denn das methodologisch vorauszusetzende intuitive Urteil der grammatikalischen Angemessenheit von Sätzen, die als Datenbasis der Theoriebildung anzusehen sind, liegt selbst auf der Ebene der Performanz.

Mit der Kennzeichnung dieser Problemlage komme ich zu Oevermanns forschungslogisch entscheidendem Argument. Des intuitiven Urteils der Angemessenheit "können wir uns nur in einem hermeneutischen Verfahren der Kommunikation und diskursiven Kritik vergewissern" (1979a, 149). Datenanalyse und Theoriebildung, bzw. die kritische Prüfung intuitiver Urteile der Angemessenheit, vollzieht sich dabei in Form einer sukzessive höhere Explikationsgrade annehmenden Rekonstruktion der Regeln und sozialen Normen, die in intuitive Urteile der Angemessenheit eingegangen sind.[151]

Die nicht ausschließbare Trübung intuitiver Urteile der Angemessenheit unterliegt denselben (Stör-)Faktoren, die auch in der Alltagspraxis die Differenz von kontrafaktisch geltender Kompetenz und Performanz bedingen. Im Forschungsprozeß "(können jedoch jederzeit) durch Variation der situativen Störfaktoren, d.h. durch kommunikativ vermittelte Einstellung auf die Eigenarten der konkreten Situation und des konkreten Falles, 'clear cases' hergestellt werden" (1979a, 151f).

An 'clear cases' vorgenommene Regelexplikationen können dann zur Kritik und Klärung vorgängiger, ggf. strittiger Urteile der Angemessenheit herangezogen werden. Die gedankenexperimentellen Konstruktionen von 'clear cases' gelten, da auch linguistisch Forschende 'native speaker' sind, als für die Sprachtheorie relevante empirische Daten. Auch deren Bildung ist methodologisch gesehen unhintergehbar auf intuitive Urteile der Angemessenheit angewiesen.

Aus diesen Überlegungen folgt dreierlei: Erstens lassen sich methodologisch bedeutsame Verfahren zur Sicherung der Ungetrübtheit intuitiver Urteile der Angemessenheit benennen und Explizitheitsanforde-

---

151 Vgl. zu dieser Argumentation Oevermanns 1979a, 150; 1979b, 387-391 und 1986, 38ff.

rungen an Regelrekonstruktionen ableiten. Diese begründen zugleich Verfahren der Kritik intuitiver Urteile der Angemessenheit und daraus resultierender Regelexplikationen und somit Standards einer empirischen Falsifikation vorliegender hermeneutischer Rekonstruktionen.[152] Zweitens: auch die Rekonstruktion empirisch vorgefundener ungrammatischer Ausdrücke liefert im Prozeß von deren Kritik Informationen und Strukturexplikationen für die Grammatiktheorie. Der dritte, für das Verständnis der objektiven Hermeneutik entscheidende Gesichtspunkt, zeigt sich in deren Kontrastierung zu Zielsetzungen explanativer Sprachtheorien. An einer Theorie linguistischer *Kompetenz* interessierte Regelexplikationen nehmen von vornherein 'clear cases' als Datengrundlage. Im Rahmen der methodologischen Problemstellung Oevermanns interessieren jedoch die forschungslogischen Implikationen für die hermeneutische Rekonstruktion *empirisch vorfindbarer* (Sprech-)Handlungen. Positiv die Performanz bestimmende Faktoren sind in diesem Fall nicht methodisch auszuschaltende Störfaktoren, sondern selbst Untersuchungsgegenstand. Denn theoriestrategisch ist intendiert, die *Fallspezifik*, z.B. des individuellen Sprachgebrauchs, *im Bezugsrahmen einer Theorie der Kompetenz zu erklären.*[153] In methodologischer Perspektive ist vor diesem Hintergrund die dritte forschungslogische Implikation der behandelten Architektonik von Kompetenztheorien folgenreich: Performanztheoretisch zu erklärende Abweichungen lassen sich auf der Folie von 'clear cases', an denen kompetenztheoretisch interessierte Regelexplikationen durchführbar sind, in ihrer Besonderheit abbilden

---

152 Die auf dem erkenntniskonstitutiven Zirkel jeglicher Erfahrungswissenschaft "aufbauende Kompetenztheorie bringt für die Humanwissenschaften die bisher wohl konsequenteste Realisierung einer falsifikationistischen Forschungslogik im Sinne *Karl R. Poppers* mit sich. Ein einziger klarer Fall einer ungrammatischen Äußerung reicht aus, ein ganzes Gebäude von Regelrekonstruktionen einstürzen zu lassen, wenn die Struktur dieses Satzes aus ihm erzeugt werden kann, und entsprechend reicht ein einziger klarer Fall eines grammatischen Satzes aus, eine Regelrekonstruktion zu verwerfen, wenn gezeigt werden kann, daß die Struktur dieses Satzes daraus nicht generiert werden kann" (1979a, 150; vgl. 1986, 67). Für das Verhältnis von Theorie und Daten ist entsprechend keine 'schlechte' Zirkularität in dem Sinne zu konstatieren, daß es zu einer Immunisierung der Theorie gegenüber empirischen Tatsachen kommt.

153 Dies verkennt meines Erachtens Liebaus (1987; 1988) Rekonstruktion der Arbeiten Oevermanns.

und einer Klärung zuführen. Hierin ist die methodologische Fundierung der von Oevermann in den Vorarbeiten zu einer Theorie der Bildungsprozesse vertretenen Strategie der Integration kompetenz- und performanztheoretischer Forschungsperspektiven zu sehen.

6.2 Die Extrapolation der Architektonik von Kompetenztheorien auf den gesamten Gegenstandsbereich der Sozialwissenschaften

Die forschungslogischen Implikationen des Kompetenz-Performanz-Paradigmas entfaltet Chomsky für den eingegrenzten Objektbereich grammatischen Regelwissens. Die Verwendung des Kompetenzbegriffs ist bei ihm an die Universalität von Bewußtseinsstrukturen im Sinne gattungsspezifischer Ausstattungen gebunden. Wie in Kapitel 2 bereits ausgeführt, werden die von Chomsky begründete Architektonik einer Theorie linguistischer Kompetenz und deren forschungslogische Implikationen für den Objektbereich grammatischen Regelwissens von Oevermann in zwei Schritten auf den sozialwissenschaftlichen Gegenstandsbereich extrapoliert. Bei Berücksichtigung der dabei notwendigen analytischen Unterscheidungen kann so die allgemeine Bedeutsamkeit der Architektonik von Kompetenztheorien für den gesamten Gegenstandsbereich der Sozialwissenschaften ausgewiesen werden.

Der erste Schritt, die Extrapolation auf Bewußtseinsstrukturen des Gattungssubjekts, wirft keine prinzipiellen Probleme auf. Der Ebene des Gattungssubjekts – bei Piaget: des 'epistemischen Subjekts' – ist jener Typus von Regeln universeller Reichweite zuzuordnen, deren Universalität mit der Nicht-Kritisierbarkeit ihres materialen Gehalts zusammenfällt. Dieser Typus der Regel

"ist nicht auf die universalgrammatischen Regeln im Sinne CHOMSKY's beschränkt. Er läßt sich ebenso vermuten für die Regeln des logischen Schließens (die Regeln der Deduktion beispielsweise kritisieren zu wollen, setzte deren materiale Geltung schon immer voraus), für die universalpragmatischen Regeln der Sprechakttheorie und für die Regeln der Moral, sofern unter Moral ein Formalismus bzw. ein rekursiver Algorithmus der sozialen Kooperation und nicht ein Gebäude ethischer Prinzipien verstanden wird" (1986, 29; vgl. ebd., 26-29 und 1979a, 152f).

Der zweite Schritt zielt auf die Lockerung und Relativierung der Bedingung der Universalität von Regeln und Bewußtseinsstrukturen, die den strikten Kompetenzbegriff bei Chomsky kennzeichnet. Für diese Verallgemeinerung spricht, daß alle Regeln, unabhängig von der Reichweite ihrer Geltung, material das Modell regelgeleiteten Handelns erfüllen. Werden die forschungslogischen Implikationen der Kompetenz-Performanz-Unterscheidung auf Regeln und Bewußtseinsstrukturen unterschiedlicher Geltungsreichweite angewandt, müssen Bezugsebenen der gattungsgeschichtlichen oder historischen Reichweite von Regeln eingeführt und analytisch streng voneinander unterschieden werden (s.o. Kapitel 2.2).

6.3 Forschungspraktische Alternativen zur Sicherung des Wissens um geltende Regeln der Sozialität und des sozialen Handelns

Die behandelten Bestimmungen zur Architektonik von Kompetenztheorien begründen die prinzipielle Möglichkeit der methodisch angeleiteten Rekonstruktion von Sinnstrukturen qua Inanspruchnahme intuitiver Urteile der Angemessenheit. Sie kennzeichnen ferner die forschungslogische Vorgehensweise hermeneutisch-rekonstruktiver Verfahren: Im Interpretationsprozeß werden mittels intuitiver Urteile der Angemessenheit sukzessive jene bedeutungsgenerierenden Regeln unterschiedlichen Typs und unterschiedlicher Reichweite der Geltung aktualisiert, die die objektiven, latenten Sinnstrukturen der zu analysierenden Handlungs- bzw. Lebenspraxis konstituieren.

Methodologisch bleibt dabei erklärungsbedürftig, wie die Trübung intuitiver Urteile der Angemessenheit vermieden wird. Zwei Alternativen bieten sich prinzipiell an, das (implizite) Wissen um geltende Regeln zu sichern:

(1) die vorgängige theoretische Explikation der allgemein (nicht notwendig universell) geltenden Regeln, die Sinnstrukturen erzeugen, bzw. der Rekurs auf entsprechende Theoriebeiträge oder

(2) forschungspraktische Verfahren einer Minimierung der Trübung kompetenter Urteile der Angemessenheit, die als Bestimmungen einer 'hermeneutischen Kunstlehre' verstanden werden.

Beide Alternativen können forschungslogisch betrachtet als gleichwertig angesehen werden. Bei der erstgenannten ist zu berücksichtigen, daß die Datenbasis der entsprechenden Theoriebeiträge (Sprech-) Handlungen sind, deren Konstitution selbst unhintergehbar an intuitive Urteile der Angemessenheit gebunden ist. Eine Überprüfung vorliegender theoretischer Regelexplikationen hätte entsprechend ebenso von intuitiven Urteilen der Angemessenheit auszugehen. In methodologischer Perspektive folgt daraus, daß die Prüfung intuitiver Urteile der Angemessenheit in beiden Fällen als Konvergenzpunkt einer Kritik der Geltung von Sinnrekonstruktionen anzusehen ist. Denn auch im Fall der vorgängigen theoretischen Explikation bedeutungsgenerierender Regeln ist letztlich zu prüfen, ob die Datenbasis der theoretischen Explikation qua Inanspruchnahme *ungetrübter* Urteile der Angemessenheit generiert wurde.

(1) Theorieprogrammatisch scheint Habermas' sprachtheoretische Grundlegung der Soziologie die erstgenannte Strategie nahezulegen.[154] In seiner Kontroverse mit Gadamer[155] kennzeichnet Habermas die Grenzen des Universalitätsanspruchs der Hermeneutik (und damit, wie es scheint, die einer hermeneutischen Kunstlehre) und fordert programmatisch, die Grenzen hermeneutischen Sinnverstehens explanatorisch zu überschreiten:

"Wir bedienen uns der Hermeneutik, der Kunst des Interpretierens, anstelle eines Meßverfahrens; aber sie ist keines. Erst eine Theorie umgangssprachlicher Kommunikation, welche die naturwüchsige Fähigkeit kommunikativer Kompetenz nicht, wie eine hermeneutische Kunstlehre, bloß anleitet und diszipliniert, sondern erklärt, würde auch Grundoperationen des Messens von Sinn anleiten können" (Habermas 1970/71, 16; vgl. ders. 1970, 341f).

---

154   Vgl. einführend Habermas 1970/71; ferner McCarthy 1980, 148-308. Habermas selbst hat meines Wissens keinen Versuch unternommen, forschungspraktische Verfahren im Bezugsrahmen 'empirischer Pragmatik' zu begründen.

155   Zur Kontroverse zwischen Habermas und Gadamer vgl. folgende Schriften: Gadamer 1960; 1966; Habermas 1967 (insbesondere: 271-310); Gadamer 1967; Habermas 1970; Gadamer 1970; 1971; 1972; ferner Habermas 1981, Bd. 1, 188-196.

Dies scheint zu implizieren, daß erst eine Theorie umgangssprachlicher Kommunikation bzw. formalpragmatische Analysen[156] und daraus vorzunehmende Deduktionen Grundoperationen des Messens von Sinn *anleiten* könnten. Hermeneutische Sinnrekonstruktionen scheinen dann nicht den Anspruch explanatorischer Theoriebildung einlösen zu können, wenn sie sich forschungspraktisch auf Verfahren einer hermeneutischen Kunstlehre stützen.

Beim derzeitigen Forschungsstand wäre dann – so Oevermann – jedoch auch zu konstatieren, daß eine explanative Theorie nicht vorliegt, "die eine solche Deduktion von Regeln zur Erschließung von Sinn forschungspraktisch aussichtsreich erscheinen ließe" (Oevermann 1986, 38). Auch Habermas (1981, Bd. 1, 440-444) weist in seiner Theorie des kommunikativen Handelns darauf hin, daß der Anschluß der formalen an die empirische Pragmatik noch aussteht. Die hierbei zu konstatierenden Schwierigkeiten erweisen die in Habermas' wissenschaftstheoretischen Schriften zunächst angelegte Strategie hermeneutischer Sinnrekonstruktionen somit (zumindest derzeit) als forschungspraktisch nicht durchführbar.

Im Resümee seines Kapitels zur 'Problematik des Sinnverstehens in den Sozialwissenschaften' formuliert Habermas 1981 entsprechend zurückhaltender als in den siebziger Jahren:

"Wenn Sinnverstehen als kommunikative Erfahrung verstanden werden muß und diese allein in der performativen Einstellung eines kommunikativ Handelnden möglich ist, ist die Erfahrungsbasis einer sinnverstehenden Soziologie nur dann mit ihrem Anspruch auf Objektivität vereinbar, wenn sich hermeneutische Verfahren *mindestens intuitiv* auf umfassende und allgemeine Rationalitätsstrukturen stützen können" (Habermas 1981, Bd. 1, 197; Hervorhebung H.S.; vgl. ebd., 152-200).

Damit wird die – meines Wissens von Habermas selbst nicht thematisierte – Differenz zu Oevermanns methodologischer Grundlegung der Sozialwissenschaften zwar relativiert, jedoch nicht generell aufgehoben: Sie verlagert sich von der hier interessierenden Frage der methodologischen Begründung forschungspraktischer Verfahren auf die Kontroverse, was als *konstitutionstheoretischer* Grundbegriff sozialwissenschaftlicher Analyse und Theoriebildung anzusehen sei: Ha-

---

156   Vgl. Habermas' erste Zwischenbetrachtung in seiner Theorie kommunikativen Handelns (Habermas 1981, Bd. 1, Kap. III). Zum Anschluß der empirischen Pragmatik an formalpragmatische Analysen vgl. ebd., 440-448.

bermas' Begriff der 'Rationalität' oder Oevermanns Begriff der 'Authentizität' oder 'Gültigkeit von Ausdrucksgestalten'.[157]

(2) Im Bezugsrahmen seiner methodologischen Begründung von forschungspraktischen Verfahren der hermeneutischen Sinnrekonstruktion wählt Oevermann die zweite der oben eingeführten Alternativen, um die Inanspruchnahme des (impliziten) Wissens um geltende Regeln der Sozialität und des sozialen Handelns im Interpretationsprozeß einer methodischen Kontrolle und intersubjektiven Nachprüfbarkeit zuzuführen. Im Rahmen einer hermeneutischen Kunstlehre entwickelt er Verfahren der Minimierung einer nicht ausschließbaren Trübung intuitiver Urteile der Angemessenheit. Für das Verständnis der forschungspraktischen Verfahren der objektiven Hermeneutik ist dabei entscheidend, daß Oevermann diese in Abgrenzung von traditionellen hermeneutischen Verfahren und unter Bezugnahme auf die bereits behandelten forschungslogischen Implikationen der Architektonik von Kompetenztheorien entwickelt.

Sein entscheidendes Argument geht von der Unterscheidung zwischen der Zielsetzung von Kompetenztheorien einerseits und dialektischen Strukturanalysen, für die die Verfahrensprinzipien der objektiven Hermeneutik entwickelt wurden, andererseits aus:

"Die für die universellen Regeln des Sprachbewußtseins und der logischen und moralischen Urteilskraft zuständigen Kompetenztheorien ... haben, selbst Prototyp einer hermeneutisch verfahrenden, rekonstruktiv-explikativen Theoriebildung, eine eigentümlich zirkuläre Struktur ihrer Geltung freigelegt. Ihr Fortschreiten besteht nämlich im Kern in der explikativen Begründung genau jener Kompetenzen, die als reale Bewußtseinsstrukturen praktisch folgenreich schon immer die intuitiven Angemessenheitsurteile des Untersuchungs-Subjekt-Objekts ermöglicht haben, die ihrerseits notwendig vorab zur Abgrenzung einer relevanten Datenbasis von 'clear cases' von grammatischen Sätzen, pragmatisch sinnvoll eingebetteten Interakten, verständigen Äußerungen oder vernünftigen Handlungen in Anspruch genommen werden müssen.

Wir tun nun in unseren Interpretationen von Interaktionstexten nichts anderes, als genau diese praktisch folgenreichen Urteile der Angemessenheit möglichst ungetrübt zur Geltung zu bringen, die realen Kompetenzen des Gattungssubjekts und des soziohistorisch sozialisierten Mitglieds einer Lebenswelt möglichst ungetrübt intuitiv in Anspruch zu nehmen. Wenn im Sinne einer Kunstlehre Vorkehrungen getroffen wer-

---

157 Zu dieser hier und im folgenden nicht ausgeführten Problemstellung vgl. Oevermanns Kritik an Habermas' Theorie kommunikativen Handelns, u.a. in: 1986, 27f und 1993a, 142ff.

den können, die die Ungetrübtheit dieser intuitiven Urteilskraft praktisch zu sichern helfen, brauchen wir die diese Kompetenz ausmachenden Regeln selbst nicht
mehr theoretisch als Voraussetzung für die Gültigkeit der Interpretationen einer objektiven Hermeneutik zu explizieren, ohne daß die Widerlegbarkeit der Sinnrekonstruktionen dadurch eingeschränkt würde" (1979b, 387f).

Mit dieser methodologischen Grundlegung der Verfahren einer struk-
turalen Hermeneutik bindet Oevermann die Ergebnisse materialer
Analysen nicht derart an Intuitionen von Interpreten und Interpretin-
nen, daß sie sich einer kritischen Prüfung im Sinne wissenschaftlicher
Standards entziehen. Denn es ist jederzeit möglich, methodisch in
Anspruch genommene Urteile der Angemessenheit zu bestreiten. Die
Überprüfung hermeneutischer Sinnrekonstruktionen erfolgt dann in
der Kritik der intuitiven Urteile, die in die sequentiell vorgehenden
Interpretationen eingegangen sind.

Die Geltung hermeneutischer Sinnrekonstruktionen wie deren Kritik
gründet dabei letztlich in der Explikation jener Regeln und Normen,
die unstrittige, intuitive Urteile der Regelangemessenheit von
(Sprech-)Handlungen bzw. Ausdrucksformen menschlicher Praxis generieren. Wie im Falle der Theoriebildung explanativer Sprachtheorien

"(hat) diese Explikation nicht die Form der Deduktion aus einer explanativen Theorie,
sondern ganz anders die Form der sukzessive höhere Grade der Explikation annehmen-
menden Rekonstruktion der in das intuitive Urteil eingehenden Regeln und Normen"
(1986, 38).

Für die Geltungsbegründung objektiv-hermeneutischer Sinnrekonstruktionen reicht es dann aus, im Rahmen der Vorkehrungen einer
hermeneutischen Kunstlehre zu bestimmen, in welchen Fällen die
kritische Prüfung intuitiver Urteile der Angemessenheit zwingend
erforderlich ist, und welcher Explikationsgrad zur Klärung strittiger Fälle gewährleistet werden muß.[158]

---

158 Werden die unterschiedlichen theoriestrategischen Interessen auf der Grundlage
     der vorgestellten Bestimmungen zum Kompetenz-Performanz-Paradigma be-
     rücksichtigt (s.o.), lassen sich Konvergenzpunkte in der *methodologischen* Ar-
     gumentation bei Oevermann und in Habermas' Erläuterung des Verfahrens ratio-
     naler Nachkonstruktion (Habermas 1976b, 353-379) ausweisen. Im Zusammen-
     hang der hier vorgestellten Argumentationsstrategie Oevermanns ist folgende
     Passage in Habermas' Beitrag 'Was heißt Universalpragmatik?' von besonderem
     Interesse: "Der Ausdruck 'intuitives Wissen' darf nicht so verstanden werden, als

Aus diesen Überlegungen folgt, daß der Unterschied in Zielsetzung und Verfahren zwischen explanativer Sprachtheorie und dialektischen Strukturanalysen *nicht* mit der üblichen Kontrastierung von Erklären und Verstehen zusammenfällt. Der Unterschied ist im jeweiligen Niveau der theoretischen Explikation der Regeln und Normen zu sehen, die in intuitive Urteile der Angemessenheit eingehen.

Diese Differenz zwischen den Begründungsleistungen explanativer Sprachtheorien und objektiv-hermeneutischer Sinnrekonstruktionen ist in den verschiedenen Forschungsgegenständen begründet. Gegenstand objektiv-hermeneutischer Verfahren sind nicht die *allgemein* geltenden, bedeutungsgenerierenden Regeln selbst, sondern die durch sie konstituierten, *objektiven latenten Sinnstrukturen, in denen sich die Struktur einer sozio-historisch konkreten Handlungs- bzw. Lebenspraxis objektiviert.*[159] Aus dieser Zielsetzung resultieren unterschiedliche forschungspraktische Verfahren und – bezogen auf eine Theorie der Geltungsbegründung – unterschiedliche Akzentsetzungen, die es zu berücksichtigen gilt. Es ist der

"Unterschied zwischen einem Vorgehen, in dem es auf die möglichst allgemeine, auf die Artikulation eines universellen Formalismus abzielende Regelexplikation als Gehalt der Theoriebildung selbst ankommt, und einem in engerem Sinne an der Ent-

---

sei das vortheoretische Wissen eines Sprechers über die Grammatikalität eines Satzes ... von der Art direkt abfragbarer Intuitionen, die einer diskursiven Rechtfertigung nicht fähig sind. Das implizite Wissen muß im Gegenteil durch die Wahl geeigneter Beispiele und Gegenbeispiele, durch Kontrast- und Ähnlichkeitsrelationen, durch Übersetzungen, Paraphrasen usw., also durch eine wohlüberlegte, mäeutische Befragungsmethode bewußt gemacht werden. Die Ermittlung der sogenannten Intuitionen eines Sprechers ist bereits der Beginn ihrer Explikation. ... Man geht von klaren Fällen, bei denen die Reaktionen der Befragten nicht streuen, aus, um auf dieser Grundlage Strukturbeschreibungen zu entwickeln und im Licht der gewonnenen Hypothesen sodann die unklareren Fälle in der Weise zu präzisieren, daß der Befragungsprozeß eine hinreichende Klärung auch in diesen Fällen herbeiführen kann. Ich sehe in diesem zirkulären Vorgehen nichts Falsches; in einem solchen Zirkel zwischen Präzisierung des Gegenstandsbereichs und Theoriebildung bewegen sich alle Forschungsprozesse" (Habermas 1976b, 376f).

159 Vgl. 1979b, 387ff.396f; 1983a, 269-275 und 1986, 37. Während allgemein geltende bedeutungsgenerierende Regeln an einzelnen Sprechakten rekonstruiert werden können, setzt die Rekonstruktion latenter Sinnstrukturen, in denen sich die Struktur einer sozio-historisch konkreten Handlungs- bzw. Lebenspraxis objektiviert, die sequenzanalytische Interpretation von Interaktfolgen voraus.

faltung sozio-historischer Typenbildungen und Objekttheorien orientierten Vorgehen, für das es wesentlich ist, die Totalität individuierter Fälle und historischer Ereignisse sinnrekonstruktiv zu beschreiben, und für das eine allgemeine methodologische Begründung – etwa als objektive Hermeneutik wie hier – zu entwickeln ist" (1979b, 389; vgl. 1983a).[160]

Die Differenz zu der von Habermas gegenüber der *traditionellen* Hermeneutik vertretenen Position eines explanatorischen Überschreitens hermeneutischen Verstehens besteht folglich weder bezüglich des Interesses an explanativer Theoriebildung, noch in der Wahl des Forschungsparadigmas hermeneutisch-rekonstruktiver Sozialwissenschaften.[161] Die Differenz ist auch nicht darin zu sehen, daß objektiv-hermeneutische Sinnrekonstruktionen den Anspruch einer soziologischen Kritik negieren, wie das in Gadamers philosophischer Hermeneutik zuteilen der Fall ist.[162] Die Kontrastierung der beiden Positionen verweist auf das zentrale methodologische Erklärungsproblem: Inwieweit sind die bedeutungsgenerierenden Regeln (vorgängig) zu explizieren, die *methodisch* in Anspruch genommen werden müssen, um die zu *erklärenden* Strukturierungsprinzipien sozialen Handelns rekonstruieren zu können, die die zu analysierende, konkrete Handlungs- bzw. Lebenspraxis als individuierte bzw. sozio-historisch ausgebildete konstituieren.

---

160   Von hier aus ließe sich diskutieren, inwieweit Oevermanns Konzepte die Wiederaufnahme des zweiten, von Habermas nach eigenem Bekunden liegengebliebenen Motivs leisten können: dem "Versuch, dem dialektischen Begriff der Totalität einen Platz in der sozialwissenschaftlichen Theoriebildung zu sichern" (Habermas 1982, 9). Zum Totalitätsbegriff bei Oevermann vgl. 1979a, 154f und 1983a, 276f; zum dialektischen Gehalt fallrekonstruktiver Vorgehensweise vgl. u.a. 1979b, 421f; 1983a, 254f und 1986, 48ff.

161   Folgt man Habermas' (1983a, 37f) Unterscheidung von drei Positionen innerhalb der sinnverstehenden Sozialwissenschaften – hermeneutischer Objektivismus, radikale Hermeneutik und hermeneutischer Rekonstruktivismus – ist die objektive Hermeneutik letzterem zuzuordnen.

162   Zu einer korrespondierenden Kritik an Gadamers philosophischer Hermeneutik vgl. auch Böhler (1981), der "die Konfundierung von 'Geltung' resp. 'Geltungsanspruch' mit "Wahrheit" resp. "Wahrheitsanspruch', ... die Ineinssetzung von 'Methode' mit 'konstruktivistischer Methode' und ... die Gleichsetzung von 'Sinn' resp. 'Bedeutung (eines Textes)' mit 'Sache (eines Textes)'" (ebd., 499f) in Gadamers Ansatz und dessen daraus resultierende Engführung der hermeneutischen Aufgabenstellung herausarbeitet.

Mit den bisherigen Ausführungen habe ich die theoretische Argumentationsfigur Oevermanns zusammengefaßt, die sein 'kontrafaktisch geltendes Modell der Geltungsbegründung für Sinnrekonstruktionen' (1983b, 134) mit entsprechenden methodologischen Begründungspflichten kompetenztheoretischer Analysen teilt. In Oevermanns Perspektive wurden damit die forschungslogischen Implikationen der Grundannahme von der Regelgeleitetheit sozialen Handelns entfaltet. In den beiden folgenden Kapiteln werden die Bestimmungen zu den forschungspraktischen Verfahren der objektiven Hermeneutik vorgestellt, die eine rekonstruktionslogische Vorgehensweise sichern helfen und somit eine explanative Theoriebildung methodisch fundieren.

Gezeigt werden soll, welche methodischen Prinzipien der objektiven Hermeneutik gewährleisten, daß in jeder Interpretation sukzessive genau jene Regeln und sozialen Normen in Anspruch genommen werden, die die latente Sinnstruktur in der protokollierten Handlungspraxis selbst konstituieren (Kapitel 7). Des weiteren sind die "hermeneutischen Verfahren der Kommunikation und diskursiven Kritik" (1979a, 149) zu behandeln, die die objektive Hermeneutik vorsieht, um getrübte Urteile der Angemessenheit im Forschungsprozeß selbst zu verhindern bzw. aufzudecken. Zu thematisieren ist, wie und nach Maßgabe welcher Erfordernisse die theoretisch und empirisch prüfbare Begründung für die in Anspruch genommenen intuitiven Urteile der Angemessenheit zu erfolgen hat (Kapitel 8). Das Aufdecken getrübter intuitiver Urteile der Angemessenheit ist dann nicht nur 'meßtheoretisch', sondern auch objekttheoretisch von besonderem Interesse, wenn sich für eine zu analysierende Handlungs- bzw. Lebenspraxis zeigen läßt, daß in ihr die handlungspraktische Realisierung von Kompetenzstrukturen eines 'normal' sozialisierten Subjekts[163] systematischen Restriktionen unterliegt bzw. die spezifische Handlungsstrukturierung nicht den Anforderungen einer situationsangemessenen praktischen Vernunft entspricht.[164]

---

163 Vgl. zu dieser Formulierung die metatheoretischen Ausführungen in den Schriften zu einer Theorie der Bildungsprozesse (s.o. Teil I).

164 Es sollte deutlich geworden sein, daß diese Problemformulierung durchaus an Habermas' methodologische Überlegungen anschließen kann. Als Schlüssel für die Lösung der Problematik des Sinnverstehens in den Sozialwissenschaften

7. Verfahrensprinzipien zur rekonstruktiven Bestimmung der Fallstrukturiertheit einer soziohistorischen Handlungs- bzw. Lebenspraxis

Ziel dialektischer Strukturanalysen ist es, die spezifische und typische Konfiguration der Handlungsstrukturierung eines Falles *in Begriffen objektiver Bedeutungsstrukturen bzw. latenter Sinnstrukturen* zu rekonstruieren (vgl. 1979b, 412).[165] Als Datengrundlage setzt dies 'natürliche Protokolle' von sozialen Abläufen (= 'Texte') voraus, die die soziale Praxis des interessierenden Falles gültig dokumentieren.

---

weist Habermas (1981) die 'allgemeinsten Kommunikationsstrukturen' aus: "Die allgemeinsten Kommunikationsstrukturen, die sprach- und handlungsfähige Subjekte zu beherrschen gelernt haben, öffnen ... nicht nur den *Zugang* zu bestimmten Kontexten; sie ermöglichen nicht nur den *Anschluß* an und die Fortbildung von Kontexten. ... Diese selben Strukturen bieten zugleich die kritischen Mittel, um einen gegebenen Kontext zu durchdringen, von innen aufzusprengen und zu transzendieren, um nötigenfalls durch einen faktisch eingespielten Konsens *hindurchzugreifen*, Irrtümer zu revidieren, Mißverständnisse zu korrigieren usw." (Habermas 1981, Bd. 1, 175f; vgl. ebd., 197).

Die von Oevermann begründete Methodologie einer dialektischen Sozialforschung löst ein, was von Habermas mit Bezug auf die Explikation hermeneutisch-rekonstruktiver Verfahrensprinzipien lediglich programmatisch umrissen wird. Denn im Rahmen der methodologischen Begründung hermeneutisch-rekonstruktiver Sozialwissenschaften bleibt bei Habermas erklärungsbedürftig, wie das implizit verfügbare Wissen um die 'allgemeinsten Kommunikationsstrukturen' im Forschungsprozeß methodisch kontrolliert angewendet werden kann. Und des weiteren: wie läßt sich die formalpragmatisch ausweisbare Einsicht in die methodologische Ausgangsposition der sinnverstehenden Sozialwissenschaften auf der Ebene forschungspraktischer Verfahren einer hermeneutischen Rekonstruktionsmethodologie derart umsetzen, daß hermeneutische Sinnrekonstruktionen sich einer intersubjektiven Überprüfung ihrer Geltung nicht entziehen.

Da Habermas die Problematik des Sinnverstehens behandelt, um die Rationalitätsproblematik und die Notwendigkeit formalpragmatischer Untersuchungen auszuweisen, kann er auf die systematische Erörterung dieser Fragen verzichten. Für die Begründung von Methoden dialektischer Sozialforschung, die rekonstruktionslogisch vorzugehen beabsichtigt, wird sie zum zentralen Problem.

165 Vgl. zum folgenden insbesondere 1979b, 366-387.412-427 und 1983b, 121-133.

"Interaktionstexte konstituieren aufgrund rekonstruierbarer Regeln objektive Bedeutungsstrukturen, und diese objektiven Bedeutungsstrukturen stellen die latenten
Sinnstrukturen der Interaktion selber dar. Die objektiven Bedeutungsstrukturen von
Interaktionstexten, Prototypen objektiver sozialer Strukturen überhaupt, sind Realität
(und haben Bestand) analytisch (wenn auch nicht empirisch) unabhängig von der je
konkreten intentionalen Repräsentanz der Interaktionsbedeutungen auf seiten der an
der Interaktion beteiligten Subjekte. Man kann das auch so ausdrücken, daß ein Text,
wenn er einmal produziert ist, eine eigengesetzliche, mit eigenen Verfahren zu re-
konstruierende soziale Realität konstituiert, die weder auf die Handlungsdispositionen
und psychischen Begleitumstände auf seiten des Sprechers noch auf die innerpsychische Realität der Rezipienten zurückgeführt werden kann" (1979b, 379).

Die Rekonstruktion der objektiven Bedeutungsstruktur eines einzelnen
Interaktes bzw. die der latenten Sinnstruktur einer Interaktfolge erfolgt
methodisch über die Explikation von Lesarten der protokollierten Äußerung bzw. Äußerungsfolge. Der Begriff 'Lesart' definiert in der
Methodologie der objektiven Hermeneutik die Verbindung zwischen
einer (Sprech-)Handlung und einer Kontextbedingung, die diese
(Sprech-)Handlung pragmatisch oder sinnäquivalent erfüllt. Die objektive Bedeutungsstruktur eines *einzelnen* Interaktes kann mindestens
mittels so vieler Lesarten rekonstruiert werden, wie sich Typen von
Kontexten angeben lassen, in denen der zu untersuchende Interakt als
pragmatisch angemessen, sozial akzeptabel oder vernünftig gelten
kann (vgl. 1979b, 415f). In spezifischen Kontexten kann der Bedeutungsgehalt einzelner Interakte über allgemein geltende Bedeutungsmöglichkeiten hinaus auch fallspezifische Lesarten enthalten. Diese
verweisen dann auf Motivierungen, die in der Individuierungs- und
Bildungsgeschichte der beteiligten Akteure oder in der Geschichte des
Interaktionssystems begründet sind.

Vermittelt über die objektiv-hermeneutische Rekonstruktion der
Textstruktur eines 'natürlichen Protokolls' hat der Interpretationsprozeß die dokumentierte Handlungssituation und die in ihr zur Verfügung stehenden Handlungs- bzw. Ausdrucksmöglichkeiten mit dem
Ziel zu erschließen, die faktisch vollzogene Selektion aus regelgeleitet
möglichen Verlaufsformen abzubilden.[166] Dem Anspruch explanativer

---

166 Die Spezifik und Typik einer Handlungs- bzw. Lebenspraxis realisiert sich
in *motivierten* Selektionsprozessen aus 'objektiven Möglichkeiten', die diesem
Handlungssystem offen stehen (bzw. standen). 'Objektive Möglichkeiten' lassen
sich nach Maßgabe allgemein geltender Regeln gedankenexperimentell konstruieren: "Die gedankenexperimentellen Konstruktionen objektiver Möglichkeiten

Theoriebildung folgend, ist der Selektionsprozeß in seiner objektiven, das heißt nicht zwingend subjektiv-intentionalen Motivierung zu erklären. Mit anderen Worten: zu rekonstruieren sind die Bedingungen des konkreten Ablaufs einer interessierenden Handlungspraxis.

Unter Bezugnahme auf die Kategorie des Textes lassen sich nach Oevermann zwei Typen von Kontextbedingungen einer (Sprech-) Handlung(sfolge) unterscheiden: äußere und innere Kontextbedingungen. Zu *äußeren Kontextbedingungen* zählt Oevermann sozialstrukturell induzierte, objektive Zwänge in der Handlungssituation, Restriktionen, die von den sozio-kulturellen Typisierungen dieser Kontextbedingungen ausgehen, sozio-kulturell geltende Normen und Orientierungen und offen geäußerte Verpflichtungen. *Innere Kontextbedingungen* kennzeichnen die Spezifik und Typik der interessierenden Handlungs- bzw. Lebenspraxis selbst;[167] sie sind stets Ergebnis eines Individuierungs- oder Bildungsprozesses (vgl. 1979b, 414). Im Falle von Interaktionsanalysen sind dies

"die innere Realität der Handlungssubjekte auf dem Hintergrund ihrer lebensgeschichtlichen Genese sowie die Geschichte des Interaktionssystems selbst ..., Kontextbedingungen also, die mit der die Individuierung der Handlungssubjekte und ihres Interaktionssystems objektivierenden Fallstruktur, die es zu entdecken gilt, selbst identisch sind" (1979b, 414).

---

sind nicht ... bloße Artefakte des Forschers zu heuristischen Zwecken, sondern selbst Realität – hier allerdings in dem gegenüber *Chomsky* zu spezifizierenden Sinne, daß es konstruierte Fälle von Handeln sind, die im Rahmen einer allgemeinen Theorie des Handelns nicht ausgeschlossen werden können, die aber durch den realen *historischen* Prozeß der Veränderung sozialer Strukturen als *Möglichkeiten* ausgeschlossen wurden und als solche Teil der *historischen Realität* oder Bestimmungsmomente einer *individuierten Fallstruktur* sind" (1979a, 151; vgl. ebd., 150f und 1991a, 270f).

Der Status der gedankenexperimentellen Konstruktionen 'objektiver Möglichkeiten' entspricht dem von 'clear cases'; im Falle der Strittigkeit unterliegen sie denselben Begründungsverpflichtungen (s.o.). Bezogen auf den konkreten Fall und die zu analysierende Verlaufsform stellen sie kontrafaktisch geltende Idealisierungen dar, deren handlungspraktische Realisierung selbst sozio-historisch oder fallspezifisch variiert.

167   Dabei kann es sich je nach Untersuchungsgegenstand (= 'Fall') um die Spezifik und Typik der Handlungsstrukturierung einer konkreten Person, einer Familie, Gruppe oder Gesellschaft handeln.

Die folgenden Ausführungen werden nun zu zeigen haben, wie die forschungspraktischen Verfahrensweisen der objektiven Hermeneutik gewährleisten, daß Interpreten und Interpretinnen bei der Generierung von Lesarten eines Handlungsprotokolls bzw. Interaktionstextes sukzessive *genau die* generativen Normen und Regelsysteme sowie Wissenssysteme in Anspruch nehmen, die den protokollierten sozialen Ablauf, innerhalb dessen sich die interessierende Lebenspraxis als strukturierende Handlungsinstanz objektiviert, selbst konstituieren. Die Darstellung beschränkt sich dabei auf die Frage, inwiefern die Konzeption der latenten Sinnstrukturen die Rekonstruktion von Fallstrukturen analytisch fundieren kann, und wie sich die Fallspezifik auf der Ebene latenter Sinnstrukturen, die durch allgemein geltende, bedeutungsgenerierende Regeln konstituiert werden, darstellen läßt.[168]

Daß die Besonderheit eines Falles auf der Folie des Allgemeinen rekonstruktiv abgebildet werden kann, sichern die Prinzipien der extensiven Sinnauslegung und der sequenzanalytischen Vorgehensweise. Extensive Sinnauslegung heißt, daß für einen zu analysierenden Interakt all die Lesarten zu benennen sind, die mit dessen *Textfassung* kompatibel sind. Unter streng sequentiellem, Interakt für Interakt interpretierenden Vorgehen

"verstehen wir vor allem, daß keine Informationen aus und Beobachtungen an späteren Interakten zur Interpretation eines vorausgehenden Interaktes benutzt werden. Selbst wenn der Interpret, aus welchen Gründen auch immer, darüber schon verfügen sollte, muß er streng darauf achten, diese Informationen bei der Interpretation des in Rede stehenden Interakts nicht zu benutzen" (1979b, 414).

Die spezifische Strukturiertheit einer Handlungs- bzw. Lebenspraxis objektiviert sich in der Anwendung beider Prinzipien: Einzelne Lesarten, die mit dem Text einer (Sprech-)Handlungssequenz zunächst kompatibel sind, werden im Interpretationsprozeß solange berücksichtigt, bis anhand eines der folgenden Interakte gezeigt werden kann, daß sie mit diesem inkompatibel sind. Methodisch kontrolliert wird damit genau der Prozeß des sequentiellen Ausblendens von Lesarten (im Sinne von Bedeutungsmöglichkeiten) abgebildet, der in der Reali-

---

168 Vgl. zum folgenden insbesondere 1979b, 412-427; ferner 1981a, 1-25.49-56; 1983a und 1988, 248. Zu den hier nicht behandelten methodischen Verfahrensschritten vgl. auch Schneider 1985, 78-87.

tät selbst die Handlungs- bzw. Lebenspraxis bestimmte oder aber als individuierte bzw. sozio-historisch ausgebildete charakterisiert.

Im folgenden werden die methodischen Verfahren zur Bestimmung der Fallstrukturiertheit im einzelnen vorgestellt. Ich beschränke mich dabei auf die Behandlung der Grundprinzipien der objektiv-hermeneutischen Vorgehensweise.

7.1 Extensive Sinnauslegung

Die forschungspraktischen Verfahren[169] haben zunächst zu gewährleisten, daß die bereits behandelten Einflußfaktoren, die im empirischen Normalfall die Differenz zwischen den subjektiv-intentionalen Repräsentanzen und der latenten Sinnstruktur einer konkreten Äußerung bzw. Einzelhandlung bedingen,[170] ausgeschaltet werden. Bezogen auf den ersten Typ von Einflußfaktoren – entwicklungsstandsspezifische Restriktionen der Sinninterpretationskapazität – ergibt sich die triviale Forderung, daß nur Interpreten und Interpretinnen, die den

---

169 Zu ausführlichen Darstellungen der objektiv-hermeneutischen Verfahren vgl. 1979b; 1980a; 1981a und 1983a; zu durchgeführten Analysen u.a. 1976b; 1983a; 1985a; 1988; 1991b und 1993b.

In den Anfängen der Entwicklung struktural-hermeneutischer Verfahren konzipierte Oevermann ein System von Kategorien, das eine möglichst extensive Auslegung latenter Sinnstrukturen gewährleisten sollte. Es wurde zunächst als Analyseschema mit drei Ebenen entwickelt, die schließlich weiter differenziert und ergänzt wurden. Vorläufiges Ergebnis war die Explikation von acht Ebenen einer sogenannten Feinanalyse (vgl. 1979b, 394-411), deren Kategorien als 'Erinnerungshilfe und Gerüst' verstanden werden. Wie bereits in Kapitel IX des Methodologieaufsatzes (1979b) eigens für dessen Publikation entwickelt, werden in den neueren Schriften die Prinzipien der extensiv auslegenden, sequenzanalytischen Vorgehensweise sowie der Inanspruchnahme allgemeinen und theoretischen Vorwissens allgemein gehalten formuliert (vgl. 1981a und 1983a). Die systematische Kohärenz der unterschiedlichen Darstellungskonzepte belegen Ausführungen zu der Berücksichtigung der Prinzipien sequenzanalytischer Vorgehensweise in dem acht-Ebenen-Analyseschema (vgl. 1979b, 395.400f.411) und der Inanspruchnahme von 'Kontextwissen' (vgl. 1979b, 411; ferner ebd., 396-398).

170 Zu den Einflußfaktoren s.o. Kapitel 4.2.

primären Bildungsprozeß des Subjekts abgeschlossen haben, in der Lage sind, objektiv-hermeneutische Sinnrekonstruktionen durchzuführen. Diese allgemein geltende Forderung wird implizit ergänzt durch die Forderung nach universitärer Sozialisation (bzw. deren Äquivalente), insofern "der Interpretationsprozeß durch einen differenzierten Einsatz einer Vielzahl von möglichst expliziten theoretischen Ansätzen, die als Heuristiken fungieren, angeleitet werden sollte" (1979b, 392). Denn eine nicht-triviale Explikation vermeintlich einfacher und in ihrer Bedeutung unkomplizierter Textteile "macht es erforderlich, möglichst viele Erfahrungen und Wissensbestände einschließlich theoretisch kanonisierten Wissens in der forschungspraktischen Interpretation konkreter Texte zur Anwendung zu bringen, damit möglichst wenige der tatsächlich in einem Interaktionstext konstituierten Lesarten ausgelassen werden" (1981a, 6).[171]

Einem zweiten Typ von Einflußfaktoren werden pathologisch restringierende Faktoren zugeordnet. Deren forschungspraktische Berücksichtigung erfordert Äquivalente zur Funktion der Lehranalyse in der psychoanalytischen Ausbildung.[172] Für die Forschungspraxis bedeutet dies, daß Interpreten und Interpretinnen nicht (ausgeprägt) neurotisch sein sollten, damit die Befähigung zur intuitiv angemessenen Primärerfassung sozialer Sachverhalte nicht (stark) eingeschränkt wird. Einzelne individualspezifische Beschränkungen lassen sich ausgleichen, wenn Sinnrekonstruktionen in einer Gruppe durchgeführt werden. Dabei ist weder 'generalisiertes Kompromißbemühen' noch 'unverbindliche Nettigkeit' gefordert, sondern die Bereitschaft der Gruppenmitglieder, "ihre Interpretationen möglichst lange mit Argumenten gegen Einwände aufrechtzuerhalten, damit sie, wenn sie scheitern, möglichst informationsreich scheitern" (1979b, 393).

Die handlungslogische Differenz zwischen Verfahren objektiv-hermeneutischer Sinnrekonstruktionen und Verfahren des Alltagswissens ist insbesondere gegenüber Faktoren des dritten Typs, die das praktische Handeln ökonomisieren, zu gewährleisten. Während die Alltagspraxis zwingend auf abkürzende Verfahren der Bedeutungsentschlüsselung

---

171 Zur Verwendung und Bedeutung theoretischer Wissensbestände vgl. insbesondere 1983a, 244ff und 1986, 19f.

172 Vgl. 1979b, 392f und 1983b, 121-133.

und des Motivverstehens angewiesen ist, setzen objektiv-hermeneutische Verfahren die Entlastung von Handlungsdruck voraus. In der Strategie der extensiven Auslegung latenter Sinnstrukturen sind "möglichst ausführlich, d.h. unter Einschluß auch der 'unwahrscheinlichen' und vom Vorwissen über den Fall ausschließbaren Lesarten, und möglichst explizit alle Präsuppositionen des Textes" (1979b, 393) zu erfassen. Für jedes Textpartikel sind Motivierungen als objektive Möglichkeiten zu explizieren, seien es Versprecher, Eigentümlichkeiten in der Wortstellung, Wortstellungskorrekturen, Intonationsnuancen, semantische Anomalien, Stottern o.ä. (vgl. 1976b, 390ff und 1983a, 269f).

7.2 Sequenzanalytische Vorgehensweise

Im Rekonstruktionsprozeß dienen Lesarten der Strukturexplikation von situativ und kontextuell *möglichen* Bedeutungsrelationen.[173] Deren Explikation sichert, daß die Besonderheit einer Handlungsstruktur auf der Folie des Allgemeinen, letztlich des Universellen abgebildet werden kann. Neben dem Prinzip der extensiven Sinnauslegung dient die sequenzanalytische Vorgehensweise der methodisch angeleiteten Rekonstruktion des fallspezifisch motivierten Selektionsprozesses.

Die ersten Interpretationsschritte bestehen darin, daß der erste Interakt[174] – zunächst dekontextualisiert – auf seine objektive Bedeutungsstruktur hin analysiert wird. Hieran anschließend lassen sich in einem zweiten Schritt die allgemeinen Struktureigenschaften der Äußerung oder Einzelhandlung abstrahieren. Diese gelten unabhängig von dem konkret vorliegenden Kontext der protokollierten Äußerung bzw. Einzelhandlung. In einem dritten Interpretationsschritt werden diese abstrahierten allgemeinen Struktureigenschaften des ersten Interaktes

---

173 Kriterium für Lesarten ist, "daß sie prinzipiell von den Subjekten als mit einer sprachlich konstituierten, universalistischen Sinninterpretationskapazität ausgestatteten Subjekten hätten realisiert werden können" (1976b, 394).

174 Zu der Frage, was als 'erster Interakt' einer Interpretation gelten kann und welche Konsequenzen die Bestimmung des ersten Interaktes im Bezugsrahmen der sequenzanalytischen Vorgehensweise hat, vgl. u.a. 1979b, 420ff und 1991a, 277-283.

mit den tatsächlich vorliegenden Kontextbedingungen verglichen, wobei sich der Vergleich bei der Analyse des ersten Interaktes zunächst
an solchen objektivierbaren Eigenschaften der Handlungssituation
orientiert, die im Sinne der leitenden Fragestellung als unproblema-
tisch gelten können:[175]

"Die Rekonstruktion der objektiven Bedeutungsstruktur einer konkreten Äußerung
beginnen wir im Rahmen der objektiven Hermeneutik damit, daß wir zunächst Geschichten über möglichst vielfältige, kontrastierende Situationen erzählen, die konsistent zu einer Äußerung passen, ihre Geltungsbedingungen pragmatisch erfüllen. Im
nächsten Schritt werden diese erzählten Geschichten, die implizite gedankenexperimentelle Konstruktionen darstellen, explizit auf ihre gemeinsamen Struktureigenschaften hin verallgemeinert, die in ihnen zum Ausdruck kommen, und im dritten Schritt
werden diese allgemeinen Struktureigenschaften mit den konkreten Kontextbedingungen verglichen, in denen die analysierte Äußerung gefallen ist" (1983a, 236f; vgl.
1981a, 9-16 und 1989, Teil A).

Diese Vorgehensweise empfiehlt sich im weiteren Verlauf der Sequenzanalyse auch bei der Interpretation jener Interakte, die für die
Explikation der Fallstrukturiertheit von besonderem Interesse sind. Sie
empfiehlt sich ferner im Falle strittiger Interpretationen eines Interaktes. Denn die gedankenexperimentelle Konstruktion von Geschichten
bzw. Handlungssituationen, innerhalb derer ein zu interpretierender
Interakt als pragmatisch angemessen angesehen werden kann, stellt
mit Bezug auf Chomsky die Konstruktion unstrittiger 'clear cases' dar,
anhand derer sich bedeutungsgenerierende Regeln unterschiedlicher
Geltungsreichweite sukzessive abstrahieren lassen.

Im weiteren Interpretationsverlauf zielt die sequenzanalytische Vorgehensweise dann darauf, sukzessive jene objektiven Motivierungen der
dokumentierten Interaktfolge zu erschließen, die als äußere oder innere Kontextbedingungen die Verlaufsform der protokollierten Handlungspraxis begründen. Interakt für Interakt in der Einstellung extensiver Sinnauslegung interpretierend,

"werden an jeder einzelnen Sequenzposition jeweils gedankenexperimentell spiegel-
bildlich zu den pragmatischen Erfüllungsbedingungen der dort vorfindlichen Äußerung oder Einzelhandlung alle Optionen ausbuchstabiert, die geregelt sich daran an-

---

175 Im Falle der Analyse einer Mutter-Kind-Interaktion sind dies beispielsweise
Informationen über das Alter und das Geschlecht des Sprechers sowie Zeitpunkt
und äußere Rahmenbedingungen der Äußerung bzw. Einzelhandlung (vgl.
1979b, 417 und 1981a, 13; als weitere Interpretationsbeispiele vgl. 1982, 244-
251; 1983a, 235-252 und 1988, 248ff).

schließen könnten, so daß eine Kontrastfolie für die Bestimmung der *tatsächlich* erfolgten nächsten Äußerung der Sequenz als einer systematischen Selektion aus den Optionen geschaffen ist" (1983a, 274: vgl. 1981a, 50-53).

Das Verhältnis von Allgemeinem und Besonderem zeigt sich in einer ersten Weise darin, daß an jeder Sequenzposition zwei komplementäre Aspekte aufzudecken sind: Einerseits sind die objektiven Möglichkeiten zu identifizieren, die im Interpretationsprozeß nach Kriterien allgemein geltender Regeln gedankenexperimentell konstruierbar sind, um darauf andererseits die sequentiell in Erscheinung tretende Fallstrukturiertheit der Handlungs- bzw. Lebenspraxis abzubilden. Auf der Folie der an einer Sequenzposition identifizierbaren Anschlußoptionen läßt sich die protokollierte, tatsächlich folgende Handlung als Selektion aus diesen Optionen und damit als Äußerungsform der individuierten bzw. historisch ausgebildeten Fallstruktur beschreiben. Entspricht die tatsächlich erfolgte (Sprech-)Handlung einer der Optionen, die an die Erfüllungsbedingungen des vorgängigen Interaktes geregelt anschließen könnten, ist, bis zum Erweis des Gegenteils, eine 'normal' verlaufende Handlungspraxis indiziert. 'Normal' heißt, daß für die analysierte (Sprech-)Handlung

"pragmatische Erfüllungsbedingungen gelten, die im konkreten äußeren Äußerungskontext auch vorliegen. ... Der Fall geht in der allgemeingültigen Rationalität realitätsgerechter Entscheidungen auf. Sofern mehrere solcher realitätsgerechter Wahlen unter den Optionen möglich waren, was in der Regel zutrifft, drückt sich darin dann die Fallspezifität aus, die aber noch nicht bestimmbar ist" (1981a, 53f; vgl. 1980a, 23).

Divergieren die objektive Bedeutungsstruktur der tatsächlich folgenden (Sprech-)Handlung und die verallgemeinerten Struktureigenschaften der gedankenexperimentell konstruierten, pragmatisch sinnvollen Optionen, sind zusätzliche Kontextelemente als *mögliche* Motivierungen gradueller 'Abweichung' zu benennen, die den Fall individuell kennzeichnen. Eine Abweichung von Normalformen eines Handelns ist indiziert, wenn die Erfüllungsbedingungen einer (Sprech-)Handlung in dem konkreten äußeren Kontext, der 'äußeren' Realität, nicht vorliegen. Die entgegengesetzten Pole von objektiven Motivierungen entsprechender Abweichungen lassen sich beschreiben als Kritik an der 'äußeren' Realität einerseits und als unvernünftiges, im Grenzfall pathologisches Handeln andererseits.[176]

---

[176] "Handlungen sind genau dann pathologisch, wenn deren regelhafte pragmatische Erfüllungsbedingungen in der äußeren Realität nicht vorliegen und ihr Vorhan-

Abhängig von der Sequenzposition einer zu analysierenden Äußerung bzw. Einzelhandlung werden anfangs mehrere Lesarten bestimmbar sein, denen gemäß die Geltungsbedingungen dieses Interaktes pragmatisch sinnvoll oder sinnäquivalent erfüllt wären. Aus methodologischen Erwägungen sind anfangs mehr Lesarten aufrechtzuerhalten, als von der zu rekonstruierenden Fallstruktur selbst gedeckt sein könnten bzw. faktisch realisiert werden. Dies hat solange zu erfolgen, wie sie mit dem Text der protokollierten Interaktionsfolge kompatibel sind. Die strikt sequenzanalytische Vorgehensweise gewährleistet so, daß sukzessive ein Wissen um genau die ('inneren') Kontextbedingungen entsteht, die eine Handlungspraxis als motiviertes Besonderes ausweisen und genetisch Individuierungs- und Bildungsprozesse voraussetzen:

"Je weiter eine Sequenzanalyse voranschreitet, desto reichhaltiger und strukturierter ist das kumulierte Wissen über den inneren Kontext, d.h. jenes Wissen, das ausschließlich aus der vorausgehenden sequentiellen Rekonstruktion der Bedeutungsstruktur des Textes resultiert, geworden und desto schärfer und strukturierter wird die nachfolgende Interaktionsbewegung als von der Reproduktionsgesetzlichkeit der Fallstruktur bestimmte Bewegung erscheinen. Irgendwann – der forschungspraktischen Erfahrung nach meistens erstaunlich schnell – wird diese Reproduktionsgesetzlichkeit als hinreichend bestimmt zur Geltung gekommen sein. Das ist in der Regel dann der Fall, wenn die nachfolgenden Sequenzteile als eindeutig motiviert 'reprognostiziert' werden können" (1981a, 54f).

Ziel der sequenzanalytischen Vorgehensweise ist die Rekonstruktion der vollständigen Phase einer sich reproduzierenden Fallstruktur. Methodisch setzt dies allerdings voraus, daß die rekonstruierten Bedeutungen der bereits interpretierten Interakte als *kumulierendes Wissen*

---

den-Sein als innere Realität dem Subjekt reflexiv nicht zugänglich und verschlossen bleibt, also den Status der unbewußten, objektiv nachweisbaren, aber subjektiv nicht verfügbaren Realität trägt. Daß sie nur als innere Realität vorliegen, macht die entsprechende Handlung oder Äußerung per se noch nicht zur pathologischen Lebensäußerung. Denn wenn diese innere Realität, z.B. in der Gestalt eines Wunsches, dem Subjekt bewußt und verfügbar ist, hat die entsprechende Handlung den Status einer die äußere Realität mit ihren sozialen Normen und Typisierungen kritisierenden Äußerung angenommen, die entweder den Standards einer vernünftigen Kritik im Sinne einer konkreten Utopie standhält oder aber, sofern sie das nicht tut, zum Ausgangspunkt einer realitätsgerechten Anpassung im Sinne von Heilung wird" (1981a, 14). Zum Grenzfall pathologischer Handlungen und deren hermeneutische Rekonstruktion im Konzept objektiver Hermeneutik s.u. Kapitel 7.5.

um die fallspezifische Besonderheit berücksichtigt werden. Die fallspezifische Besonderheit erscheint so sukzessive im Kontext der äußeren Thematik und der von ihr ausgehenden sachlogischen allgemeinen Zwänge und Notwendigkeiten. Die Explikation der an jeder Sequenzposition identifizierbaren objektiven Möglichkeiten entwerfen zugleich den Horizont möglicher Veränderungen ('Transformationen') der Fallstruktur unter Berücksichtigung der gegebenen äußeren Lebensumstände.[177]

7.3 Zur methodischen Inanspruchnahme von Vorwissen

Für die Geltungsbegründung objektiv-hermeneutischer Interpretationen ist von grundlegender Bedeutung, daß deren Rekonstruktionen nicht im Sinne einer 'schlechten' Zirkularität vom Vorwissen der Interpretierenden abhängt. Die nicht hintergehbare Inanspruchnahme von Vorwissen im Gegenstandsbereich der Sozialwissenschaften erfolgt methodisch kontrolliert und intersubjektiv nachprüfbar: Vorwissen dient lediglich der Generierung von Lesarten, zu deren Ausschluß darf es nicht verwendet werden.

Die Generierung von Lesarten darf auch nicht durch ein Vorwissen über den Fall eingeschränkt werden, in dem Sinne, daß mit der Textsequenz kompatible Lesarten vorgängig ausgeschlossen werden.

---

177 Vgl. hierzu 1979b, 421f; 1983a, 274f und 1986, 48ff.

Budes (1982) Kritik an Oevermanns These von der Textförmigkeit sozialer Wirklichkeit, sie schließe Heilungs- und Emanzipationsprozesse vorgängig aus, übersieht, daß Oevermann gerade deren Bedingungen und Möglichkeit systematisch begründen kann: sowohl in sozialisations- und professionalisierungstheoretischer Perspektive als auch im Rahmen seiner Theorie des Sinnverstehens. Vgl. hierzu die verstreuten Passagen zu Emergenz und Determination, Transformation und Reproduktion, richtigem und falschem Bewußtsein, der Selbsterfahrung einer Lebenspraxis unter der Bedingung der 'Krise' und dem 'Selbstheilungspotential' der Versprachlichung; ferner die Ausführungen zu einer kommunikationstheoretischen Fundierung der Psychoanalyse und die professionalisierungstheoretische Explikation des psychoanalytischen Settings und der psychoanalytischen Techniken.

Durch eine Art künstlicher Verfremdung des Gegenstandes ist approximativ zu gewährleisten, daß bei der Inanspruchnahme von Urteilen der Regelangemessenheit einer Äußerung bzw. Einzelhandlung möglichst lange Regeln und Normen sowie Wissensbestände zur Geltung kommen, die konkrete Lebenswelten übergreifen. Als weitere methodische Regel gilt es die Sparsamkeitsregel zu beachten:

"Gesicherte Vermutungen über die Besonderheit eines Falles lassen sich gerade dann gewinnen, wenn man bei der Textinterpretation so lange wie eben möglich davon ausgeht, daß die Motivierung einer Äußerung im Bereich des Normalen liegt – anders ausgedrückt, daß die faktisch vorliegenden Kontextbedingungen, wenn sie in die Klasse der konstruierbaren normalen Kontexttypen fallen, die die Geltungsbedingungen einer Äußerung erfüllen, diese Äußerung auch tatsächlich motiviert haben" (1979b, 419).

Für die wissenschaftliche Geltung objektiv-hermeneutischer Fallrekonstruktionen ist nun entscheidend, daß das interessierende Wissen um den 'inneren Kontext' als kumulatives Ergebnis der sequenzanalytisch vorgehenden Sinnrekonstruktion entsteht. Bei Berücksichtigung der methodischen Verfahrensprinzipien ist dessen sequentielle Kumulation ausschließlich als Funktion der Sequentialität des Ausblendens von objektiven Möglichkeiten zu verstehen, die sich im Protokoll der zu analysierenden Handlungs- bzw. Lebenspraxis selbst – als deren Strukturierungsprinzip[178] – objektiviert. Voraussetzung für Schlußfolgerungen von der objektiv-hermeneutischen Textanalyse auf die Fallstrukturiertheit einer interessierenden Handlungs- bzw. Lebenspraxis ist natürlich, daß es sich bei der Interpretationsgrundlage um ein gültiges ('natürliches') und typisches Protokoll von deren Praxis handelt.

Am Begriff des 'natürlichen Protokolls' läßt sich nun auch das komplementäre Verhältnis zwischen Oevermanns strukturtheoretischem

---

178 Ich ziehe hier den Begriff 'Strukturierungsprinzip' dem von Oevermann auch verwendeten Begriff 'Strukturierungsgesetzlichkeit' vor, weil der Gesetzesbegriff eher zu Mißverständnissen im Sinne einer deterministischen Lesart des Oevermannschen Strukturkonzepts verleiten kann. Wie die allgemein geltenden Regeln der Sozialität und des sozialen Handelns, mit denen fallspezifische Strukturierungsprinzipien operieren, sind Strukturierungsprinzipien bzw. -gesetzlichkeiten in ihrem Geltungsanspruch grundlegend zu unterscheiden von dem der Naturgesetze.

Paradigma und der objektiven Hermeneutik mit deren strikt sequenzanalytischen Vorgehensweise leicht vergegenwärtigen:

"*'Natürliche Protokolle'* zwingen den Forscher vor allem dazu, der *realen Sequentialität* sozialer Abläufe zu folgen und auf der Grundlage der Rekonstruktion der objektiven Bedeutungsstruktur von einzelnen Akten und Äußerungen die konkrete Form
eines Geschehens als *eine* sequentielle Strukturiertheit des tatsächlichen Ablaufs unter
einer Menge von Möglichkeiten in den Mittelpunkt zu stellen. Genau das geschieht
aber in den meisten Methoden der Sozialwissenschaften nicht. Geht man so vor, dann
ergibt sich wie von selbst als das eigentlich Entscheidende in der (Sequenz-)Analyse,
den tatsächlichen Ablauf als eine Sequenz von Selektionen zu sehen, die jeweils an
jeder Sequenzstelle, d.h. einer Stelle des Anschließens weiterer Einzelakte oder
-äußerungen unter nach gültigen Regeln möglichen sinnvollen Anschlüssen getroffen
worden sind. Die Kette solcher Selektionsknoten ergibt die konkrete Struktur des
Gebildes, das als eine Lebenspraxis jeweils, sei sie individuell oder kollektiv, gehan-
delt hat und im untersuchten 'natürlichen Protokoll' gültig zum Ausdruck gekommen
ist. Die konkrete Besonderheit des historischen Gebildes bildet sich auf diese Weise
scharf als Kontrast auf der Folie der 'objektiven Möglichkeiten' seiner einbettenden
Milieus inklusive der Möglichkeiten der objektiven Vernunft universeller Regeln ab.
Diese 'objektiven Möglichkeiten' (Max Weber) sind aber nicht bloß, wie manchmal
bei Weber selbst suggeriert, Konstruktionen des Forschers, gerechtfertigt durch Wert-
beziehungen und Kulturbedeutsamkeit des Gegenstandes, sondern nachprüfbare Be-
standteile der untersuchten Realität, weil sie durch geltende Regeln in der Realität
selbst konstituiert, in der fallspezifischen Motivierung und Entscheidung der tatsächlichen Selektion aber nicht 'realisiert', d.h. manifest produziert wurden" (1991a, 270f).

Die Explikationsleistungen im Rahmen der extensiven, sequenzanalytischen Sinnauslegung interessieren in methodisch-kritischer Perspektive und in objekttheoretischer Perspektive. Ersteres, weil im Interpretationsprozeß auch die lebensweltliche Fundierung der sinnrekon-
struktiven Analyse von Handlungsprotokollen selbst auszuweisen ist
und so einer Explikation zugeführt werden kann: Der 'kritische' Gehalt
der Analyse zeigt sich im partiellen Durchschreiten der Bezugsebenen
von im hermeneutischen Prozeß aktualisierten Urteilsstrukturen der
Angemessenheit von Textteilen. In objekttheoretischer Perspektive
interessieren die Begründungsleistungen, die die objektiv-hermeneutische Verfahrensweise erfordern, insofern sie sukzessive das jeweils
vorliegende (intuitive) praktische Wissen des Untersuchungs-Subjekt-
Objekts sowie die Freiheitsgrade der analysierten sozio-historisch
konkreten Handlungspraxis explizieren und so zu einer (selbst-)refle-
xiven, kritischen Einsicht in die Handlungsbedingungen und Bildungs-
voraussetzungen sozio-historischer Handlungs- bzw. Lebenspraxen
führen.

7.4 Die Grundprinzipien der Strukturgeneralisierung

In der Methodologie der objektiven Hermeneutik wird offensiv die These vertreten, daß Verallgemeinerungen der Ergebnisse von Einzelfallstudien möglich sind. Für den Gegenstandsbereich der Sozialwissenschaften gilt die mit objektiv-hermeneutischen Verfahren durchgeführte Operation der Strukturgeneralisierung als Grundoperation für den empirisch-analytischen Zugriff auf Wirklichkeit. Als Möglichkeiten einer Generalisierung von Ergebnissen bieten sich prinzipiell betrachtet induktiv-quantitative Verfahren einerseits und abduktiv-qualitative Rekonstruktionen andererseits an. Beide Verfahrensweisen hätten den Nachweis zu führen, daß die an einer (Sprech-)Handlungsfolge ausgewiesene Konfiguration ein Strukturierungsprinzip darstellt, das die Struktur der zu analysierenden Handlungs- bzw. Lebenspraxis gültig zum Ausdruck bringt.

Im Sinne des Konzepts der objektiven Hermeneutik setzt die Explikation eines fallspezifischen Strukturierungsprinzips voraus, daß "mit Bezug auf heterogene, verschiedene Inhalte und Handlungsprobleme eines Gebildes eine gleichartige Strukturiertheit aufgefunden und in eine generative Strukturformel gebracht worden ist" (1983a, 271; vgl. 1979b, 423 und 1986, 67f). Dabei sind zwei Grundprinzipien der am abduktiven Schließen[179] orientierten Strukturgeneralisierung im Konzept der objektiven Hermeneutik zu unterscheiden. (1) Eine in der Perspektive extensiver Sinnauslegung strikt sequenzanalytisch vorgehende Rekonstruktion der objektiven Strukturiertheit einer Handlungssequenz (und des korrespondierenden Handlungsproblems) liefert die Basis einer Strukturgeneralisierung in Form einer Strukturhypothese.[180] (2) Das sequenzanalytisch rekonstruierte Strukturierungsprinzip ist dann als zu widerlegende Strukturhypothese für weitere, ebenfalls

179 Zur Aneignung des von Peirce ausgewiesenen Modus des abduktiven Schließens vgl. 1975, 4f.13; 1983a, 244f.258f.273f und 1985a, 188f; zur Kritik: Reichertz 1993 und 1994, 140-150.

180 Zu berücksichtigen ist, daß Oevermann selbst den Begriff 'Strukturhypothese' auch anstelle des Begriffs 'Lesart' verwenden kann (vgl. 1983a, 259).

in der Perspektive extensiver Sinnauslegung strikt sequenzanalytisch vorgehende Einzelinterpretationen fallibilistisch zu benutzen. Für jede dieser Einzelinterpretationen gilt, daß an anderen Teilen der Datenbasis bereits rekonstruiertes 'Fallwissen' nicht zum *Ausschließen* von Lesarten verwendet werden darf, solange diese mit der zu analysierenden Textsequenz kompatibel sind. Zur *Generierung* von Lesarten kann es in der fallibilistisch orientierten Strukturgeneralisierung eingesetzt werden, wenn die Explikation fallspezifischer Motivierungen vom Interakt selbst erzwungen wird.

Bei Berücksichtigung dieser beiden Grundprinzipien der Strukturgeneralisierung kann jede sequenzanalytische Interpretation von Szenen einer Handlungs- bzw. Lebenspraxis als unabhängige Analyse des Falles gelten. Die so gewonnenen Einzelergebnisse werden in einer endgültigen Fallstrukturexplikation schließlich zur Synthese in Form einer 'generativen Strukturformel' gebracht.

Die in der Methodologie der objektiven Hermeneutik angelegte *abduktiv-qualitative Vorgehensweise* läßt sich folgendermaßen zusammenfassen. Gemäß des Prinzips der extensiven Sinnauslegung sind *Lesarten eines Interaktes* – als Strukturhypothesen über den Interakt bzw. die bereits interpretierte Interaktfolge – zu generieren und im Sinne der sequenzanalytischen Vorgehensweise an den folgenden Interakten auf deren *Geltung für den weiteren Interaktionsverlauf* hin zu testen. Sequentiell sind die Lesarten auszuscheiden, die im tatsächlich vorliegenden, sukzessive rekonstruierten ('inneren') Kontext der Interaktfolge nicht aufrechtzuerhalten sind. Dies dient dem Interpretationsziel, jene Strukturhypothese über die situativ und kontextuell geltenden Bedeutungsrelationen der Interaktfolge zu erschließen, die letztlich deren sequentielle Strukturiertheit expliziert. Als *Fallstrukturhypothese* über die Spezifik und Typik der Handlungsstrukturierung ist diese an anderen Handlungsprotokollen der interessierenden Handlungs- bzw. Lebenspraxis zu testen, wobei auch dieser Prozeß zugleich eine weitere Differenzierung der Strukturhypothese darstellen kann.

Der sequenzanalytische Prozeß des abduktiven Generierens und Ausschliessens von Lesarten über situativ-kontextuell mögliche Bedeutungsrelationen und die daraus ableitbaren gedankenexperimentellen Konstruktionen sinnlogisch möglicher Anschlußoptionen dokumentieren für die protokollierte Handlungssequenz den faktisch vollzogenen Prozeß der Handlungsstrukturierung. Aus der Mikroanalyse einzelner Handlungssequenzen resultiert so eine reichhaltige Datenbasis zur Rekonstruktion von Faktoren der konkreten Handlungsstrukturierung und deren potentiellen Transformationsspielräumen.

Je nach Fragestellung und damit forschungsstrategischer Perspektive der Strukturgeneralisierung ist die rekonstruierte Fallstruktur schließlich mit an anderen 'Fällen' rekonstruierten Strukturhypothesen kontrastierbar. Erfolgt dies nach Maßgabe der 'Methode des maximalen und minimalen Kontrastes' in einer Fallreihenuntersuchung (1988, 281), lassen sich rekonstruierte Handlungstypen bzw. Identitätsformationen von Lebenspraxen weiter differenzieren und Aussagen über die Geltungsreichweite der rekonstruierten Strukturierungsprinzipien prüfen.

7.5 Der Grenzfall pathologischer Handlungen

In seiner Kontroverse mit Gadamer hat Habermas (1970) als eine der Grenzen des Universalitätsanspruches der (traditionellen) Hermeneutik[181] das Verstehen der Fälle angeführt, die die Psychoanalyse bzw. die Ideologiekritik, sofern es sich um kollektive Zusammenhänge handelt, aufzuklären beanspruchen. Psychoanalyse und Ideologiekritik "haben es mit umgangssprachlichen Objektivationen zu tun, in denen das Subjekt, das diese Lebensäußerungen hervorbringt, seine eigenen Intentionen nicht wiedererkennt. Diese Äußerungen lassen sich als Teile einer systematisch verzerrten Kommunikation begreifen. Sie können nur in dem Maße verstanden werden, als die allgemeinen Bedingungen der Pathologie umgangssprachlicher Kommunikation erkannt sind. Eine Theorie der umgangssprachlichen Kommunikation muß mithin den Zugang zum pathologisch verschütteten Sinnzusammenhang erst bahnen. Wenn der Anspruch, eine solche Theorie darzustellen, zu Recht bestünde, wäre ein explanatorisches Verstehen möglich, das die Grenzen des hermeneutischen Sinnverstehens überschreitet" (Habermas 1970, 342; vgl. Habermas 1974b).

---

181 Ob Gadamers philosophische Hermeneutik in Bezug auf das im folgenden interessierende Erklärungsproblem einer hermeneutischen Rekonstruktionsmethodologie umstandslos der 'traditionellen Hermeneutik' subsumierbar ist, wäre eigens zu erörtern. Vgl. hierzu Zimmerli 1975.

Oevermann teilt diese Kritik gegenüber der traditionellen Hermeneutik, weist eine vergleichbare Kritikfigur gegenüber den Verfahren der
strukturalen, objektiven Hermeneutik allerdings strikt zurück.[182] Mit

---

182 Vgl. u.a. 1984a, 7f und 1986, 26, Anm. 5. Habermas selbst hat eine solche Kritik
auch in einer Diskussion mit Oevermann (1979c) nicht vorgetragen. In 'Erkenntnis und Interesse' (1968a) und 'Der Universalitätsanspruch der Hermeneutik' (1970) rekurriert Habermas auf Lorenzers 'Tiefenhermeneutik', in: 'Überlegungen zur Kommunikationspathologie' (1974b, 264-270) u.a. auch auf frühe
objektiv-hermeneutische Analysen von Oevermann und Schütze.

Ein Vergleich zwischen Habermas' methodologischer Argumentation und
Oevermanns theoretischer Begründung des Konzepts einer objektiven Hermeneutik bedürfte weitergehender Analysen als dies im Rahmen dieser Arbeit
möglich ist. Radtke (1985) hat dies im Ansatz vorgelegt. Allerdings differiert
seine Lesart der objektiv-hermeneutischen Konzepte und Verfahren teilweise erheblich von dem hier vorgetragenen Systematisierungsversuch, so daß ich seinen
Schlußfolgerungen nicht folgen kann.

Unter methodologischen Gesichtspunkten hätte ein systematischer Vergleich der
Arbeiten von Habermas und Oevermann meines Erachtens folgende Punkte zu
berücksichtigen: (a) die jeweiligen Begründungspotentiale für eine Methodologie sinnverstehender Sozialwissenschaften in einer Theorie umgangssprachlicher
Kommunikation im Sinne von Habermas einerseits und in Oevermanns Grundlegung einer hermeneutischen Rekonstruktionsmethodologie im Anschluß an die
forschungslogischen Implikationen der Architektonik von Kompetenztheorien
andererseits (auf die Schwierigkeiten, die aus Habermas' Position folgen, wurde
bereits hingewiesen); (b) der jeweilige Theoriebegriff bezüglich der Einschät-
zung einzelfallrekonstruktiver Vorgehensweise: Wann läßt sich, z.B. in der psychoanalytischen Theoriebildung, von einer Theorie sprechen? (c) der Vergleich
der Tiefenhermeneutik Lorenzers mit dem Konzept einer objektiven Hermeneutik vor dem Hintergrund einer systematischen Klärung des Stellenwertes der
Konzepte von Lorenzer für Habermas' Argumentation einerseits und der Kritik
Oevermanns an Lorenzers Tiefenhermeneutik (vgl. 1979b, 383, Anm. 16;
1983b, 127ff und 1993a) andererseits; (d) objekttheoretische Differenzen in den
jeweiligen (sinntheoretischen) Rekonstruktionen der Theorie Sigmund Freuds.

Des weiteren wird für einen systematischen Vergleich der Ansätze von Habermas und Oevermann von Interesse sein, wie die forschungspraktische Vorgehensweise der Kohlberg-Schule (vgl. Colby/Kohlberg 1987), die Habermas
(1983a) als Methodologie einer hermeneutisch-rekonstruktiven Wissenschaft
ausweist, sich zu den methodologischen Begründungen der objektiven Hermeneutik verhält (vgl. Garz 1984). *Diesbezüglich ließe sich meines Erachtens zeigen, daß die objektive Hermeneutik eine konsequentere Umsetzung der an G.H.
Mead anschließenden interaktionstheoretischen Grundlegung der Sozialwissenschaften darstellt.* Des weiteren scheinen mir erst Oevermanns Strukturbegriff
und seine methodologischen Konzepte die materiale Bearbeitung nach wie vor

Habermas begreift Oevermann pathologische Äußerungen als systematisch verzerrte Kommunikationen (vgl. 1979c, 9). Unter *methodologischen* Gesichtspunkten ist es jedoch nicht von Bedeutung, ob Subjekte, deren Handlungsprotokolle *als Texte* Gegenstand von Sinnrekonstruktionen sind, in der protokollierten Handlungssituation ihre Intentionen wiedererkennen oder nicht; dies hat die objektiv-hermeneutische Fallrekonstruktion zu zeigen. Für 'Verfahren des Textverstehens' ist alleinige Voraussetzung, daß für Protokolle sozialer Abläufe eine grundsätzlich gleiche Textstruktur unterstellt werden kann, unabhängig davon, ob sie eine verzerrte oder aber eine sachangemessene und rationale Kommunikationsform dokumentieren. Trifft dies zu, bedürfen 'pathologische' Handlungspraxen keiner jeweils speziellen, durch Theorien anzuleitenden Hermeneutikansätze.[183]

Oevermann kann an zwei Beispielen einer innerfamilialen Interaktionssequenz, in denen sich die für die Familie kennzeichnende Konfliktstruktur vollständig reproduziert, zeigen, daß eine Differenzierung 'normaler' und 'pathologischer' Handlungsabläufe ausschließlich eine Frage des spezifischen Verhältnisses der Subjekte zu ihren Interaktionstexten ist.[184] Die *Verzerrtheit einer Kommunikation* gilt in der Methodologie der objektiven Hermeneutik entsprechend als Funktion des Verhältnisses der subjektiv-intentionalen Repräsentanz eines Aktors zur objektiven Bedeutung seines Interaktionstextes. Unabhängig von der möglicherweise zu konstatierenden pathologischen Abweichung einer Handlungspraxis ist die Textstruktur von deren Ausdrucksgestalt unter Inanspruchnahme von sprachtheoretisch explizierbaren Regeln und damit in Begriffen latenter Sinnstrukturen rekon-

---

offener Erklärungsprobleme in Kohlbergs Theorieprogramm zuzulassen (vgl. Brumlik/Sutter 1993; 1996; ferner Sutter 1993).

183 Vgl. u.a. 1979b, 371.372.417. Es wurde bereits darauf hingewiesen, daß Oevermanns Position nicht auf theoretische Vorkenntnisse verzichtet. Theoretische Wissensbestände dienen jedoch nicht der Subsumtion zu interpretierender Interakte unter theoretische Kategorien, sondern – wie Vorwissen allgemein – der Generierung von Lesarten. Einzelfallrekonstruktionen bedingen dann einerseits, daß auf den Fall möglicherweise zutreffende Theorien in der Sprache dieses Falles zu reformulieren sind und so in ihrer Erklärungskraft einer Überprüfung zugeführt werden, ohne daß andererseits das Nicht-Identische des Falles von vornherein ausgeblendet wird.

184 Vgl. 1979b, Kap. 354-378.412-427 und 1981a, 9-24; zum Beispiel einer kulturkritischen Analyse vgl. 1983a.

struierbar. Die *latente Sinnstruktur* einer solchen Handlungspraxis kann daher auch im Grenzfall individual- oder kollektiv-pathologischer Handlungsweisen nicht selbst als pathologisch verzerrt gelten. Denn sie drückt im Falle unvernünftigen oder pathologischen Handelns dessen Irrationalität gültig aus.

In den sequenzanalytisch vorgehenden objektiv-hermeneutischen Sinnrekonstruktionen werden konkrete Äußerungen bzw. Einzelhandlungen als abweichend, möglicherweise individual- oder kollektiv-pathologisch, indiziert, wenn deren Erfüllungsbedingungen in der 'äußeren Realität' *nicht* vorliegen. Auch in diesem Fall sind die objektive Motivierung des Interaktes zu erschließen und entsprechende Hypothesen aufzustellen. Zunächst ist die objektive Bedeutungsstruktur des Interaktes dadurch zu bestimmen, daß dessen Erfüllungsbedingungen einschließlich ihrer Geltungsreichweite expliziert werden. Dabei wird von dem tatsächlich vorliegenden Kontext abstrahiert.

Entsprechende Lesarten stellen gedankenexperimentelle Konstruktionen dar, die letztlich als 'clear cases' die Regelexplikation ermöglichen, auf deren Hintergrund eine faktisch vorliegende Regelabweichung prüfbar expliziert werden kann. Mögliche Kontextbedingungen, denen gemäß der zu analysierende Interakt pragmatisch angemessen wäre, geben dabei auch erste Hinweise auf *sinnäquivalente* Motivierungen des abweichenden Handelns, insofern sich die pragmatischen Erfüllungsbedingungen, die in der 'äußeren Realität' nicht vorliegen, in der 'inneren Realität' der Handlungsinstanz lokalisieren lassen. Die Generierung sinnäquivalenter Motivierungen zielt auf die Bestimmung zusätzlicher Kontextbedingungen, die die sequentiell rekonstruierte tatsächliche Beziehung zwischen Handlung und äußeren Kontextbedingungen zu einer 'sinnvollen', das heißt in ihrem latenten Sinn einsehbaren Ausdrucksform menschlicher Praxis machen.

Den objektiv-hermeneutischen Rekonstruktionsprozeß im Falle 'pathologischer' Handlungen bzw. Ausdrucksgestalten und die dabei zu verfolgende Analysestrategie charakterisiert Oevermann mit Verweis auf die Psychoanalyse:

"Indem das Pathologische, wie in der Psychoanalyse die Symptomhandlung, seinem verborgenen Sinne nach, eben als Sinngebilde, rekonstruiert wird, wird die auch in Begriffen von Regeln universaler Geltung unvernünftige Handlung zu einer sinnvoll motivierten transformiert. In dieser gedankenexperimentellen Transformation, die die Explikation der Genesis einer Pathologie als sinnvollen Zusammenhang einschließt,

wird zugleich die Lebensgeschichte als individualspezifische Kontextbedingung
konstruktiv ans Licht gebracht, die der unvernünftig scheinenden und bei Unterstellung der Vernünftigkeit des Subjekts auch tatsächlich unvernünftigen Handlung einen
Sinn verleiht. So gilt beides zugleich: Einerseits ist die Handlung sinnvoll und damit
vernünftig, aber nur mit Bezug auf die Rekonstruktion einer Lebensgeschichte als
einer objektiven Bedeutungsstruktur, die in Begriffen allgemeiner, Vernünftigkeit
konstituierender Regeln des Handelns den *Grund* für die 'Unvernunft' des individuierten Subjekts expliziert, also den Grund dafür, warum ein individuiertes Handlungssystem, ein Fall, sich die mit diesen Regeln konstituierte Vernünftigkeit nicht verfügbar
machen kann. Damit ist aber zugleich auch expliziert, daß die pathologische Handlung
mit Bezug auf die kontrafaktische Unterstellung, das konkrete Subjekt sei eines, das
als sozialisierte Struktur die Möglichkeit der Vernünftigkeit realisiert habe, als unvernünftig zu gelten hat" (1980a, 24; vgl. 1979b, 398f.400f.417ff).

Unter Berücksichtigung der Kriterien 'explanativer Adäquatheit' wird
mit dieser Ausführung die bereits vollzogene Rekonstruktion einer als
pathologisch sich erweisenden Handlungspraxis charakterisiert. Im
Sinne von Kriterien der 'deskriptiven Adäquatheit' werden die Hypothesen zu möglichen sinnäquivalenten Motivierungen bei der Interpretation zunächst sequenzanalytisch auf ihre Gültigkeit für den protokollierten Handlungsverlauf geprüft. Lassen sich entsprechende sinnäquivalente Motivierungen als Reproduktionsgesetzlichkeit ausweisen, wird eine Fallstrukturhypothese formuliert, die schließlich an
anderen Handlungsprotokollen im Sinne einer falsifikationslogischen
Vorgehensweise überprüft wird. Die Explikation des sequentiell
reichhaltigeren und schließlich falsifikationslogisch überprüften Wissens um sinnäquivalente Zusatzbedingungen erfolgt somit auch in
Fällen regelabweichenden Handelns gemäß der beschriebenen objektiv-hermeneutischen Verfahren: in Begriffen objektiver Bedeutungsstrukturen bzw. latenter Sinnstrukturen und damit des Allgemeinen.[185]

---

185 Zu Rückschlüssen auf psychische Dispositionen vgl. 1979b, 376f und 1980a,
21f.26.
Die Ausführungen in diesem Kapitel und in Kapitel 6.3 sollten unter anderem
belegen, daß sich Oevermanns strukturalhermeneutische Grundlegung der Sozialwissenschaften im Rekurs auf Habermas' Gadamer-Kritik schwerlich kritisieren läßt (vgl. Radtke 1985). Und auch die Kritik von Bonß (1983), Oevermann
eliminiere alle gesellschaftskritischen Intentionen und positiviere die Trennung
von Wahrheit und Wirklichkeit, kann meines Erachtens weder vor dem Hintergrund der methodologischen noch der sozialisationstheoretischen Beiträge
Oevermanns überzeugen (zu Oevermanns Replik siehe 1983a, 282f). Ein Mangel an gesellschaftskritischem Gehalt ließe sich meines Erachtens nur mit Bezug
auf materiale Strukturanalysen ausweisen, die nach Maßgabe der forschungs-

8. Verfahrensprinzipien zur Sicherung des Wissens um geltende Regeln im Falle strittiger Interpretationen

Die Geltung von Sinnrekonstruktionen hängt von der Geltung der in Anspruch genommenen Regeln und Normen ab: von der *allgemeinen* Geltung im Falle der Explikation objektiver Möglichkeiten, welche von der zu analysierenden Handlungs- bzw. Lebenspraxis ggf. nicht gewählt wurden, einerseits und von der *konkreten* Geltung im Falle der Explikation objektiver Motivierungen eines fallspezifischen Handelns andererseits.

In Kapitel 6 wurde bereits ausführlich behandelt, daß die dabei forschungspraktisch in Anspruch genommenen Urteile der Regelangemessenheit von Textteilen getrübt sein können und deren kritische Prüfung letztlich nur in der Explikation der Regeln und Normen bestehen kann, die in das intuitive Urteil eingegangen sind. Auch eine solche Prüfung hat forschungslogisch die 'natürliche Regelkompetenz' als gültiges Urteilsvermögen in Anspruch zu nehmen.

Dialektische Strukturanalysen nach den Verfahrensprinzipien der objektiven Hermeneutik zielen auf die Explikation fallspezifischer Struk-

---

praktischen Verfahren objektiver Hermeneutik vorgegangen sind. Die dann entscheidenden Fragen wären erstens, ob die Kritik der materialen Arbeiten unter Inanspruchnahme von Oevermanns Theorie der Geltungsbegründung hermeneutischer Sinnrekonstruktionen durchführbar wäre; hiervon ist meines Erachtens auszugehen. Sodann wäre zweitens zu prüfen, ob der vermutete Mangel an gesellschaftskritischem Gehalt durch die Verfahren selbst befördert wird oder – was meines Erachtens anzunehmen ist – allein in der Verantwortung der Interpreten und Interpretinnen, deren Analysen kritisiert werden, liegt.

Die weitreichenste Kritik an Oevermanns Theorie- und Forschungsprogramm formuliert Reichertz (1986; vgl. Lüders/Reichertz 1986 und Reichertz 1994). Er meint eine 'Metaphysik der Strukturen' nachweisen zu können, vor deren Hintergrund der Begriff einer 'hermeneutischen Kunstlehre' schließlich einen Weg eröffne, der die objektive Hermeneutik zu einem nicht falsifizierbaren Aussagensystem führen könne. – Ich hoffe mit der vorliegenden Arbeit eine überzeugendere Lesart des Zusammenhangs von strukturtheoretischem Paradigma und objektiv-hermeneutischer Rekonstruktionsmethodologie vorgelegt zu haben und verzichte auf eine ins einzelne gehende Kritik an Reichertz' Argumentationsstrategie.

turierungsprinzipien, die mit bedeutungsgenerierenden Regeln nicht identisch sind, sondern mit diesen operieren.[186] Die schrittweise Explikation bedeutungsgenerierender Regeln und Normen ist in der Forschungspraxis objektiv-hermeneutischer Sinnrekonstruktionen dann von besonderem Interesse, wenn die durch sie generierten Lesarten für die Bestimmung der Fallstruktur besonders instruktiv sind. Sie ist ferner immer dann durchzuführen, wenn bei der Interpretation strittige Lesarten zur Sprache kommen. Diese können auf unterschiedliche und möglicherweise getrübte Urteile der Regelangemessenheit eines zu interpretierenden Interaktes verweisen. Die im folgenden behandelten Bestimmungen für die Forschungspraxis gelten auch für die kritische Rezeption materialer Strukturanalysen.[187]

Gemäß den Prinzipien extensiver Sinnauslegung und sequenzanalytischer Vorgehensweise sind an jeder Sequenzposition die Erfüllungsbedingungen der zu analysierenden (Sprech-)Handlung zu explizieren, die nach Maßgabe bedeutungsgenerierender Regeln diese (Sprech-) Handlung zu einer pragmatisch sinnvollen machen. Dabei

"(wird) eine geltende Regel ... immer nur implizite in Anspruch genommen, indem man ihren Geltungsbereich indirekt durch gedankenexperimentelle Explikation der von ihr generierten Erfüllungsbedingungen kennzeichnet und die Grenzen dieses Geltungsbereichs zusätzlich dadurch konkret bestimmt, daß man mit der zu interpretierenden Äußerung nach derselben Regel nicht zusammenpassende Kontextbedingungen kontrastiv zu den Erfüllungsbedingungen ebenfalls gedankenexperimentell konstruiert. Diese letztere Operation wird immer dann notwendig, wenn die Zuordnung einer Lesart zu einer zu interpretierenden Äußerung für die Herausarbeitung der Besonderheit eines Falles oder die Beweisführung in der Fallrekonstruktion insgesamt besonders wichtig wird oder – besonders dann – wenn sie strittig ist" (1986, 39).

Die gedankenexperimentell konstruierten Listen von Erfüllungsbedingungen dienen der Kennzeichnung fallspezifischer Strukturierungsprinzipien einer analysierten Interaktfolge: sei es zum Zwecke der Kontrastierung im Falle der Beschreibung nicht gewählter Anschlußoptionen, sei es zum Zwecke der Bestimmung genau der handlungsgenerierenden Regeln und Normen, deren Geltung für die interessierende

---

186 Zum Problem der ontologisch nicht eindeutigen Unterscheidbarkeit der beiden Parameter der Sequentierung sozialer Abläufe – allgemein geltende bedeutungsgenerierende Regeln vs. fallspezifische Strukturierungsprinzipien – vgl. 1991a, 283-285.

187 Zu den folgenden Ausführungen vgl. insbesondere 1986, 38-43.

Handlungs- bzw. Lebenspraxis sich im Verlauf der sequenzanalytischen Rekonstruktion erweist.

Objektiv-hermeneutische Strukturanalysen haben zu gewährleisten, daß die Urteile der Regelangemessenheit von Textteilen, die in die Interpretationen eingehen, nachprüfbar und kritisierbar angewendet werden. Bezogen auf die gedankenexperimentellen Konstruktionen von Erfüllungsbedingungen bedeutet dies, daß zu den jeweiligen Interakten die Listen der Erfüllungsbedingungen vorgelegt werden.[188] Unter Inanspruchnahme ggf. konkurrierender Urteile der Angemessenheit kann diese Liste im Rekurs auf den interpretierten Interakt kritisiert und modifiziert werden.

In der Forschungspraxis erfolgt eine kritische Prüfung von Urteilen der Angemessenheit immer in Fällen der Strittigkeit von Lesarten. Die sukzessive Explikation von Regeln und Normen, die strittigen Urteilen der Regelangemessenheit von Textteilen zugrundeliegen, erfolgt dabei bis zu deren konsensueller Klärung. Sie orientiert sich pragmatisch an den Erfordernissen des materialen Interpretationsproblems. Es ist darauf zu achten, daß nicht Kompromisse gewählt werden, sondern die in Lesarten eingehenden Urteile mit Argumenten zur Übereinstimmung gebracht werden:

"Dieser argumentative und diskursive Klärungsprozeß (ist) zugleich ein Verfahren, Trübungen im konkreten Urteil der Angemessenheit durch Verdeutlichung, Kontrastierung und Fokussierung auf fragliche Äußerungen oder Textbestandteile zu beseitigen. Dabei ist letztlich im Sinne der Geltung der Regeln und eines in ihrem Sinne operierenden Regelbewußtseins das entscheidende Kriterium, daß derjenige Interpret, der ein getrübtes Urteil der Angemessenheit ursprünglich hat walten lassen, selbst, nachdem er sich von der Trübung überzeugt hat, angeben kann, worin sie bestand und warum sie nicht aufrechtzuerhalten ist" (1986, 40; vgl. ebd., Anm. 19 und 1979a, 149f.151f).

Dabei lassen sich drei Stufen unterscheiden: Wird auf einer ersten Stufe eine vorgeschlagene Lesart bestritten, muß gleichzeitig eine

---

188   Probleme der Darstellung von Ergebnissen materialer Strukturanalysen resultieren daraus, daß in publizierten Analysen primär die Explikation der Fallspezifik einer Handlungs- bzw. Lebenspraxis interessiert, also genau der Lesarten, die die inneren und äußeren Kontextbedingungen der dokumentierten Praxis des Falles reflektieren. *Für deren Prüfung und kontrastierenden Kennzeichnung* ist jedoch das in der Regel umfangreiche Protokoll der extensiven Sinnauslegung der einzelnen Interakte und der jeweiligen Anschlußoptionen erforderlich.

konkurrierende implizite Regelauslegung übernommen werden, aus der – wiederum bestreitbar – konkurrierende Lesarten folgen. Auf einer zweiten Stufe kann der Einwand dann material anhand des vorliegenden Textes überprüft werden. Auf einer dritten Stufe läßt sich der Streit in der Regel schließlich durch die Bildung und Explikation von 'clear cases' lösen:

"Aus der Sicht jeder der strittigen Regelauslegungen (werden) 'clear cases' von wohlgeformten Beispielen gedankenexperimentell konstruiert, Beispielfälle also, die als regelgerecht von niemandem mehr bestritten werden. An ihnen läßt sich dann die minimal notwendige Regelexplikation gewinnen, in deren Licht zwischen den strittigen Lesarten einer Äußerung entschieden werden kann" (1986, 41).

Anhand entsprechender Regelexplikationen zeigt sich, ob eine der vorgeschlagenen, miteinander konkurrierenden Lesarten auf eine methodische Unzulänglichkeit i.S. der Anwendung getrübter Urteile der Angemessenheit zurückzuführen ist, *oder* ob die strittigen Lesarten auf eine reale Unzulänglichkeit der interessierenden Handlungs- bzw. Lebenspraxis selbst verweisen. Letzteres ist dann der Fall, wenn beide Lesarten mit dem zu analysierenden Interaktionstext kompatibel sind, in der Interpretation zunächst jedoch als inkompatibel beurteilt wurden,

"weil sie lebenspraktisch rational nicht zu einer Konsistenz des vernünftigen Handelns sich zusammenfügten. Diese Fälle sind für die Fallrekonstruktion besonders aufschlußreich, denn man hat in ihnen eine Inkonsistenz aufgedeckt, die für die Fallstruktur selbst sehr bezeichnend ist und sich systematisch reproduziert. Was zuvor als Inkompatibilität zwischen Lesarten gesehen wurde, erweist sich hier in Wirklichkeit als inkonsistent im Sinne eines materialen Modells von praktischer Vernunft. Zwischen der formalen Kompatibilität einer Lesart mit einem Text aufgrund von generativen Regeln und der materialen Vereinbarkeit eines Handlungsinhalts mit den Anforderungen einer situationsangemessenen praktischen Vernunft muß man also in der Rekonstruktion latenter Sinnstrukturen scharf unterscheiden" (1986, 41f).

Nach Oevermann sind die in ihrem Gehalt und in ihrem Geltungsanspruch nicht kritisierbaren, im strengen Sinn universell geltenden Regeln zwar theoretisch schwer zu explizieren, in ihrer Geltung aber umso leichter zu überprüfen. Dies verhält sich umgekehrt bei den reflexiv veränderbaren Regeln unterhalb der Geltungsreichweite kultureller Universalität, den sozialen Normen, deren Gehalt und Geltungsanspruch kritisierbar sind. Strittige Inanspruchnahmen sozialer Normen können zum einen darauf rückführbar sein, daß im Sinne der strittigen Norm eine Trübung der Angemessenheit vorliegt. Zur Lösung bietet sich dann die bereits beschriebene Strategie an. Zum anderen können einander widersprechende Interpretationen auch darin begründet sein, daß die eine von der Geltung der entsprechenden Norm für die interessierende Handlungs- bzw. Lebenspraxis ausgeht, die andere diese aber leugnet.

Werden Annahmen über die Geltung milieuspezifischer Normen und Konventionen für eine sozio-historisch spezifische Handlungs- bzw. Lebenspraxis unterstellt, die Interpreten und Interpretinnen ggf. nicht qua Sozialisation vertraut sind, muß die Frage der Geltung dieser Norm explizit geprüft werden. In der Regel sind soziale Normen, deren Geltung für eine zu analysierende Handlungs- bzw. Lebenspraxis anzunehmen ist, in den Interpretationen des Interaktionstextes bereits expliziert bzw. an ihnen explizierbar. Andernfalls werden Befragungen oder Beobachtungen von Situationen, in denen die zur Diskussion stehende Norm zur Anwendung kommen müßte, erforderlich sein. Auch für die Überprüfung von Annahmen über die lebensweltspezifische Geltung von Normen gilt, daß "letztlich kein besseres methodologisches Modell zur Verfügung steht als das der objektiven Hermeneutik" (1986, 43). Interpretationen entsprechender Texte, seien es Interview- oder Handlungsprotokolle, können 'zuverlässig' und 'gültig' nur erfolgen, wenn deren objektive latente Sinnstruktur unter Inanspruchnahme bedeutungsgenerierender Regeln rekonstruiert werden.

Damit sind die Grundzüge der theoretischen Argumentationsfigur von Oevermanns Theorie der Geltungsbegründung hermeneutischer Sinnrekonstruktionen ebenso wie die daraus ableitbaren forschungspraktischen Verfahren der objektiven Hermeneutik zusammenfassend dargestellt. Oevermanns theoretische Begründung der Methodologie einer strukturalen Hermeneutik berücksichtigt, daß die objektiv-hermeneutische Forschungspraxis denselben Restriktionen unterliegt wie die Alltagspraxis. An die Bestimmungen der Theorie latenter Sinnstrukturen und der Theorie der Geltungsbegründung ihrer objektiv-hermeneutischen Rekonstruktion schließt darum die Formulierung einer 'hermeneutischen Kunstlehre' an, deren Verfahren

"sichern sollen, wie der kontrafaktisch geltende, idealisierte Grenzfall eines ungetrübten, vollständig expliziten Sinnverständnisses sozialer Abläufe und ihrer Objektivationen möglichst stark angenähert erreicht werden kann" (1983b, 135).

Die Bestimmungen des kontrafaktisch geltenden Modells der Geltungsbegründung für Sinnrekonstruktionen fundieren zugleich Explizitheitsanforderungen an objektiv-hermeneutische Sinnrekonstruktionen, die sich in fünf Punkten zusammenfassen lassen:

(a) Die Kritisierbarkeit von Urteilen der Regelangemessenheit von Textteilen muß zumindest dadurch gewährleistet sein, daß die rekonstruierten Erfüllungsbedingungen der jeweiligen Interakte benannt werden und anhand des analysierten Handlungsprotokolls überprüft werden können.

(b) Da die Strukturiertheit einer Handlungs- bzw. Lebenspraxis als Funktion des Ausschließens von Lesarten der Handlungssituation und der darin bestehenden Anschlußoptionen verstanden werden kann, ist der Prozeß dieses Ausschließens zu dokumentieren; darstellungsbedingte Abkürzungen sind als solche zu benennen.

(c) Die strukturelle Motivierung der analysierten Handlungsfolgen ist lückenlos aufzuzeigen, das heißt auch unscheinbare Textpartikel sind in ihrer objektiven Motivierung zu erschließen.[189]

(d) Nach Maßgabe der objekttheoretischen Fragestellung und der daraus resultierenden Bestimmung des 'Falles'[190] sind jene Regeln und Strukturierungsprinzipien des Handelns zu explizieren, die die Besonderheit des Falles auf der Folie des Allgemeinen erklären.

(e) Der Nachweis eines fallspezifischen Strukturierungsprinzips setzt voraus, daß dieses für eine Handlungsinstanz in Situationen mit unterscheidbaren Handlungsproblemen als 'generative Strukturformel' der jeweiligen Handlungsstrukturierung ausweisbar ist.

Datenanalyse und Theoriebildung vollziehen sich in dialektischen Strukturanalysen in einem. Theorien entstehen kumulativ aus Einzelfallrekonstruktionen: "Fallrekonstruktionen sind jeweils Explikationen

---

189 Vgl. u.a. 1983a, 269f.

190 Mit der Bestimmung des 'Falles' wird festgelegt, bis zu welchen Fundierungsschichten der zu analysierenden Handlungs- bzw. Lebenspraxis die Explikation der handlungsgenerierenden Regeln und Strukturierungsprinzipien voranschreiten soll. Forschungspraktisch folgt aus der Bestimmung der Fallstrukturebene, welche Wissensbestände als 'äußeres' Kontextwissen zur Generierung von Lesarten einsetzbar sind.

der Theorie in der Sprache des Falles und Theorien sind Formalisie-
rungen der Strukturbeschreibungen von einzelnen Fällen" (1979a,
165f; vgl. 1983a, 234). In Abgrenzung von den subsumtionslogischen
Erklärungsstrategien konventioneller Sozialforschung begründen objektiv-hermeneutische Verfahren somit eine rekonstruktionslogische
Vorgehensweise, die darin Vorstellungen Adornos aufgreifen, daß sie
durch das "unvoreingenommene, radikale Sicheinlassen auf die jeweilige Besonderheit des Gegenstandes hindurch zum zugleich klärenden
wie kritisch überwindenden, allgemeinen Begreifen der gesellschaftlichen Wirklichkeit gelangen" (1983a, 234; vgl. ebd., 244). Die Verfahrensprinzipien der objektiven Hermeneutik benennen dabei die Kriterien einer intersubjektiv nachprüfbaren Analysestrategie, die die forschungslogischen Implikationen der konstitutionslogischen Verwiesenheit von Besonderem und Allgemeinem, Historizität und Universalität kategorial berücksichtigt.

In dieser Arbeit sollte dies exemplarisch für den Gegenstandsbereich
einer Theorie der Bildungsprozesse des Subjekts ausgewiesen werden.
Ihr Ausgangspunkt war Oevermanns in den frühen siebziger Jahren
formulierte Kritik an der konventionellen Sozialisationsforschung.
Oevermann begründet darin, daß die systematischen Grundlagenprobleme einer Theorie der Bildungsprozesse des Subjekts methodologisch auf das Desiderat einer hermeneutisch-rekonstruktiven Erfahrungswissenschaft und auf der Ebene theoretischen Denkens auf das
Desiderat eines angemessenen soziologisch-strukturtheoretischen Paradigmas verweisen.

Die Methodologie der objektiven Hermeneutik sowie den komplementären historisch-konkreten Strukturbegriff im Paradigma des genetischen Strukturalismus begründet Oevermann im Bezugsrahmen einer
wechselseitigen Integration und Rekonstruktion der Errungenschaften
des Pragmatismus (Mead und Peirce), der konstruktivistischen Entwicklungspsychologie und genetischen Erkenntnistheorie Piagets, der
Freudschen Fassung der Psychoanalyse, der modernen rationalistischen Sprachtheorie (Chomsky und Searle) und des klassischen französischen Strukturalismus (Mauss und Lévy-Strauss). Mit dem hieraus
abgeleiteten Theorie- und Forschungsprogramm wird die Entgegen-
setzung von strukturalistischen und historischen Erklärungsansätzen
überwunden. Der Geltungsanspruch von Oevermanns soziologisch-
strukturtheoretischem Paradigma weist dabei ebenso wie der der Me-

thodologie der objektiven Hermeneutik über den Gegenstandsbereich einer Theorie der Bildungsprozesse des Subjekts hinaus. Für diese eröffnen Oevermanns Arbeiten den Blick auf ein kognitive und psychoanalytische Entwicklungspsychologie auf der einen und den Ansatz einer komplementären soziologischen Sozialisationstheorie auf der anderen Seite integrierendes Theorieprogramm, das auch die systematischen Verknüpfungspunkte zu gesellschafts- und evolutionstheoretischen Ansätzen konsequent berücksichtigt.

Literatur

Adorno-Konferenz (1983), hg.v. L. v. Friedeburg und J. Habermas, Frankfurt a.M.

Allert, T. (1976), Legitimation und gesellschaftliche Deutungsmuster: Zur Kritik der politischen Krisentheorie, in: R. Ebbighausen (Hg.), Bürgerlicher Staat und politische Legitimation, Frankfurt a.M. 1976, S. 217-244

Apel, K.-O. (1972), Noam Chomskys Sprachtheorie und die Philosophie der Gegenwart, in: ders., Transformation der Philosophie, Bd. 2, Frankfurt a.M. 1976, S. 264-310

Arnold, R. (1985), Deutungsmuster und pädagogisches Handeln in der Erwachsenenbildung, Bad Heilbrunn/Obb.

Asmus, H.-J. (1983), Politische Lernprozesse bei Kindern und Jugendlichen. Eine sozialisationstheoretische Begründung, Frankfurt a.M.

Aufenanger, S., Entwicklungspädagogik. Die soziogenetische Perspektive, Weinheim 1992

- , M. Lenssen (Hg.) (1986), Handlung & Sinnstruktur. Bedeutung und Anwendung der objektiven Hermeneutik, München

Auwärter, M., E. Kirsch, K. Schröter (Hg.) (1976), Seminar: Kommunikation, Interaktion, Identität, Frankfurt a.M.

Beilin, H. (1993), Konstruktivismus und Funktionalismus in der Theorie Jean Piagets, in: Edelstein/Hoppe-Graff 1993, S. 28-67

Bernstein, B. (1972), Studien zur sprachlichen Sozialisation, Düsseldorf 1980[5]

Bertram, H. (Hg.) (1986), Gesellschaftlicher Zwang und moralische Autonomie, Frankfurt a.M.

Böhler, D. (1981), Philosophische Hermeneutik und hermeneutische Methode, in: M. Fuhrmann, H.R. Jauß, W. Pannenberg (Hg.), Text und Applikation, München 1981, S. 483-511

Bohnsack, R. (1991), Rekonstruktive Sozialforschung. Einführung in Methodologie und Praxis qualitativer Forschung, Opladen

Bonß, W. (1983), Empirie und Dechiffrierung von Wirklichkeit. Zur Methodologie bei Adorno, in: Adorno-Konferenz 1983, S. 201-225

Breuer, J., S. Freud (1895), Studien über Hysterie, Einleitung von S. Mentzos, Frankfurt a.M. 1991

Brumlik, M. (1986a), Anthropologische Voraussetzungen einer Theorie der Sozialisation, in: R. Arnold, J. Kaltschmid (Hg.), Erwachsenensozialisation und Erwachsenenbildung, Frankfurt a.M. 1986, S. 25-47

- (1986b), Zur Sittlichkeit pädagogisch-professioneller Interaktionen, in: ders., Advokatorische Ethik, Bielefeld 1992, S. 213-229

-   , H. Sutter (1993), Rekonstruktion sozial-kognitiver und sozio-moralischer Lern-
    prozesse im Rahmen eines demokratisch geregelten Vollzugs als 'Just Communi-
    ty', unveröffentl. DFG-Projektantrag, Heidelberg

-   , H. Sutter (1996), Rekonstruktion sozial-kognitiver und sozio-moralischer Lern-
    prozesse im Rahmen eines demokratisch geregelten Vollzugs als 'Just Community'
    (br 792/5-1), unveröffentl. DFG-Projektverlängerungsantrag und Zwischenbericht,
    Heidelberg

Bude, H. (1982), Text und soziale Realität. Zu der von Oevermann formulierten Kon-
    zeption einer 'objektiven Hermeneutik', in: ZSE 2 (1982), S. 134-143

-   (1994), Das Latente und das Manifeste. Aporien einer "Hermeneutik des Ver-
    dachts", in: Garz/Kraimer 1994, S. 114-124

Burkart, G. (1982), Strukturtheoretische Vorüberlegungen zur Analyse universitärer
    Sozialisationsprozesse. Eine Auseinandersetzung mit Parsons' Theorie der ameri-
    kanischen Universität, in: KZfSS (1982) 34, S. 444-468

-   (1983), Zur Mikroanalyse universitärer Sozialisation im Medizinstudium: Eine
    Anwendung der Methode der objektiv-hermeneutischen Textinterpretation, in: ZfS
    (1983) 12, S. 24-48

Chomsky, N. (1970), Sprache und Geist, Frankfurt a.M.

-   (1973a), Strukturen der Syntax, Frankfurt a.M.

-   (1973b), Aspekte der Syntax-Theorie, Frankfurt a.M.

-   (1977), Reflexionen über die Sprache, Frankfurt a.M.

-   (1981a), Sprache und Verantwortung. Gespräche mit Mitsou Ronat, Frankfurt
    a.M./Berlin/Wien

-   (1981b), Regeln und Repräsentationen, Frankfurt a.M.

Colby, A., L. Kohlberg (1987), The Measurement of Moral Judgment, Vol. 1: Theo-
    retical Foundations and Research Validation, Cambridge

Döbert, R. (1986), Wider die Vernachlässigung des Inhalts in den Moraltheorien von
    Kohlberg und Habermas. Implikationen für die Relativismus/Universalismus-
    Kontroverse, in: Edelstein/Nunner-Winkler 1986, S. 86-125

-   (1987), Horizonte der an Kohlberg orientierten Moralforschung, in: ZfP 33
    (1987), S. 491-511

-   (1992a), Die Entwicklung und Überwindung von 'Universalpragmatik' bei Piaget,
    in: ZfS 21 (1992), S. 96-109

-   (1992b), Konsensustheorie als deutsche Ideologie, in: H.-J. Giegel (Hg.), Kom-
    munikation und Konsens in modernen Gesellschaften, Frankfurt a.M. 1992, S.
    276-309

-   (1992c), Kosten der Entfunktionalisierung der Theorie des moralischen Bewußt-
    seins – einige empirische Beobachtungen zur Struktur-Inhalt-Problematik, in:
    Oser/Althof 1992, S. 208-213

-   , J. Habermas, G. Nunner-Winkler (1977a), Zur Einführung, in: Döbert/Habermas/
    Nunner-Winkler 1977b, S. 9-30

-   , G. Nunner-Winkler (1978), Performanzbestimmende Aspekte des moralischen Bewußtseins, in: G. Portele (Hg.), Sozialisation und Moral, Weinheim 1978, S. 101-121

-   , G. Nunner-Winkler (1980), Jugendliche 'schlagen über die Stränge'. Abwehr- und Bewältigungsstrategien in moralisierbaren Handlungssituationen, in: Eckensberger/Silbereisen 1980, S. 267-298

-   , G. Nunner-Winkler (1982), Formale und materiale Rollenübernahme: Das Verstehen von Selbstmordmotiven im Jugendalter, in: Edelstein/Keller 1982b, S. 320-372

-   , J. Habermas, G. Nunner-Winkler (Hg.) (1977b), Entwicklung des Ichs, Köln 1977, Hanstein 1980^2

Eckensberger, L.H., R. Silbereisen (Hg.) (1980), Entwicklung sozialer Kognitionen. Modelle, Theorien, Methoden, Anwendung, Stuttgart

Edelstein, W. (1980), Lernen ohne Zwang? Einige Thesen über das Verhältnis von Entwicklungspsychologie und Erziehung, Wiederabdruck in: Neue Sammlung 30 (1990), S. 310-319

-   (1984), Entwicklung, kulturelle Zwänge und die Problematik des Fortschritts, in: Schöfthaler/Goldschmidt 1984, S. 403-439

-   (1986), Moralische Intervention in der Schule. Skeptische Überlegungen, in: Oser/Fatke/Höffe 1986, S. 327-349

-   (1993), Soziale Konstruktion und die Äquilibration kognitiver Strukturen: Zur Entstehung individueller Unterschiede in der Entwicklung, in: Edelstein/Hoppe-Graff 1993, S. 9-23

-   , M. Keller (1982a), Perspektivität und Interpretation. Zur Entwicklung des sozialen Verstehens, in: Edelstein/Keller 1982b, S. 9-43

-   , M. Keller (Hg.) (1982b), Perspektivität und Interpretation. Beiträge zur Entwicklung des sozialen Verstehens, Frankfurt a.M.

-   , J. Habermas (Hg.) (1984), Soziale Interaktion und soziales Verstehen. Beiträge zur Entwicklung der Interaktionskompetenz, Frankfurt a.M.

-   , G. Nunner-Winkler (Hg.) (1986), Zur Bestimmung der Moral. Philosophische und sozialwissenschaftliche Beiträge zur Moralforschung, Frankfurt a.M.

-   , G. Nunner-Winkler, G. Noam (Hg.) (1993), Moral und Person, Frankfurt a.M.

-   , S. Hoppe-Graff (Hg.) (1993), Die Konstruktion kognitiver Strukturen. Perspektiven einer konstruktivistischen Entwicklungspsychologie, Bern/Göttingen/Toronto/Seattle

Fischer, W., M. Kohli (1987), Biographieforschung, in: W. Voges (Hg.), Methoden der Biographie- und Lebenslaufforschung, Opladen 1987, S. 25-49

Freud, S. (1898), Die Sexualität in der Ätiologie der Neurosen, in: Freud 1982, Bd. 5, S. 11-35

-   (1905), Drei Abhandlungen zur Sexualtheorie, in: Freud 1982, Bd. 5, S. 37-145

-   (1906), Meine Ansichten über die Rolle der Sexualität in der Ätiologie der Neurosen, in: Freud 1982, Bd. 5, S. 147-157

-   (1908), Über infantile Sexualtheorien, in: Freud 1982, Bd. 5, S. 169-184

- (1915), Triebe und Triebschicksal, in: Freud 1982, Bd. 3, S. 75-102
- (1923), Das Ich und das Es, in: Freud 1982, Bd. 3, S. 273-330
- (1926), Psycho-Analysis, in: ders., Gesammelte Werke, Bd. 14, S. 297-307
- (1933), Neue Folge der Vorlesungen zur Einführung in die Psychoanalyse, in: Freud 1982, Bd. 1, S. 447-608
- (1982), Studienausgabe, hg.v. A. Mitscherlich, A. Richards, J. Strachey, Frankfurt a.M.

Funk-Kolleg Sprache. Eine Einführung in die moderne Linguistik, 2 Bde., Frankfurt a.M. 1973

Furth, H.G. (1990), Wissen als Leidenschaft. Eine Untersuchung über Freud und Piaget, Frankfurt a.M.

Gadamer, H.-G. (1960), Wahrheit und Methode, Tübingen 1975[4]

- (1966), Die Universalität des hermeneutischen Problems, in: Gadamer 1986, S. 219-231
- (1967), Rhetorik, Hermeneutik und Ideologiekritik. Metakritische Erörterungen zu Wahrheit und Methode, in: Gadamer 1986, S. 232-250
- (1970), Wie weit schreibt Sprache das Denken vor?, in: Gadamer 1986, S. 199-206
- (1971), Replik zu Hermeneutik und Ideologiekritik, in: Gadamer 1986, S. 251-275
- (1972), Nachwort zur dritten Auflage von Wahrheit und Methode, in: Gadamer 1986, S. 449-478
- (1986), Gesammelte Werke, Bd. 2, Hermeneutik II: Wahrheit und Methode. Ergänzungen, Register, Tübingen

Garz, D. (1984), Strukturgenese und Moral. Rekonstruktive Sozialisationsforschung in den Sozial- und Erziehungswissenschaften, Opladen

- , K. Kraimer, S. Aufenanger (1983), Rekonstruktive Sozialforschung und objektive Hermeneutik. Annotationen zu einem Theorie- und Methodenprogramm, in: ZSE 3 (1983), S. 126-134
- , K. Kraimer (Hg.) (1983), Brauchen wir andere Forschungsmethoden? Beiträge zur Diskussion interpretativer Verfahren, Frankfurt a.M.
- , K. Kraimer (Hg.) (1994), Die Welt als Text. Theorie, Kritik und Praxis der objektiven Hermeneutik, Frankfurt a.M.

Geulen, D. (1980), Die historische Entwicklung sozialisationstheoretischer Paradigmen, in: Hurrelmann/Ulich 1980, S. 15-49

- (1991), Die historische Entwicklung sozialisationstheoretischer Ansätze, in: Hurrelmann/Ulich 1991, S. 21-54

Habermas, J. (1967), Zur Logik der Sozialwissenschaften. Ein Literaturbericht, in: Habermas 1982, S. 89-330

- (1968a), Erkenntnis und Interesse, Frankfurt a.M.
- (1968b), Stichworte zu einer Theorie der Sozialisation, in: Habermas 1973, S. 118-194

- (1970), Der Universalitätsanspruch der Hermeneutik, in: Habermas 1982, S. 331-366
- (1970/71), Vorlesungen zu einer sprachtheoretischen Grundlegung der Soziologie, in: Habermas 1984, S. 11-126
- (1971a), Vorbereitende Bemerkungen zu einer Theorie der kommunikativen Kompetenz, in: J. Habermas, N. Luhmann, Theorie der Gesellschaft, Frankfurt a.M. 1971, S. 101-142
- (1971b), Eine Auseinandersetzung mit Niklas Luhmann: Systemtheorie der Gesellschaft oder kritische Theorie?, in: Habermas 1982, S. 369-502
- (1972), Notizen zum Begriff der Rollenkompetenz, in: Habermas 1973, S. 195-231
- (1973), Kultur und Kritik, Frankfurt a.M.
- (1974a), Notizen zur Entwicklung der Interaktionskompetenz, in: Habermas 1984, S. 187-225
- (1974b), Überlegungen zur Kommunikationspathologie, in: Habermas 1984, S. 226-270
- (1976a), Zur Rekonstruktion des Historischen Materialismus, Frankfurt a.M.
- (1976b), Was heißt Universalpragmatik?, in: Habermas 1984, S. 353-440
- (1981), Theorie des kommunikativen Handelns, 2 Bde., Frankfurt a.M.
- (1982), Zur Logik der Sozialwissenschaften, Frankfurt a.M.
- (1983a), Rekonstruktive vs. verstehende Sozialwissenschaften, in: Habermas 1983c, S. 29-52
- (1983b), Moralbewußtsein und kommunikatives Handeln, in: Habermas 1983c, S. 127-206
- (1983c), Moralbewußtsein und kommunikatives Handeln, Frankfurt a.M.
- (1984), Vorstudien und Ergänzungen zur Theorie des kommunikativen Handelns, Frankfurt a.M.
Harten, H.-Ch. (1977a), Kognitive Sozialisation und politische Erkenntnis. Piagets Entwicklungspsychologie als Grundlage einer Theorie der politischen Bildung, Weinheim/Basel
- (1977b), Vernünftiger Organismus oder gesellschaftliche Evolution der Vernunft. Zur Gesellschaftstheorie des genetischen Strukturalismus von Piaget, Frankfurt a.M.
Hoppe-Graff, S. (1993a), Sind Konstruktionsprozesse beobachtbar?, in: Edelstein/Hoppe-Graff 1993, S. 260-275
- (1993b), Perspektiven des strukturgenetischen Konstruktivismus, in: Edelstein/Hoppe-Graff 1993, S. 297-317
- , W. Edelstein (1993), Einleitung: Kognitive Entwicklung als Konstruktion, in: Edelstein/Hoppe-Graff 1993, S. 9-23
Hurrelmann, K., D. Ulich (Hg.) (1980), Handbuch der Sozialisationsforschung, Weinheim/Basel 1982²

-   , D. Ulich (Hg.) (1991), Neues Handbuch der Sozialisationsforschung, Weinheim/Basel

Inhelder, B. (1993), Vom epistemischen zum psychologischen Subjekt, in: Edelstein/ Hoppe-Graff 1993, S. 24-27

Joas, H. (1978), George Herbert Mead, in: D. Käsler (Hg.), Klassiker der Soziologie, Bd. 2, München 1978, S. 7-39

-   (1980a), Praktische Intersubjektivität. Die Entwicklung des Werkes von G.H. Mead, Frankfurt a.m.

-   (1980b), Rollen- und Interaktionstheorien in der Sozialisationsforschung, in: Hurrelmann/Ulich 1980, S. 147-160

-   (1991), Rollen- und Interaktionstheorien in der Sozialisationsforschung, in: Hurrelmann/Ulich 1991, S. 137-152

-   (1992), Die Kreativität des Handelns und die Intersubjektivität der Vernunft. Meads Pragmatismus und die Gesellschaftstheorie, in: ders., Pragmatismus und Gesellschaftstheorie, Frankfurt a.M. 1992, S. 281-308

-   (Hg.) (1985), Das Problem der Intersubjektivität. Neuere Beiträge zum Werk George Herbert Meads, Frankfurt a.M.

Jung, Th., S. Müller-Doohm (Hg.) (1993), "Wirklichkeit" im Deutungsprozeß. Verstehen und Methoden in den Kultur- und Sozialwissenschaften, Frankfurt a.M.

Keller, M. (1980a), Soziale Kognition, Moralisches Urteil und Ich-Prozesse, in: Eckensberger/Silbereisen 1980, S. 163-183

-   (1980b), Entwicklungspsychologie sozial-kognitiver Prozesse, in: M. Waller (Hg.), Jahrbuch für Entwicklungspsychologie, Bd. 2, Soziale Entwicklung im Kindesalter, Stuttgart 1980, S. 89-126

-   (1982), Die soziale Konstitution sozialen Verstehens: Universelle und differentielle Aspekte, in: Edelstein/Keller 1982b, S. 266-285

-   (1990), Zur Entwicklung moralischer Reflexion: Eine Kritik und Rekonzeptualisierung der Stufen präkonventionellen moralischen Urteils in der Theorie von L. Kohlberg, in: M. Knopf, W. Schneider (Hg.), Entwicklung. Allgemeine Verläufe – Individuelle Unterschiede – Pädagogische Konsequenzen (FS F.E. Weinert), Göttingen/Toronto/Zürich 1990, S. 19-44

Kesselring, Th., (1988), Jean Piaget, München

Kohlberg, L. (1984), The psychology of moral development. Essays on moral development, Vol. II, San Francisco

-   (1995), Die Psychologie der Moralentwicklung, Frankfurt a.M.

-   , Ch. Levine, A. Hewer (1983), Moral stages: a current formulation and a response to critics, Basel/München/Paris u.a.

-   , D. Candee (1984), The relationship of moral judgment to moral action, in: Kurtines/Gewirtz 1984, S. 52-73

Krappmann, L. (1969), Soziologische Dimensionen der Identität. Strukturelle Bedingungen für die Teilnahme an Interaktionsprozessen, Stuttgart 1982[6]

-   (1971), Neuere Rollenkonzepte als Erklärungsmöglichkeit für Sozialisationsprozesse, in: Auwärter/Kirsch/Schröter 1976, S. 307-331

- (1985), Mead und die Sozialisationsforschung, in: Joas 1985, S. 156-178
- , U. Oevermann, K. Kreppner (1976), Was kommt nach der schichtenspezifischen Sozialisationsforschung?, in: M.R. Lepsius (Hg.), Zwischenbilanz der Soziologie. Verhandlungen des 17. Deutschen Soziologentages, Stuttgart 1976, S. 258-264

Kreppner, K. (1978), Überlegungen zur Entwicklung eines theoretischen Rahmens zur Analyse frühkindlicher Sozialisationsprozesse. Ein Versuch unter besonderer Berücksichtigung der innerfamilialen Beziehungs- und Kommunikationsstruktur in ihrer Auswirkung auf die Entwicklung des Kindes, in: Neue Sammlung 18 (1978), S. 30-54

- (1980), Sozialisation in der Familie, in: Hurrelmann/Ulich 1980, S. 395-422
- (1991), Sozialisation in der Familie, in: Hurrelmann/Ulich 1991, S. 321-334

Krewer, B., L. Eckensberger (1991), Selbstentwicklung und kulturelle Identität, in: Hurrelmann/Ulich 1991, S. 573-594

Kurtines, W.M., J.L. Gewirtz (Hg.) (1984), Morality, moral behavior, and moral development, New York

- , J.L. Gewirtz (Hg.) (1987), Moral development through social interaction, New York
- , J.L. Gewirtz (Hg.) (1991), Handbook of moral behavior and development, Vol. 1: Theory, Vol. 2: Research, Vol. 3: Application, Hillsdale N.J.

Leber, M., U. Oevermann (1994), Möglichkeiten der Therapieverlaufsanalyse in der objektiven Hermeneutik. Eine exemplarische Analyse der ersten Minuten einer Fokaltherapie aus der Ulmer Textbank ('Der Student'), in: Garz/Kraimer 1994, S. 383-427

Lepsius, M.R. (1974), Sozialstruktur und soziale Schichtung in der Bundesrepublik, in: R. Löwenthal, H.P. Schwartz (Hg.), Die zweite Republik. 25 Jahre BRD, Stuttgart 1974, S. 263-288

- (1990), Interessen, Ideen und Institutionen, Opladen

Liebau, E. (1987), Gesellschaftliches Subjekt und Erziehung. Zur pädagogischen Bedeutung der Sozialisationstheorien von Pierre Bourdieu und Ulrich Oevermann, Weinheim/München

- (1988), Sozialisationstheorie und Pädagogik, in: Neue Sammlung 21 (1988), S. 156-167

Lind, G., H.A. Hartmann, R. Wakenhut (Hg.) (1983), Moralisches Urteilen und soziale Umwelt. Theoretische, methodologische und empirische Untersuchungen, Weinheim

Lüders, Ch., J. Reichertz (1986), Wissenschaftliche Praxis ist, wenn alles funktioniert und keiner weiß warum – Bemerkungen zur Entwicklung qualitativer Sozialforschung, in: SLR 12 (1986), S. 90-102

Matthes-Nagel, U. (1982), Latente Sinnstrukturen und objektive Hermeneutik. Zur Begründung einer Theorie der Bildungsprozesse, München

Matthiesen, U. (1989), 'Bourdieu' und 'Konopka'. Imaginäres Rendezvous zwischen Habituskonstruktion und Deutungsmusterrekonstruktion, in: K. Eder (Hg.), Klassenlage, Lebensstil und kulturelle Praxis, Frankfurt a.M. 1989, S. 221-299

- (1994), Standbein – Spielbein. Deutungsmusteranalysen im Spannungsfeld von objektiver Hermeneutik und Sozialphänomenologie, in: Garz/Kraimer 1994, S. 73-113

McCarthy, Th. (1980), Kritik der Verständigungsverhältnisse. Zur Theorie von Jürgen Habermas, Frankfurt a.M.

Mead, G.H. (1909), Sozialpsychologie als Gegenstück der physiologischen Psychologie, in: Mead 1980, S. 199-209

- (1910a), Soziales Bewußtsein und das Bewußtsein von Bedeutungen, in: Mead 1980, S. 210-221
- (1910b), Welche sozialen Objekte muß die Psychologie voraussetzen?, in: Mead 1980, S. 222-231
- (1912), Der Mechanismus des sozialen Bewußtseins, in: Mead 1980, S. 232-240
- (1913), Die soziale Identität, in: Mead 1980, S. 241-249
- (1922), Eine behavioristische Erklärung des signifikanten Symbols, in: Mead 1980, S. 290-298
- (1925), Die Genesis der Identität und die soziale Kontrolle, in: Mead 1980, S. 299-328
- (1927), Die objektive Realität der Perspektiven, in: Mead 1983, S. 211-224
- (1934), Geist, Identität und Gesellschaft, Frankfurt a.M. 1973
- (1980), Gesammelte Aufsätze, Bd. 1, Frankfurt a.M.
- (1983), Gesammelte Aufsätze, Bd. 2, Frankfurt a.M.

Mentzos, S. (1984), Neurotische Konfliktverarbeitung. Einführung in die psychoanalytische Neurosenlehre unter Berücksichtigung neuer Perspektiven, Frankfurt a.M.

Mertens, W. (1991), Psychoanalytische Theorien und Forschungsbefunde, in: Hurrelmann/Ulich 1991, S. 77-98

- (1994), Entwicklung der Psychosexualität und der Geschlechtsidentität, 2 Bde., Stuttgart/Berlin/Köln

Miller, M. (1980), Sprachliche Sozialisation, in: Hurrelmann/Ulich 1980, S. 649-668

- (1986), Kollektive Lernprozesse. Studien zur Grundlegung einer soziologischen Lerntheorie, Frankfurt a.M.
- , J. Weissenborn (1991), Sprachliche Sozialisation, in: Hurrelmann/Ulich 1991, S. 531-549

Miller, P. (1993), Theorien der Entwicklungspsychologie, Heidelberg/Berlin/Oxford

Mussen, P.H., J.L. Conger, J. Kagan, A.C. Huston (1993), Lehrbuch der Kinderpsychologie, Bd. 1, Stuttgart 1993

Nagera, H. (Hg.) (1977), Psychoanalytische Grundbegriffe. Eine Einführung in Sigmund Freuds Terminologie und Theoriebildung, Frankfurt a.M.

Nunner-Winkler, G. (1989), Wissen und Wollen. Ein Beitrag zur frühkindlichen Moralentwicklung, in: A. Honneth, Th. McCarthy, C. Offe, A. Wellmer (Hg.), Zwischenbetrachtungen. Im Prozeß der Aufklärung (FS Jürgen Habermas), Frankfurt a.M. 1989, S. 574-600

- (1992a), Zur moralischen Sozialisation, in: KZSS 44 (1992), S. 252-272

224   Literatur

- (1992b), Zur frühkindlichen Moralentwicklung, in: Oser/Althof 1992, S. 193-196
- (1993), Die Entwicklung moralischer Motivation, in: Edelstein/Nunner-Winkler/ Noam 1993, S. 278-303

Oevermann, U. (1965), Soziale Schichtung und Begabung, in: Zeitschrift für Pädagogik, Beiheft 6 (1966), S. 169-186

- (1968a), Schichtenspezifische Formen des Sprachverhaltens und ihr Einfluß auf die kognitiven Prozesse, in: H. Roth (Hg.), Begabung und Lernen (Deutscher Bildungsrat, Gutachten und Studien der Bildungskommission, Bd. 4), Stuttgart 1968, S. 297-356
- , L. Krappmann und K. Kreppner (1968b), Elternhaus und Schule, unveröffentl. Projektantrag, MPI Berlin
- (1972a), Sprache und soziale Herkunft, Berlin 1970, Frankfurt a.M. 1972[2]
- (1972b), Rollenstruktur der Familie und ihre Implikationen für die kognitive Entwicklung von Kindern, in: G. Szell (Hg.), Privilegierung und Nichtprivilegierung im Bildungssystem, München 1972, S. 64-89
- , L. Krappmann, K. Kreppner (1973a), Bemerkungen zur Diskussion der sogenannten 'Kode'-Theorie, in: Linguistische Berichte 23 (1973), S. 59-69
- (1973b), Die Architektonik von Kompetenztheorien und ihre Bedeutung für eine Theorie der Bildungsprozesse, MS Berlin
- (1973c), Zur Analyse der Struktur von sozialen Deutungsmustern, MS Frankfurt a.M.
- (1974a), Zur Programmatik einer Theorie der Bildungsprozesse. Vorschläge zur künftigen Forschungspolitik des Instituts aus der interessierten Sicht eines Projektes, MS Berlin
- (1974b), Die falsche Kritik an der kompensatorischen Erziehung, in: Neue Sammlung 14 (1974), S. 537-568
- (1975), Zur Integration der Freudschen Psychoanalyse in die Programmatik einer Theorie der Bildungsprozesse, MS Frankfurt a.M.
- (1976a), Programmatische Überlegungen zu einer Theorie der Bildungsprozesse und zur Strategie der Sozialisationsforschung, in: K. Hurrelmann (Hg.), Sozialisation und Lebenslauf, Reinbek 1976, S. 34-52
- , T. Allert, H. Gripp, E. Konau, J. Krambeck, E. Schröder-Caesar, Y. Schütze (1976b), Beobachtungen zur Struktur der sozialisatorischen Interaktion. Theoretische und methodologische Fragen der Sozialisationsforschung, in: Auwärter/Kirsch/Schröter 1976, S. 371-403
- (1976c), Piagets Bedeutung für die Soziologie, in: Hommage à Jean Piaget. Zum 80. Geburtstag, Stuttgart 1976, S. 36-41
- , M. Kieper, S. Rothe-Bosse, M. Schmidt, P. Wienskowski (1976d), Die sozialstrukturelle Einbettung von Sozialisationsprozessen: Empirische Ergebnisse zur Ausdifferenzierung des globalen Zusammenhangs von Schichtzugehörigkeit und gemessener Intelligenz sowie Schulerfolg, in: ZfS 5 (1976), S. 167-199

- , Th. Roethe (1976e), Entwurf zu einer Theorie von zwei Kulturen als Modell für eine Revision soziologischer Analysen zum Arbeiterbewußtsein, MS Frankfurt a.m.

- (1978), Probleme der Professionalisierung in der berufsmäßigen Anwendung sozialwissenschaftlicher Kompetenz: Einige Überlegungen zu Folgeproblemen der Einrichtung berufsorientierender Studiengänge für Soziologen und Politologen, MS Frankfurt a.M.

- (1979a), Ansätze zu einer soziologischen Sozialisationstheorie und ihre Konsequenzen für die allgemeine soziologische Analyse, in: G. Lüschen (Hg.), Deutsche Soziologie seit 1945, KZSS Sonderheft 21, Opladen 1979, S. 143-168

- , T. Allert, E. Konau, J. Krambeck (1979b), Die Methodologie einer 'objektiven Hermeneutik' und ihre allgemeine forschungslogische Bedeutung in den Sozialwissenschaften, in: H.G. Soeffner (Hg.), Interpretative Verfahren in den Sozial- und Textwissenschaften, Stuttgart 1979, S. 352-434

- contra J. Habermas (1979c), Diskussionsprotokoll, Frankfurt a.M.

- (1979/80), Eine soziologische Interpretation der psychoanalytischen Theorie und Methode Sigmund Freuds, transkribierte Vorlesung, Universität Frankfurt, Wintersemester 1979/80 und Sommersemester 1980

- , T. Allert, E. Konau (1980a), Zur Logik der Interpretation von Interviewtexten. Fallanalyse anhand eines Interviews mit einer Fernstudentin, in: T. Heinze et al. (Hg.), Interpretationen einer Bildungsgeschichte, Bensheim 1980, S. 15-69

- , E. Konau (1980b), Struktureigenschaften sozialisatorischer und therapeutischer Interaktion, unveröffentl. DFG-Projektantrag, Frankfurt a.M.

- (1981a), Fallrekonstruktion und Strukturgeneralisierung als Beitrag der objektiven Hermeneutik zur soziologisch-strukturtheoretischen Analyse, MS Frankfurt a.M.

- (1981b), Professionalisierung der Pädagogik – Professionalisierbarkeit pädagogischen Handelns, transkribierter Vortrag Berlin

- , T. Roethe (1981c), Konstanz und Veränderung in der Struktur sozialer Deutungsmuster – eine exemplarische Fallanalyse anhand von zwei in zehnjährigem Abstand durchgeführten Interviews einer Familie, MS Frankfurt a.M.

- (1981/82), Theorie der Professionalisierung als Teil der allgemeinen Gesellschaftstheorie, transkribierte Vorlesung, Universität Frankfurt, Sommersemester 1981 und Wintersemester 1981/82

- (1982), Exemplarische Analyse eines Gedichtes von Rudolf Alexander Schröder mit den Verfahren der objektiven Hermeneutik, MS Frankfurt a.M., in: Kulturanalysen. Zeitschrift für Tiefenhermeneutik und Sozialisationstheorie 2 (1990), S. 244-260

- (1983a), Zur Sache. Die Bedeutung von Adornos methodologischem Selbstverständnis für die Begründung einer materialen soziologischen Strukturanalyse, in: Adorno-Konferenz 1983, S. 234-289

- (1983b), Hermeneutische Sinnrekonstruktion: Als Therapie und Pädagogik mißverstanden, oder: das notorische strukturtheoretische Defizit pädagogischer Wissenschaft, in: Garz/Kraimer 1983, S. 113-155

- (1983c), Versozialwissenschaftlichung der Identitätsformation und Verweigerung von Lebenspraxis: Eine aktuelle Variante der Dialektik der Aufklärung, MS Frankfurt a.m.

- (1984a), "Il n'y a pas de probléme de description dans les sciences sociales". Vortrag für das Kolloquium: "Décrire, un imperatif?" im Maison des Sciences de l'Homme, Paris, Dezember 1984, MS Frankfurt a.M., (publizierte Fassung in: Ackermann et al. (Hg.), Décrire: un impératif? Description, explication, interpretation en sciences sociales, EHESS, Paris 1985, S. 12-34)

- (1984b), Warum Habermas' Theorie des Kommunikativen Handelns ein Fundament für soziologische Theorie, insbesondere für soziologische Strukturtheorie, nicht abgeben kann, MS Frankfurt a.m.

- , A. Simm (1985a), Zum Problem der Perseveranz in Delikttyp und modus operandi. Spurentext-Auslegung, Tätertyp-Rekonstruktion und die Strukturlogik kriminalistischer Ermittlungspraxis. Zugleich eine Umformung der Perseveranzhypothese aus soziologisch-strukturanalytischer Sicht, in: U. Oevermann, L. Schuster, A. Simm, Zum Problem der Perseveranz in Delikttyp und modus operandi, Wiesbaden (BKA-Forschungsreihe, Bd. Nr. 17) 1985, S. 129-437

- (1985b), Versozialwissenschaftlichung der Identitätsformation und die Verweigerung von Lebenspraxis: Eine aktuelle Variante der Dialektik der Aufklärung, in: B. Lutz (Hg.), Soziologie und gesellschaftliche Entwicklung, Frankfurt a.m. 1985, S. 463-474

- (1986), Kontroversen um sinnverstehende Soziologie. Einige wiederkehrende Probleme und Mißverständnisse in der Rezeption der 'objektiven Hermeneutik', in: Aufenanger/Lenssen 1986, S. 19-83

- (1986/87), Eugene Delacroix – biographische Konstellation und künstlerisches Handeln; in: Georg Büchner Jahrbuch 6 (1986/87), S. 12-58

- (1987), Familienanalyse, sozialisatorische Interaktion und Therapie – Zur Situation der modernen Familie (Vortrag in Hamburg am 09.10.87), Vortragsmanuskript, Frankfurt a.m.

- (1988), Eine exemplarische Fallrekonstruktion zum Typus versozialwissenschaftlichter Identitätsformation, in: H.-G. Brose, B. Hildebrand (Hg.), Vom Ende des Individuums zur Individualität ohne Ende, Opladen 1988, S. 243-286

- (1989), Prinzipien der Sequenzanalyse und die Rekonstruktion von geschichtlichen Prozessen: am Fallbeispiel einer pathologischen Interaktion, MS Frankfurt a.M.

- (1990), Strukturale Hermeneutik als methodologische Grundlage für 'Theorien der Subjektivität', Vortragsmanuskript, Frankfurt a.m.

- (1991a), Genetischer Strukturalismus und das sozialwissenschaftliche Problem der Erklärung der Entstehung des Neuen, in: S. Müller-Doohm (Hg.), Jenseits der Utopie. Theoriekritik der Gegenwart, Frankfurt a.m. 1991, S. 267-336

- , J. Tykwer (1991b), Selbstinszenierung als reales Modell der Struktur von Fernsehkommunikation. Eine Analyse der 'Tagesthemen' vom 2. Oktober 1990, in: K., Müller-Doohm, K. Neumann-Braun (Hg.), Öffentlichkeit, Kultur, Massenkommunikation. Beiträge zur Medien- und Kommunikationssoziologie, Oldenburg 1991, S. 267-315

- (1993a), Die objektive Hermeneutik als unverzichtbare methodologische Grundlage für die Analyse von Subjektivität. Zugleich eine Kritik der Tiefenhermeneutik, in: Jung/Müller-Doohm 1993, S. 106-189

- (1993b), Struktureigenschaften supervisorischer Praxis. Exemplarische Sequenzanalyse des Sitzungsprotokolls der Supervision eines psychoanalytisch orientierten Therapie-Teams im Methodenmodell der objektiven Hermeneutik, in: B. Bardé, D. Mattke (Hg.), Therapeutische Teams. Theorie – Empirie – Klinik, Göttingen/Zürich 1993, S. 141-269

Oppitz, M. (1975), Notwendige Beziehungen. Abriß der strukturalen Anthropologie, Frankfurt a.M.

Oser, F., W. Althof (1992), Moralische Selbstbestimmung. Modelle der Entwicklung und Erziehung im Wertebereich, Stuttgart

- , W. Althof, D. Garz (Hg.) (1986), Moralische Zugänge zum Menschen – Zugänge zum moralischen Menschen, München

- , R. Fatke, O. Höffe (Hg.) (1986), Transformation und Entwicklung. Grundlagen der Moralerziehung, Frankfurt a.M.

Piaget, J. (1932), Das moralische Urteil beim Kinde, München 1986

- (1966), Notwendigkeit und Bedeutung der vergleichenden Forschung in der Entwicklungspsychologie, in: Schöfthaler/Goldschmidt 1984, S. 61-74

- (1968), Der Strukturalismus, Olten 1973

- (1970a), Meine Theorie der geistigen Entwicklung, hg.v. R. Fatke, Frankfurt a.M. 1983

- (1970b), Die intellektuelle Entwicklung im Jugend- und im Erwachsenenalter, in: Schöfthaler/Goldschmidt 1984, S. 47-60

- , B. Inhelder (1966), Die Psychologie des Kindes, München 1986

Radtke, F.-O. (1985), Hermeneutik und soziologische Forschung, in: W. Bonß, H. Hartmann (Hg.), Entzauberte Wissenschaft, in: Soziale Welt, Sonderband 3, Göttingen 1985, S. 321-349

Raiser, K. (1971), Identität und Sozialität. George Herbert Meads Theorie der Interaktion und ihre Bedeutung für die theologische Anthropologie, München

Reichertz, J. (1986), Probleme qualitativer Sozialforschung. Zur Entwicklungsgeschichte der Objektiven Hermeneutik, Frankfurt a.M.

- (1993), Abduktives Schlußfolgern und Typen(re)konstruktion, in: Jung/Müller-Doohm 1993, S. 258-282

- (1994), Von Gipfeln und Tälern. Bemerkungen zu einigen Gefahren, die den objektiven Hermeneuten erwarten, in: Garz/Kraimer 1994, S. 125-152

Rest, J.R. (1983), Morality, in: J.H. Flavell, E.M. Markman (Hg.), Cognitive Development (= P.H. Mussen (Hg.), Manual of Child Psychology, Vol. 3), New York 1983, S. 556-629

- (1984), The major components of morality, in: Kurtines/Gewirtz 1984, S. 24-38

- (1986), Ein interdisziplinärer Ansatz zur Moralerziehung und ein Vierkomponenten-Modell der Entstehung moralischer Handlungen, in: Oser/Althof/Garz 1986, S. 20-41

Roethe, T. (1980), Acht exemplarische Fallanalysen zur These von den zwei politischen Kulturen. Eine Rekonstruktion sozialer Deutungsmuster westdeutscher Industriearbeiter, unveröffentl. Dissertation, Dortmund

Sahle, R. (1987), Gabe, Almosen, Hilfe. Fallstudien zur Struktur und Deutung der Sozialarbeiter-Klient-Beziehung, Opladen

Schneider, G. (1985), Strukturkonzept und Interpretationspraxis der objektiven Hermeneutik, in: G. Jüttemann (Hg.), Qualitative Forschung in der Psychologie, Weinheim 1985, S. 71-91

Schöfthaler, T., D. Goldschmidt (Hg.) (1984), Soziale Struktur und Vernunft. Jean Piagets Modell entwickelten Denkens in der Diskussion kulturvergleichender Forschung, Frankfurt a.M.

Searle, J.R. (1971), Sprechakte. Ein sprachphilosophischer Essay, Frankfurt a.M.

Seiler, Th.B. (1980), Entwicklungstheorien in der Sozialisationsforschung, in: Hurrelmann/Ulich 1980, S. 101-121

- (1991), Entwicklung und Sozialisation: Eine strukturgenetische Sichtweise, in: Hurrelmann/Ulich 1991, S. 99-119

- (1993), Bewußtsein und Begriff: Die Rolle des Bewußtseins und seine Entwicklung in der Begriffskonstruktion, in: Edelstein/Hoppe-Graff 1993, S. 126-138

Selman, R. (1980), Die Entwicklung des sozialen Verstehens, Frankfurt a.M. 1984

- (1984), Interpersonale Verhandlungen. Eine entwicklungstheoretische Studie, in: Edelstein/Habermas 1984, S. 113-166

Simm, A. (1986), Strukturmerkmale therapeutischer Interaktion – entwickelt am Fallbeispiel einer Familientherapie, in: H.-G. Soeffner (Hg), Sozialstruktur und soziale Typik, Frankfurt a.M. 1986, S. 178-212

Steinkamp, G. (1980), Klassen- und schichtenanalytische Ansätze in der Sozialisationsforschung, in: Hurrelmann/Ulich 1980, S. 253-284

- (1991), Sozialstruktur und Sozialisation, in: Hurrelmann/Ulich 1991, S. 251-278

Sutter, H. (1988), Oevermanns Beitrag zu einer grundlagentheoretischen Fundierung erziehungswissenschaftlicher Forschungspraxis und Theoriebildung, unveröffentl. Magisterarbeit, Heidelberg

- (1990), Oevermanns Beitrag zur Konzeptualisierung einer Theorie der Bildungsprozesse und zur methodischen Fundierung bildungstheoretisch interessierter Analysen, MS Heidelberg

- (1993), Zur objektiv-hermeneutischen Rekonstruktion sozio-historischer Praxis- und Kooperationsformen im Schulunterricht, MS Heidelberg

- (1994), Oevermanns methodologische Grundlegung rekonstruktiver Sozialwissenschaften. Das zentrale Erklärungsproblem und dessen Lösung in den forschungspraktischen Verfahren einer strukturalen Hermeneutik, in: Garz/Kraimer 1994, S. 23-72

Terhart, E. (1981), Intuition – Interpretation – Argumentation. Zum Problem der Geltungsbegründung von Interpretationen, in: ZfP 5 (1981), S. 769-793

- (1983), Schwierigkeiten (mit) der 'objektiven Hermeneutik'. Eine Antwort auf Ulrich Oevermann, in: Garz/Kraimer 1983, S. 156-175

Turiel, E., J.G. Smetana (1986), Soziales Wissen und Handeln: Die Koordination von Bereichen, in: Oser/Althof/Garz 1986, S. 108-135

Ulich, D., H.-P. Kapfhammer, Sozialisation der Emotionen, in: Hurrelmann/Ulich 1991, S. 551-571

Voort, W. van de (1975), Die Bedeutung von Vorformen des kommunikativen Handelns für die Entwicklung der vorsprachlichen Intelligenz beim Kinde, in: A. Leist (Hg.), Ansätze zur materialistischen Sprachtheorie, Kronberg 1975, S. 206-233

- (1977), Interaktion und Kognition. Die Bedeutung der sozialen Interaktion für die Entwicklung der kognitiven Strukturen nach Jean Piaget, unveröffentl. Dissertation, Frankfurt a.M.

Wagner, H.-J. (1984), Wissenschaft und Lebenspraxis. Das Projekt der 'objektiven Hermeneutik', Frankfurt a.M.

- (1993a), Strukturen des Subjekts. Eine Studie im Anschluss an George Herbert Mead, Opladen

- (1993b), Sinn als Grundbegriff in den Konzeptionen von George Herbert Mead und Pierre Bourdieu. Ein kritischer Vergleich, in: G. Gebauer, Ch. Wulf (Hg.), Praxis und Ästhetik. Neue Perspektiven im Denken Pierre Bourdieus, Frankfurt a.M. 1993, 317-340

Zimmerli, Ch. (1975), Ist die kommunikationstheoretische Wende ein Ausweg aus dem Hermeneutikstreit?, in: R. Simon-Schaefer, Ch. Zimmerli, Theorie zwischen Kritik und Praxis. Jürgen Habermas und die Frankfurter Schule, Stuttgart-Bad Cannstadt 1975, S. 95-122

Aus dem Programm
Sozialwissenschaften

Wolfgang Ludwig Schneider
Objektives Verstehen
Rekonstruktion eines Paradigmas: Gadamer,
Popper, Toulmin, Luhmann
1991. 274 S. Kart.
ISBN 3-531-12259-2
Die Begriffe Verstehen und Bedeutung werden
üblicherweise auf die Bedeutungsintentionen der
Erzeuger von Sinngebilden (z. B. Äußerungen,
Texte, Handlungen) bezogen. Demnach versteht
man etwa die Bedeutung einer Äußerung genau
dann, wenn man erfaßt, was der Sprecher damit meinte. – Der Autor wendet sich gegen diese
subjektivistische Auffassung von Verstehen und
Bedeutung, deren Spuren bis in die Habermas'sche Hermeneutikrezeption und Gesellschaftstheorie nachweisbar sind. Im Anschluß an Gadamer, Popper, Toulmin und Luhmann entwickelt
er ein Konzept objektiven Verstehens, das auf
der Figur von Frage und Antwort bzw. Problem
und Problemlösung gründet. Gezeigt wird, daß
Hermeneutik und funktionale Analyse gleichermaßen auf der Anwendung dieser Grundfigur beru-
hen und deshalbzu einem einheitlichen Instrument
geistes- und sozialwissenschaftlicher Forschung
verbunden werden können.

Jürgen Friedrichs
**Methoden empirischer
Sozialforschung**
15. Aufl. 1997. Ca. 430 S. (wv studium,
Bd. 28) Pb.
ISBN 3-531-22028-4
Dieses Buch ist eine Einführung in Methodolo-
gie, Methoden und Praxis der empirischen Sozi-

alforschung. Die Methoden werden ausführlich
dargestellt und an zahlreichen Beispielen aus der
Forschung erläutert. Damit leitet das Buch nicht
nur zur kritischen Lektüre vorhandener Untersuchungen, sondern ebenso zu eigener Forschung an.

Tilman Sutter
**Beobachtung verstehen –
Verstehen beobachten**
Perspektiven einer konstruktivistischen
Hermeneutik
1997. Ca. 320 S. Kart.
ISBN 3-531-12984-8
Seit einiger Zeit hat sich an verstreuten Orten ein
Diskussionsfeld gebildet, auf dem methodologi-
sche und methodische Fragen der Verbindung
von Systemtheorie und Hermeneutik verhandelt
werden. Dieses Diskussionsfeld wird hier erstmals
in gebündelter und systematisierter Form vorgestellt. Im Zentrum dabei steht die Frage, vor welche gegenseitige Herausforderungen sich die
Hermeneutik und die neueren Entwicklungen des
Konstruktivismus einander stellen und mit welchen
Mitteln diese Herausforderungen bewältigt werden können. Der Begriff „konstruktivistische Hermeneutik" bezeichnet diese Problemstellung, die
in den Beiträgen dieses Bandes aus unterschiedlichen Perspektiven (Dekonstruktion, Diskursana-
lyse, hermeneutische Wissenssoziologie) abge-
grenzt und durch Brückenschläge zwischen Systemtheorie und Hermeneutik (vor allem objektiver Hermeneutik und Konversationsanalyse) sowie Untersuchungen einiger spezieller Probleme
bearbeitet wird.

WESTDEUTSCHER VERLAG
Abraham-Lincoln-Str. 46 · 65189 Wiesbaden
Fax (06 11) 78 78 - 420

Aus dem Programm
Sozialwissenschaften

Wolfgang Böcher

**Selbstorganisation –
Verantwortung – Gesellschaft**
Von subatomaren Strukturen
zu politischen Zukunftsvisionen
1996. 527 S. Kart.
ISBN 3-531-12505-2
Nach einer grundsätzlichen erkenntnistheoretischen Ausgangsbetrachtung der wissenschaftlichen Entwicklung des Abendlandes und ihren Konsequenzen für das praktische Leben und Denken wird zunächst das Konzept der Selbstorganisation behandelt. Dies geschieht einmal auf die Naturwissenschaften, zum anderen auf den seelisch-geistigen Bereich sowie auf menschliche Gruppen und Gesellschaften bezogen. Im Anschluß daran werden Wesen, Voraussetzungen und Bedingungen von Verantwortung dargestellt. Das Buch erklärt und begründet wissenschaftlich, warum unsere heutige Situation so ist, wie sie ist, und warum wir ganz bestimmte Probleme haben.

Werner Fuchs-Heinritz /Rüdiger Lautmann /
Otthein Rammstedt /Hanns Wienold (Hrsg.)
Lexikon zur Soziologie
3., völlig neubearb. und erw. Aufl. 1994.
763 S. Kart.
ISBN 3-531-11417-4
Das *Lexikon zur Soziologie* ist das umfassendste Nachschlagewerk für die sozialwissenschaftliche Fachsprache.Für die 3. Auflage wurde das Werk völlig neu bearbeitet und durch Aufnahme zahlreicher neuer Stichwortartikel erheblich erweitert. Das *Lexikon zur Soziologie* bietet aktuelle, zuverlässige Erklärungen von Begriffen aus der Soziologie sowie aus Sozialphilosophie, Politikwissenschaft und Politischer Ökonomie, Sozialpsychologie, Psychoanalyse und allgemeiner Psychologie, Anthropologie und Verhaltensforschung, Wissenschaftstheorie und Statistik.

Raymond Boudon /François Bourricaud
Soziologische Stichworte
Ein Handbuch
1992. 680 S. Kart.
ISBN 3-531-11675-4
Die Autoren dieses sozialwissenschaftlichen Standardwerkes behandeln in mehr als siebzig Grundsatzartikeln zu Schlüsselbegriffen, Theorien und historisch wesentlichen Autoren die zentralen Probleme der Soziologie. Insgesamt bietet der Band eine ebenso umfassende wie kritische Einführung in Entwicklung und Stand der Soziologie und ihrer einzelnen Bereiche.

WESTDEUTSCHER VERLAG

Abraham-Lincoln-Str. 46 · 65189 Wiesbaden
Fax (06 11) 78 78 - 420

If you have any concerns about our products,
you can contact us on
ProductSafety@springernature.com

In case Publisher is established outside the EU,
the EU authorized representative is:
Springer Nature Customer Service Center GmbH
Europaplatz 3, 69115 Heidelberg, Germany

Printed by Libri Plureos GmbH
in Hamburg, Germany